U0583887

魁阁学术文库
Kui Ge Academic Library

本书受教育部人文社会科学重点研究基地
云南大学西南边疆少数民族研究中心资助

魁阁学术文库
Kui Ge Academic Library

和顺图书馆
乡村公共文化空间的生成演进

HESHUN LIBRARY

The Generation and Evolution
of Rural Public Cultural Space

耿 达 著

社会科学文献出版社
SOCIAL SCIENCES ACADEMIC PRESS (CHINA)

"魁阁学术文库"编委会

"魁阁学术文库"总序

1939 年 7 月，在熊庆来、吴文藻、顾毓琇等诸位先生的努力下，云南大学正式设立社会学系。在这之前的 1938 年 8 月到 9 月间，吴文藻已携家人及学生李有义、郑安仑、薛观涛辗转经越南从河口入境云南，差不多两个月后，其学生费孝通亦从英国学成后经越南到昆，主持云南大学社会学系附设的燕京大学 – 云南大学实地研究工作站（亦称社会学研究室）。1940 年代初，社会学研究室因日军飞机轰炸昆明而搬迁至昆明市郊的呈贡县魁星阁，"魁阁"之名因此而得。此后差不多 6 年的时间里，在费孝通的带领下，"魁阁"汇集了一批当时中国杰出的社会学家和人类学家，如许烺光、张之毅、田汝康、史国衡、谷苞、胡庆钧、李有义等，进行了大量的田野调查，出版了一系列今日依然熠熠生辉的学术精品。由于吴文藻、费孝通、杨堃等诸位先生在 1940 年代的努力，云南大学社会学系及其社会学研究室（"魁阁"）成为当时全球最重要的社会学学术机构之一，其中涌现了一大批 20 世纪中国最重要的社会学家、人类学家。"魁阁"因其非凡的成就，成为中国现代学术史上的一个里程碑。

"魁阁"的传统是多面相的，其主要者，吴文藻先生将之概括为"社会学中国化"，其含义我们可简单概括为：引进西方现代社会科学的理论与方法，以之为工具在中国开展实地研究，理解与认知中国社会，生产符合国情的社会科学知识，以满足建设现代中国之需要。

为实现其"社会学中国化"的学术理想，1940 年代，吴文藻先生在商务印书馆主持出版大型丛书"社会学丛刊"，在为"社会学丛刊"写的总序中，吴先生开篇即指出，"本丛刊之发行，起于两种信念及要求：一为促使社会学之中国化，以发挥中国社会学之特长；一为供给社会学上的基本参考书，以辅助大学教本之不足"。丛刊之主旨乃是"要在中国建立起比较社会学的基础"。"魁阁"的实地研究报告，如费孝通的《禄村农田》、张之毅的《易村手工业》、史国衡的《昆厂劳工》、田汝康的《芒市边民的摆》等多是在"社会学丛刊"乙集中出版的。

80多年前，社会学的前辈先贤正是以这样的方式奠定了中国社会学的基础。为发扬"魁阁"精神，承继"魁阁"传统，在谢寿光教授的主持下，云南大学民族学与社会学学院和社会科学文献出版社共同出版"魁阁学术文库"，以期延续"魁阁"先辈"社会学中国化"的理论关怀，在新的时代背景下，倡导有理论关怀的实地研究，以"魁阁学术文库"为平台，整合社会学、人类学、社会工作、民族学、民俗学、人口学等学科，推进有关当代中国社会的社会科学研究。受"社会学丛刊"的启发，"魁阁学术文库"将包含甲乙丙三"集"，分别收入上述学科综合性的论著、优秀的实地研究报告，以及国外优秀著作的译本，文库征稿的范围包括学者们完成的国家各类课题的优秀成果、新毕业博士的博士学位论文、博士后出站报告、已退休的知名学者的文集、国外优秀著作的译本等。我们将聘请国内外知名的学者作为遴选委员会的成员，以期选出优秀的作品，贡献世界。

是为序。

第十三届全国人大常委会委员、社会建设委员会副主任委员
中国社会科学院学部委员、社会政法学部主任

云南大学党委书记

序　一

傅才武

（武汉大学国家文化发展研究院院长，教育部长江学者特聘教授）

　　尽管云南腾冲处于我国的西南边陲，但其却是中国"黑河－腾冲线"（胡焕庸线）的重要分界点。其不仅是著名的温泉之乡、旅游胜地，还是中国的图书馆之乡。和顺图书馆创建于1928年，是近代中国最早的乡村图书馆。在近代中国百年的现代化进程中，和顺图书馆提供了一个文化学者抵近观察乡村振兴和国家文化现代化进程的样本。耿达博士的专著《和顺图书馆：乡村公共文化空间的生成演进》便是以和顺图书馆为观察对象，研究乡村文化振兴和基层公共文化服务的一项重要学术成果。

一　乡村文化振兴是中国式乡村现代化的百年命题

　　作为五千年文明的传承基石，乡村是中华文化的基础结构。乡村文化的保护传承与创新弘扬，是乡村"五大振兴"中文化振兴的重要内容，并在乡村建设行动中发挥着"培根铸魂""建基立柱"的重要作用。随着改革开放40多年来以城市化和工业化为核心的第一次现代化进入城乡一体化的新阶段，城乡二元结构业已成为全面开展第二次现代化的重大议题。近10年来借助乡村振兴的丰富实践成果，学界关于乡村振兴的理论构建进程加快，关于乡村建设问题的研究日益丰富，各种理论研究成果蔚为大观。这应该是学界把握中国现代化发展大势的学术自觉，充分体现了学术自觉自信的时代内涵。

　　作为世界上农耕文明形态最为完整和发展水平最高的国家，乡村建设或乡村振兴问题既是中国社会的经济现代化问题、社会现代化问题，也是中国的文化现代化问题，一直伴随着近代中国社会的转型历程。从民国时期梁漱溟、晏阳初、黄炎培、陶行知等知识分子倡导发动的"乡村建设"运动，到新中国成立后的农业合作化运动、改革开放后推行的家庭联产承包责任制改革，以及21世纪以来的新农村建设、新时代的乡村振兴战略，可以说乡村建设问题与中国现代化节奏是紧密联系在一起的。

社会学家费孝通先生在《乡土中国》中开篇即提出，"从基层上看去，中国社会是乡土性的"。从乡土社会的变动轨迹来观察分析中国社会变迁是一个基础性的视角。费孝通先生一直行走在中国基层社会，晚年更是在"行行重行行"（1992年82岁的费孝通把他考察沿海乡镇企业的主要研究报告结集，命名为《行行重行行——乡镇发展论述》）的社会调查中，提出了"文化自觉"这一理论命题，流风所及，至今被学界奉为圭臬。从文化中国的意义上说，乡村文化振兴正是连接"乡土文化"与"文化自觉"两大思想资源的支点，也是国家现代化必须审视的维度。因此，开展乡村文化建设研究既是国家战略实施的重大需要，又是中国式现代化文化理论建构的基本内涵。

二　百年和顺图书馆提供了文化社会学的极好案例

云南腾冲的和顺图书馆是一个站在传统中国和当代中国交汇点的乡村文化机构，其在百余年的近代风雨中经历了社会自发生成－政府管理运营－政社共建共享三个不同的历史阶段与运行模式，经历了从乡村内生型公共文化空间到行政嵌入型公共文化空间再到共建共享型公共文化空间的演进轨迹，具有展示中国基层社会变迁完整链条的独特性。

和顺图书馆本身不过是一个小小的基层图书馆，但作为中国近代社会的一个特殊公共文化空间，却具有包容国家与社会、精英与民间的学术维度。本书借助文化社会学的方式，把和顺图书馆作为一个"原子世界"来考察，目标是通过对和顺图书馆百余年的发展历程做历史全景式的个案深描，来探知中国乡村公共文化空间生成发展的社会情景。正如作者在本书中所阐述的那样："从一定意义上讲，和顺图书馆的发展历程乃是中国乡村公共文化空间发展的历史缩影，甚至是近现代中国社会文化事业发展图景的集中呈现。就和顺图书馆自身发展而言，它经历了由私立图书馆到公共图书馆的转型，功能也不断扩展延伸；就和顺图书馆与社会发展变迁而言，和顺图书馆的产生发展是与地方乃至国家甚至南亚东南亚区域性国际的政治、经济、文化发展进程息息相关的。"微观研究的学术意义在于，把对个案的分析上升到一个更广义的层次上予以历史共性地呈现，其不仅能丰富我们对地方和基层社会的知识，而且有助于我们对中国社会总体性的理解。

我指导的另一个博士生杨婷，也以和顺图书馆为研究对象，形成了其博士学位论文《社会变迁下乡村文化机构的生成与演进：基于和顺图书馆的研究》，该论文以和顺图书馆的演进历程为基础，分析基层文化机构如何在国家与社会权力结构中生成和生存，并梳理其在不同时期所呈现的组织形态，以此探索乡村文化机构与现代国家建构和社会变迁之关系。

作为观察样本的和顺图书馆，其理论价值主要体现在以下两个方面。

一是展现了基层社会公共文化领域的生成与演进的过程。我在《近代化进程中的汉口文化娱乐业（1861—1949）》（2005年）中提出，近代中国社会现代化的一个显著特征，就是以公共性或者社会性文化机构（图书馆、剧场、电影院、茶馆等）为基础的公共文化空间的成长。公共文化领域由开埠城市早先生成，逐步向中国其他城市和乡村社会弥散。从这一意义上说，作为乡村文化机构，和顺图书馆也是一种介于国家公权领域与私人日常生活之间的公共领域，它立足于乡村社会交往网络，承担着公共文化空间的作用。因此，和顺图书馆的演变历程也在一定程度上代表了中国乡村公共领域的变迁过程。

二是展现了中国基层公共文化服务的政策研究价值。从当代文化政策和公共管理的角度来看，和顺图书馆的案例具有公共文化服务研究的独特价值。本书是对乡村基层公共文化服务的个案式探讨，这对于研究中国公共文化服务体系建设同样具有独特性。中国现代公共文化服务体系是在2005年以后才逐渐建立起来的，经过"十一五""十二五""十三五"时期国家的大规模投入，到2020年中国公共文化服务完成了六级网络的

"全覆盖"。截至 2021 年底，全国共有公共图书馆 3215 个，图书总藏量 126178.02 万册，全国人均图书藏量 0.89 册。和顺图书馆有 13 万册藏书，在不足 8000 人的边陲小镇上有近 3000 人办理了借书证，如今和顺图书馆还承担着旅游、文博、公共文化服务等社会功能。

我于 2018 年主持了国家社会科学基金艺术学重大项目"乡村振兴战略中的文化建设研究"（18ZD24），就涉及乡村文化振兴的政策和路径问题展开研究。课题组通过持续开展"文化第一线"调查，研究发现以乡镇文化站、农家书屋等为代表的公共文化服务机构即使在国家加大公共投入力度的情况下也依然呈现服务效率下滑、资源配置拥挤的境况，即使以文化惠民工程为代表的公共文化服务项目的政府供给规模不断加大，也难以提升民众的认可度。公共文化服务的"悬浮化"和"弱参与"特征，表明农村居民对公共文化服务的接受和消费是一个基于自身素质条件和偏好的选择性接受过程，单向性的格式化服务供给即使实行国家标准化的配置，也只是低水平的重复，表现出明显的供给低效和供需错位，陷入了政府公共服务内卷化的困境。提升公共文化服务的效率，需要建构以农村居民为本位而非精英为本位的乡村公共文化服务体系。2021 年，文化和旅游部、财政部、国家发展改革委三部门联合印发《关于推动公共文化服务高质量发展的意见》，指出要"创新拓展城乡公共文化空间"，其中提出要"着眼于乡村优秀传统文化的活化利用和创新发展，因地制宜建设文化礼堂、乡村戏台、文化广场、非遗传习场所等主题功能空间"。在这一国家政策目标下，对和顺图书馆的探究，有助于解决国家权力在垂直下沉中如何积极吸纳和有效利用地方知识的问题，有利于推动国家－社会－民众"三位一体"的公共文化空间的建构和城乡协调发展。和顺图书馆这一类基层文化机构，在探索国家公共文化服务高质量发展的课题上，还具备发挥更大作用的空间和潜力。

三　体现文化社会学研究的新趋势与新进展

文化社会学是 20 世纪 80 年代后西方社会学研究文化转向的产物。霍

尔在《文化：社会学的视野》中提出了文化社会学的分析内容框架，包括
文化的制度结构、文化历史和文化形式的保存、文化的生产与社会传播、
文化的效果、意义及社会行动 5 个方面。20 世纪 90 年代以来，文化学界
和历史学界对法兰克福学派和伯明翰学派的关注，使得文化社会学的理论
和方法迅速被应用于中国现代化研究领域，取得了系统且有重要影响的成
果，对中国社会的近代转型和中国文化现代化研究产生了重要影响。如中
国近代史学界对"满铁调查"的关注和研究；冯天瑜先生关于"东亚同文
书院中国调查"的研究，推动国家图书馆出版了《东亚同文书院中国调查
手稿丛刊》及《东亚同文书院中国调查手稿丛刊续编》；王笛教授在对成
都茶馆与街头文化的研究中，通过考察成都茶馆的历史、经济功能和茶馆
作为社区中心及其所蕴藏的丰富日常文化和政治文化，探讨了公共空间中
国家与社会之间的互动关系；等等。这些研究成果运用文化社会学的理论
方法，借助丰富的历史资料展现近代中国公共领域或公共空间的丰富图
景，借以帮助今天的人们更好地理解近代中国社会的变迁。

近 10 年来，文化社会学的方法被引入和应用于公共文化服务领域，产
生了一系列的公共文化政策和文化体制改革的成果。我所在的武汉大学国
家文化发展研究院团队坚持问题导向，每年都组织开展全国范围内的"文
化第一线"调查，先后针对中国农民工文化生活、农村文化惠民工程、国
有文艺院团改革、农家书屋建设、公共文化场馆免费开放、全国博物馆文
博文创等国家战略与社会服务需要问题展开调查研究，每年结合调研数据
产出系列研究论文和咨询报告，其中大多获得了相关部门的重视和采纳。
立足于社会调查，武汉大学国家文化发展研究院在 10 年间还在东部、中
部、西部建立了 100 个公共文化政策观察点，以构建我国公共文化事业与
文化产业研究领域的实证观察研究网络。该网络覆盖省、市、县、乡镇四
级文化机构，包括图书馆、博物馆、文化馆、文化站、剧团、非遗中心、
文化企业和艺术研究机构等。希望通过全国范围的"文化第一线"调查以
及 100 个公共文化政策观察点建立起政府相关行业部门、高校及研究机构
观察中国基层文化单位改革与发展过程的一个"微观窗口"，通过 10 年、
20 年甚至更长时段的持续观察，来管窥中国社会发展进程中的文化现代化

特征与文化变迁路径。

　　本书聚焦和顺图书馆这一"微观窗口"，对乡村公共文化空间的观察和研究具有一定的深度，反映了中国乡村公共文化领域的社会变革，是一部运用文化社会学研究乡村文化变迁、文化制度结构和文化治理的独特成果。作者视野开阔，运用大量历史档案与田野调查资料，探究乡村公共文化空间的生成演进过程，丰富了中国式文化现代化研究。本书着重探讨了乡村公共文化空间建构国家、社会、民众之间的互动关系问题，这也是在文化社会学视野下探讨国家形塑社会文化生活的路径以及国家与社会关系的核心议题，并取得了可喜的进展。当然，作者在把握分析这些重大议题时也存在一些不足之处，相关阐述还不够完善，对历史档案资料的整理挖掘与分析利用还不够，还有提升的空间。

　　耿达博士这本研究和顺图书馆的学术著作，是其学术成长的重要见证。2012年他进入武汉大学中国传统文化研究中心攻读硕士研究生，由于在学业和学术上表现优异和突出，2015年9月他又成为我的博士研究生，学习期间他一直在关注公共文化领域，参与武汉大学"文化第一线"的调查，有了大量的基础理论知识和实践经验的储备，并尝试运用文化社会学的范式来分析探讨中国近现代公共文化领域的生成演进。他的硕士学位论文以武汉近代公共文化发展与社会教育为主题，通过查阅历史档案梳理了从晚清到民国期间武汉地区图书馆和民众教育馆的发展脉络、活动开展、民众参与等问题。博士学位论文又专门针对百年湖北省图书馆的建设发展过程，探讨了公共图书馆与地方社会变迁之间的互动关系，这是他运用文化社会学方法研究中国文化现代化问题的初试。2018年6月博士毕业后他进入云南大学跟随李炎教授从事博士后研究工作，2年后顺利出站并留校任教。在李炎教授及学校的支持下，他能够结合边疆民族地区的文化多样性与地方特色，扎根乡土，运用文化调查方法，形成发表了一些高质量的研究成果，还先后获得了云南省哲社规划、教育部人文社科、国家社科基金等青年项目立项，这都是学界同仁对他取得的进步和成绩的充分肯定，也是对他个人继续在学术研究的道路上奋力开掘的莫大鼓舞。现在，他以博士后研究报告为基础，通过对和顺图书馆进行文化社会学全景式的案例深描，呈现了乡村公共文化空间的生成机制与发展路径，相信这对乡村文化建设的理论研究和实践探索大有裨益。

是为序。

2022 年 10 月于武汉珞珈山

序 二

李 炎

（云南大学民族学与社会学学院，教授、博士生导师）

  图书馆作为现代社会公共服务体系的重要组成部分，承担着向大众提供知识查询、阅读带动服务的基本功能。图书馆的英文为"library"，解释为"a building, room, or organization that has a collection of books, documents, music, and sometimes things such as tools or artwork, for people to borrow, usually without payment（收藏有书籍、文件、音乐，有时还有工具或艺术品等东西的建筑物、房间或组织，供人们借用，通常无须付款）"。国家图书馆出版社于 2008 年出版的《图书馆学概论》提出，"图书馆是社会记忆（通常表现为书面记录信息）的外存和选择传递机制。换句话说，图书馆是社会知识、信息、文化的记忆装置、扩散装置"。作为社会知识、信息和记忆的文化空间，图书馆无论在东西方都可追溯到遥远的古代。著名的有希腊哲学书院，美索不达米亚平原的尼尼微图书馆，中国西周时期的秘府，两汉的石渠阁、东观和兰台。但东西方历史上作为社会知识、信息和文化记忆装置的神庙、书院、石渠阁、藏经楼，并没有向大众开放。作为现代社会公共服务体系的公共文化空间，面向社会，服务大众，向大众提供知识、信息查阅服务，丰富精神文化生活，是现代图书馆的基本功能。

  耕读传家是中华优秀传统文化的重要组成部分，"书"是中国文化传承的重要载体。从岩画、陶器鱼尾纹图案、青铜铭文、竹简、帛书到石刻、印刷本，中华民族优秀文化通过不同类型的载体不断传播。"敬惜字纸"，"纸"和"字"作为图书的主要载体和符号，对其的敬惜本质上是对文化的敬重，对文以传教功能的敬畏。不论是对于士大夫阶层、知识分子还是对于大字不识的村夫俗子，社会上有对纸、图书敬畏的各种禁忌。作为中国传统教育和学术机构的书院，是经书和地方文献搜集、整理和典藏的空间。科举制度促进了人们对传统知识的学习以及传统知识的传播。学而优则仕的传统与宗族大户利益的双向赋能和庇护，使江南大户人家、显赫族系，在兴办私塾的同时，有了藏书的习俗。藏书成为显赫世家的地位和文化标识，江南的南浔嘉业堂藏书楼、宁波天一阁、杭州文澜阁、瑞安玉海楼四大藏书楼闻名天下。嘉业堂藏书楼藏书 60 余万册，对中华优秀典籍、地方文化史料的保护起到了重要的促进作用。历朝历代的佛教寺院、道观庙宇也大多有藏经阁、书院，拥有相当规模的经书、典籍。但是，这些文化空间更多服务于特定的官僚机构、士大夫阶层、达官贵人、宗教门徒和世袭宗族，并未向大众开放，成为现代意义上的公共文化空间。在我看来，只有面向大众、向社会开放的图书馆，才是现代意义上的图书馆。当然，随着现代社会的发展，以及行业、组织、社区的多元化，图书馆走向专业、走向分类，形式种类逐渐细分，功能也走向多元，但公共性依然是其基本功能和标志。

中国是个农耕文明大国，五千年的文明史孕育了丰富多彩的农耕文化。乡村是中国传统文化生成、传承的主体场所，但乡村却不是知识生产集成的中心，地方性知识、族群文化的传承与传播依靠的是口耳相传，通过生产、生活中的口传文学、歌舞、节庆、习俗、技艺、礼仪、活动进行经验性的传承，此外，地方性知识依托的传承主体和渠道则是地方的文化持有者。乡村以图书形式集成和传播知识的公共文化空间的缺失是传统乡村历史和知识教育"失语症"的重要表征。21 世纪初，现代意义上的图书馆建设、农村基础教育的普及改变了传统的中国城乡社区的知识教育和传承现状。乡村基础教育设施得到前所未有的发展，彻底改变了传统中国大众受教育的现状，各地乡镇的文化站也有一定的图书，建立了基于互联网和现代科技的信息共享工程，东部沿海发达地区的乡村开始建设乡村图书馆。但将形式上的乡村书屋和数量有限的乡村图书馆置于中国 200 多万个乡村中进行考量，对乡村公共文化空间来说依然还是空白的。

从历史的角度对中国的乡村知识集成和传播进行溯源，从图书馆的现代意义和功能价值进行研判，从中国当代乡村振兴与广大农村、农民的文化诉求和权益进行考量，在中国西南边陲，在被徐霞客称为"极边第一城"的腾冲，和顺乡的和顺图书馆就有了值得关注和研究的价值。在20世纪三四十年代的特殊历史时期，有众多名人到过和顺图书馆，胡适还专门为之题词。其中西合璧的建筑和近百年的历史，以及完备的现代图书馆检索系统令人神往，而我更关注的是和顺图书馆面向村民开放，村民通过和顺图书馆关注世界、接收新知识、传承传统文化，和顺图书馆实现了以公共文化服务供给提升村民素质的基本使命。正如和顺图书馆门头的匾额和栏杆上的题词，这个西南边地的乡村公共文化空间是真正的"民智泉源"，是润泽村民的"文化之津"。记得作为和顺古镇代言人的媒体人崔永元曾说过一段话："和顺有很多不足：第一，历史太短，比美国才早几百年；第二，开放太早，四百多年前就已经开放了，当时，乡里人就走出了国门；第三，建筑风格有点零乱，有徽派的，有江南水乡的，也有欧式的南亚风格的，不太注意更新，到目前为止，还保留着古镇的样子；第四，他们对文物不大珍惜；第五，和顺镇的人不务正业，经常有人把牛放在山上吃草，自己跑去图书馆看书。"

崔永元的这段话以反讽的方式，点出了和顺古镇移民戍边的历史、和顺人走夷方与开放创新的思想，更有意思的是最后一句，用幽默俏皮的语言将和顺图书馆与和顺村民的文化生活焊接在一起，不露声色、不着痕迹。

《和顺图书馆：乡村公共文化空间的生成演进》一书是青年学者耿达在博士后出站报告基础上，进一步拓展内容，充实完善后形成的专著。全书用六章，在地方史料、访谈的基础上，系统梳理了和顺图书馆从1927年建馆到现在的近百年历史，将其发展置于时代、社会、文化的宏观历史语境下，分析了其创建缘起、创生守护、转轨共享不同阶段的发展现状、特点和运营管理的体制机制，更重要的是，该书打破了传统地方文化个案的简单史料和发展特点归纳的研究方式，依托社会学的审视角度和相关理论，深度描述了中国社会大变迁、文化大转型对中国西南边地乡村社会的深刻影响，一个文化空间近百年历程中折射出来的乡村社会、乡村文化生活与乡村民众的精神世界。整本书以边疆民族地区的现代文化空间作绪论，归于结语的国家现代公共服务体系建设的乡土社会调适、政府行为嵌入和全球化带来的大众文化消费时代的多元力量的整合。从乡村现代公共文化空间的自组织、中国社会制度下政府主导到政府引领下的多元社会力量的介入，和顺图书馆的近百年历史，如一面精致的铜镜，折射出中国乡村文化空间、文化生活、文化自觉的真实、感人的画卷。

21世纪初的中国乡村，全球化、城乡一体化、现代信息技术、互联网将特定地域、民族和族群的乡村卷入巨大的网络社会之中，乡村生活发生了巨大的变化，传统乡村的生产、生活方式与乡村的边界在不断的解构中进行着新的建构。乡村文化空间似乎被无限放大，但像和顺图书馆这样的乡村在地性的文化空间却依然稀缺，作为村民生活性的场景似乎在向戏剧性的场景转变，与"他者"的关系似乎更加亲近，与村民的文化生活在疏离，其功能也在发生着变化。这背后似乎隐含着机遇、危机，也呼唤着更具有社会责任感的青年学者进行更深入的分析和研究。

此时我还在云南大学乡村社会大调查的路途中，走村入户，考察村民从经济生产到文化精神的新时代风貌，边看乡村场景、观民族文化、食精神文化，边读耿达的专著，思绪万千。中国乡村文化空间还是稀缺，文化生活依旧，在众多的乡村中找不到一个像和顺图书馆一样的现代意义上的图书馆。

以此感，作耿达研究成果之序。

2023年2月10日于鹤庆新华村

序 三

寸云广

（和顺图书馆原馆长、古籍管理员）

　　2022 年 9 月 22 日，云南大学的耿达老师来电话，得知他撰写的关于和顺图书馆的博士后研究报告计划出版，希望我能写一写在和顺图书馆的学习工作经历。我感到很惭愧，虽然在图书馆服务了 30 年，可没有什么成绩可言。20 世纪，曾任益群中学校长、和顺图书馆第三任馆长、云南大学副校长的寸树声先生，在和顺益群中学执教两年半，就能以其亲身经历结合乡村教育实践写出《两年半的乡村工作》一书，提出了"中小学图书馆三位一体"的办馆方针，对图书馆的发展起到了积极作用。而我们只能在前人创业的基础上，坚守这个精神家园，故推辞再三，后我被耿老师的诚意所感动。回顾既往，我决定写一些与图书馆有关的人和事，以表示对他辛勤工作的支持。

　　1988 年，我就职于腾冲县芒棒乡文化站，从此开启了人生中的文化之旅。1992 年，我被调入和顺图书馆工作，从群众文化岗位转入了专业性较强的图书馆岗位，面对新工作，我不知所措。此时我遇到了人生中的三个贵人。一个是第五任馆长寸茂鸿，一个是时任馆长寸时畅，一个是对地方掌故有研究的"活字典"张孝仲老师。刚到图书馆我就被馆长安排与张老师一起做图书外借工作。在张老师的指导下，首先从图书馆服务的第一线——读者服务做起，学习怎样办理借书证，怎样办理借阅登记，如何做好图书上架复位，以及如何了解读者的兴趣爱好，把读者需要的图书推荐给他们阅读；其次是学习一些简单的图书分类知识。为培养我们的阅读兴趣，他时常会对我们说："在图书馆工作就要多读书，知识积累到一定程度才能成为大学问家。历史上就有很多事例。不要以没有时间为借口放松自己，我每天下班后都要利用晚上空余时间看书，这些年来我已经看了好几部名著了。"他还给我们讲了汉末魏国著名儒宗董遇劝学的故事。张老师所讲故事内容如下。有读书人想向董遇求学，他不肯教，却对人家说："先读百遍吧。"又说："读了很多遍，自然就明白其中的意思了。"请教的人说："您说的有道理，只是苦于没有时间。"董遇说："应当用'三余'时间。"有人问"三余"是什么？董遇说："冬天，没有多少农活，这是一年中空闲下来的时间；夜晚，不必下地劳动，这是一天中空闲下来的时间；雨天，不方便出门干活，也是空闲下来的时间。"只要抓紧一切闲余时间学习，就能使自己有所成就。在张老师的影响下，经过一段时间的学习，我便能独立完成外借工作了，同时还学着读一些名著，对图书馆工作有了初步认识，并产生了兴趣。

另一位是时任图书馆馆长的寸时畅老师。他来图书馆工作前，是中学老师。到图书馆后，他改进了一些不合理的管理制度，把馆内业务做得井井有条。他多才多艺，不但在盆景造型方面有独到之处，还会写一手漂亮的毛笔字。我们很是羡慕他，有时还学着涂鸦涂鸦或模仿造型一番。由于办馆经费紧张，他又想出一些简单实用的方法，尽量把工作做好，譬如把抗战书籍放在阅览室的玻璃窗后，利用它做橱窗举办抗战图书展，或放上图片做图片展等。他要求我们熟悉馆史馆情，做到能为来馆的每一位读者或参观者进行讲解，遇到参观团来的时候，还会让我们伴随左右，听其讲解进行学习，使我们的讲解能力得到了较大提高。每逢冬季，气候干燥时寸时畅老师就会约上馆内职工晾晒古籍，此刻张孝仲老师会开展"现场教学"向大家普及古籍知识，如什么是鱼尾、鱼尾有几种，什么是牌记，什么是黑口以及该书的著者是谁、是由哪一位乡人华侨所赠等，我们在佩服张老师的学识的同时，也对古籍保护产生了浓厚兴趣。

第三位是从图书馆调到县政协工作的第五任馆长寸茂鸿，他是寸树声先生的嫡孙，进馆前是益群中学的老师。他在图书馆工作了八年，与第四任馆长赵秀发、管理员刘玉璞相处十分融洽。赵秀发馆长是缅甸归侨，1976年来馆负责管理工作。他在1979年任省侨联委员期间，受乡人委托与李镜天、刘国生等，向省政协提出"请将和顺图书馆纳入国家编制，以便在现有基础上，继续扩充，更好的为四化建设服务"的提案，使和顺图书馆在 1980 年被纳入了国家建制。而刘玉璞先生是 1940 年 16 岁时来馆服务的，1992 年退休，在馆 52 年间曾受过原文化部嘉奖，是在馆时间最长的老管理员。他经历过腾冲抗战、"文革"，与图书馆同呼吸、共命运，保护了图书馆的古籍、牌匾等许多文物，对图书馆的发展起到了重要作用。寸茂鸿馆长虽离开了图书馆，但仍然心系图书馆。1992 年为使两位老人能顺利退休，他多方奔走，最终两位老人才得以以临时工的待遇退休。退休时两位老人怀着对图书馆割舍不下的眷恋之情，把补发的 1000 元安家费全部捐献给图书馆，以做购书之用。寸馆长还关心图书馆人才培养和下一代的成长，时常到图书馆帮助解决一些急需解决的问题，对园林绿化给予指导，给我们树立了"以馆为家"的思想。我们明白了图书馆工作是一项平凡得不能再平凡的工作，是要耐得住寂寞，要具备奉献精神的工作。

1994 年 5 月，为提高图书分类编目水平，我参加了大理州图书馆举办的"图书资料业务培训班"，系统地学习了图书馆学概论、藏书建设、图书分类、中文图书编目、期刊管理等七门业务知识，使我的业务能力得到了提高。

1997 年 9 月，我响应县委县政府的号召，在腾冲县教育局分派下，到腾冲第四中学进行了为期一年的支教工作。短暂的教育工作不但拓宽了我的知识面，也增强了我对文教工作的热爱。

1999 年 12 月，和顺乡侨联经过酝酿，将创办于 20 世纪二三十年代的《和顺乡》（始称《和顺崇新会会刊》）复刊，在图书馆进行编辑，我有幸成为编委之一。

2003 年 6 月，寸时畅馆长退休。图书馆的重担落在了我的肩上，既要管行政工作，又要管业务工作，还要完成上级交办的任务，这使我的业务综合能力得到较大提高。

2008 年是和顺图书馆建馆 80 周年，时任县人大代表的寸茂鸿馆长等联名向县人代会提出议案，请求县政府为和顺图书馆举办"和顺图书馆建馆八十周年庆典"活动。县政府采纳了他们的建议，于 10 月举办了此项活动。活动期间我积极配合做好筹备工作，参与编辑了《民智泉源——腾冲和顺图书馆建馆八十周年纪念画册》《文化之津——腾冲和顺图书馆八十周年纪念专刊　一九二八—二〇〇八》两本纪念刊，使庆典活动得以圆满完成。

2009年4月，国家古籍保护中心在省图书馆举办为期一个半月的"第八期全国古籍修复技术培训班"，我积极报名参加学习，学习结束后便投入了全国古籍普查工作。对馆藏古籍进行了登记造册摸底调查，将3712册古籍图书录入全国古籍保护平台数据库，走上了古籍保护之路。而后又参加了云南省第一期《中华古籍总目·云南卷》编纂工作培训班、云南省古籍普查登记工作培训班、国家古籍保护中心举办的"第一期少数民族古籍修复技术培训班"的学习。经过30余年的锻炼我成为一名称职的图书管理员。

如今94岁的图书馆，通过一代代图书馆人的努力，现有编制7人，其中高级职称6人、中级职称1人，已发展成为集文博、图书、科普、对外宣传、民族团结于一体的多功能图书馆。她正从传统管理模式向数字化管理迈进，并以崭新的姿态展示在世人面前。

2022年10月于和顺图书馆

目　录

绪论　西南边地、图书馆与公共文化空间

中国乡村社会在 20 世纪初至 21 世纪初的百年时间里经历了深刻的变迁，即由费孝通概括的"乡土中国"阶段进入当代学者们所谓的"城乡中国"阶段。[①] 在这一时期的乡村社会变迁中，乡土中国所固有的差序格局、礼俗社会、乡土黏性等特征开始逐渐瓦解、松动、疏离，在社会转型、市场经济和政策导向等多重动力的牵引下，乡村人口大量劳动力和资源向城市集中，乡村被城市所吞噬，乡村被快速城市化所裹挟，乡村被边缘化了，导致乡村社会的"空心化"现象日益严重，乃至出现了"村落的终结"[②]。"乡村成为问题与成为问题的中国乡村"[③] 于是成为学界与政府关注的重点领域。也正是基于此，党的十九大报告中明确提出了乡村振兴战略，以推动城乡融合发展，促进城乡之间要素的双向流动，使城市和乡村互相供给、互有需求。[④] 学者们对中国乡村的研究偏向于整体叙事，侧重于乡村政治、乡村经济的问题研究，对于乡村文化建设问题的研究关注不够，文化很多时候只是成为"政治的附庸""经济的糖衣"。研究这一变迁时期中国乡村文化建设的学者们，大都关注乡村社会文化变迁的阶段论、特征说等宏大叙事，或把注意力放在东部沿海地区，而对中国内陆边疆乡村社会文化生活的研究，至今仍十分薄弱。云南腾冲地处中国内陆边疆，

---

① 刘守英、王一鸽：《从乡土中国到城乡中国——中国转型的乡村变迁视角》，《管理世界》2018 年第 10 期。
② 李培林：《村落的终结：羊城村的故事》，生活·读书·新知三联书店，2019。
③ 赵旭东：《乡村成为问题与成为问题的中国乡村研究——围绕"晏阳初模式"的知识社会学反思》，《中国社会科学》2008 年第 3 期。
④ 周立：《乡村振兴战略与中国的百年乡村振兴实践》，《人民论坛·学术前沿》2018 年第 3 期。

是中国地理"胡焕庸线"的西南端点。在历史上，腾冲既传承了汉文化，又融合了少数民族文化，是中国传统优秀文化面向南亚东南亚的辐射中心，也是引进外来文化的内陆前沿地带，是中国西南边疆对外文化交流的重要窗口。

综上所述，对研究中国内陆边疆的社会文化生活来说，腾冲是一个非常理想的对象。本书以和顺图书馆为切入点，集中探讨乡村公共文化空间的生成演进机制，着重回答以下十分重要但仍缺乏研究的问题：公共文化空间是如何在乡村社会落地扎根的？在时代大转型中，乡村公共文化空间是怎样发生变化的？在乡村公共文化空间里，普通民众、地方精英与国家权力的关系如何？地方知识、国家治理体系与乡村公共文化空间是如何交互影响的？

和顺图书馆位于中国西南边疆小镇腾冲，创建于 1928 年，是和顺旅缅华侨为振兴家乡文化教育而捐资创办的乡村图书馆，至今已有 90 多年历史，被誉为"在中国乡村文化界堪称第一"。和顺图书馆从 1928 年创办一直沿用至今，馆址馆舍保存完好，1980 年被纳入国家公共图书馆建制。从一定意义上讲，和顺图书馆的发展历程乃是中国乡村公共文化空间发展的历史缩影，甚至是近现代中国社会文化事业发展图景的集中呈现。就和顺图书馆自身发展而言，它经历了由私立图书馆到公共图书馆的转型，功能也不断扩展延伸；就和顺图书馆与社会发展变迁的关系而言，和顺图书馆的产生发展是与地方乃至国家甚至南亚东南亚区域性国际的政治、经济、文化发展进程息息相关的。和顺图书馆的发展具有典型性和代表性，能够达到"管窥一斑，可见全豹"的效果。把和顺图书馆作为一个"微观世界"来考察，即走进乡村公共文化空间的内部，通过和顺图书馆这一"窗口"来探视中国乡村公共文化空间生成演进的社会镜像，具有重要研究意义。

本书以和顺图书馆为中心，试图展现腾冲的公共文化生活和文化形象，勾勒在基层单位上公共文化生活的样态图景，并通过挖掘在和顺图书馆建设发展过程中所发生的各种重要事件，建构乡村公共文化空间的历史叙事和微观考察。"微观研究的意义在于，能够把对历史的认识上升到一个更广义层次而提供个案分析，其不仅能丰富我们对地方的知识，而且有助于我们对中国的理解。"① 由于中国地理、经济、政治、文化、社会特征的复杂性，任何夸大同一性或特殊性的论述都似乎有所不妥。当我们研究民众日常公共文化生活时，也应该重视那些具有普遍意义的重大事件。因此，本书秉持宏大叙事与日常取向相结合的方式，不仅考察乡村公共文化空间里的民众日常生活，还关注具有历史意义的重大事件对乡村公共文化空间建构的深刻影响。本书将以"长镜头"的方式观察乡村公共文化空间的建构过程，通过百余年的对和顺图书馆这一公共文化空间进行连续"拍摄"，展现了在固定的场域中处于纵深处不同时间位置上景深（全景、中景、近景、特写）的特定场景，以保持被"拍摄对象"时空的连续性、统一性和完整性，呈现乡村公共文化空间里的日常生活样态以及存在的社会网络关系。

本书实际上是通过研究和顺图书馆来考察 20 世纪初至 21 世纪初的百年时间里中国乡村社会文化变迁的过程，试图阐述的是：在中国社会大转型的历史进程中，乡村公共文化空间的建构是一个动态的演化过程，地方知识与乡村社会和国家权力不断互动，其中的张力在时间的推移中损益各异，但是国家政治与民众生活是密切交织的，即使是中国内陆边疆乡镇也在这张社会结构网络中与国家治理体系有着千丝万缕的联系。这个研究有助于我们理解：在现代化、革命化、城镇化、全球化、数字化等不同时代语境下，一个中国内部边疆小乡村的公共文化空间是怎样并在多大程度上被改变着。时代发展的潮流不可逆，本书探讨乡村公共文化空间在社会大转型过程中的一个核心主题是：地方知识与国家权力是如何在异质中共生同构的，重点解决国家权力在垂直下沉中如何积极吸纳和有效利用地方知识，以构建国家—社会—民众"三位一体"的公共文化空间。

一 进入中国西南边地腾冲

腾冲享有滇西门户之名，是中国内陆西南边疆地缘位置的重要据点，是著名的胡焕庸线"瑷珲—腾冲一线"的西南端点。腾冲西北与缅甸相

---

① 王笛：《走进中国城市内部——从社会的最底层看历史》，清华大学出版社，2013，第16页。

邻，东部为高黎贡山雄峙。腾冲历史悠久，西汉时称滇越，东汉属永昌郡哀牢县，是西南对外交通蜀身毒道中国境内最西段（永昌道）出缅甸的最后一站。元朝设云南行省，云南地区被重新纳入中央大一统政权，设置过腾冲府、腾冲平缅宣慰司。明清时期，中央王朝对云南的治理不断深入、细化。腾冲"甲于西陲，实诸夷出入要害地"，一度成为中央和地方分裂势力做斗争的前线指挥中心。中央王朝在此设腾越州，通过改土归流、移民戍边屯田等措施，使腾冲社会发展达到与内地中原地区相当的程度。史书记载："至明，迁中州人居之，分置郡县，改设流官，于是声名文物蔚然，与中土等列宏维哉。"① 明末徐霞客至滇西考察时，赞誉腾冲之繁盛为"迤西所无"②。

在传统中央王朝时期，腾冲因拥有八关七隘而具有重要的军事地位，更是中央政府经营西南边疆的前沿阵地。清朝道光年间修撰的《云南腾越州志》记载："云南三面临边，而腾越又斗入西荒之外；滇踞上游，为黔、蜀、荆、粤、吴、越之门户，而腾越又为全滇之门户：慎固封，守莫重焉。"③"腾越斗入极西之外，错杂群蛮之间，处处皆边也。修明兵制，抚驭土司，招徕缅甸，其防守备矣。"④ 腾冲是多族群聚集地，军事防卫是传统中央王朝的工作之重。明清时期，腾冲依据军事防卫设置有十八练，"夫十八练里甲村寨，曰练曰寨者，为卫边而言也。州卫并设，民屯错处，以耕以守，以护封疆"。和顺乡即为十八练之一："和顺乡，在城南。水碓村，一甲。有元龙阁。有池，源清可鉴，田亩借其灌溉。和顺上村，刘家巷，尹家巷，二甲。和顺中村，寸家湾，大石桥，有文昌宫。已上三甲。李家湾，十字路，横巷，大石巷，四甲。寸家巷，小黄菓树，五甲。贾家坝，武家坝，张家湾，六甲。大庄，上庄，小山脚。七甲。和顺周围不满十里，离城七八里，民居稠密，通事熟夷话者皆出于其间也。"⑤ 在明朝正

---

① 光绪《腾越厅志》卷4《建置志·沿革》。
② 屠述濂修，文明元、马勇点校《云南腾越州志》，云南美术出版社，2006，第1~2页。
③ 屠述濂修，文明元、马勇点校《云南腾越州志》卷2，云南美术出版社，2006，第21页。
④ 屠述濂修，文明元、马勇点校《云南腾越州志》卷2，云南美术出版社，2006，第222页。
⑤ 屠述濂修，文明元、马勇点校《云南腾越州志》卷2，云南美术出版社，2006，第29~30页。

统时期王骥"三征麓川"后，大量汉族移民迁入腾冲。这些汉族移民过来后，除征战和屯田外，其主要任务就是办学。明清时期，腾冲学校遍布城乡。根据清代《永昌府志》、清代《腾越厅志》、民国《腾冲县志》等史籍记载，腾冲城乡各处分布有70多所学校，多为清代新建。其中和顺乡有义学和新义学，分别为清雍正年间知州孔毓琪、署州侯如树筹建和清光绪同知陈宗海筹建。①

由于腾冲与缅甸接壤的天然地理优势，使腾冲成为中国与缅甸、印度、东南亚贸易交流的交通要道。英国学者布莱恩·哈里逊在《东南亚简史》中称："可以肯定，在公元前126年之前，商队就把中国的商品经过云南和上缅甸，沿布拉马普特拉河和恒河运到希腊人的巴克特里亚王国。"② 这一贸易通道经中国历代中央王朝的开拓，成为南方丝绸之路的重要构成部分。清朝时期，缅甸为清朝朝贡体系的一员，辟有腾冲—南甸—干崖—八莫的朝贡贸易官方通道。光绪《云南通志·缅甸入贡录》记载："先是康熙元年，议准缅甸贡道由云南上路，由永昌过蒲缥，经屋床山……过腾冲卫，西南行至南甸、干崖、陇川三宣抚司……陇川十日至孟密，二日至宝井，又十日至缅。"③ 除官方交流外，中缅之间的民间交流日益频繁，贸易往来络绎不绝。《云南腾越州志》记载："今商客之贾于腾越者，上则珠宝，次则棉花。宝以璞来，棉以包载，骡驮马运，充路塞道。今省会解玉坊甚多，砉沙之声昼夜不歇，皆自腾越至者。其棉包则下贵州。此其大者。"④ 腾冲遂成为滇西地区乃至中缅边境贸易的中心，"时海道未通，各省往商缅甸者，必取道腾越，而缅甸商务，亦几为腾商所专"⑤。《清高宗实录》记载："腾越和顺乡一带民人，向在缅酋地方贸易者甚多。"清末进士寸开泰主纂《腾越乡土志》对清乾、嘉时期中缅贸易的记载则甚为详细："腾越商人向以走缅为多，岁去数百人，有设立号房于新街、曼德勒、

---

① 肖正伟：《保山通史概要》，云南大学出版社，2014，第160～166页。
② 蓝勇：《南方丝绸之路》，重庆大学出版社，1992，第45页。
③ 李根源辑《永昌府文征》（校注四），云南美术出版社，2001，第3581页。
④ 屠述濂修，文明元、马勇点校《云南腾越州志》卷3，云南美术出版社，2006，第60页。
⑤ 李根源、刘楚湘主纂，许秋芳点校《民国腾冲县志稿》（点校本），云南美术出版社，2004，第371页。

漾贡（仰光）者，亦有不设号房年走一次者……乾、嘉间，海运未开，凡珠宝、玉石、琥珀、象牙、燕窝、犀角、鹿茸、麝香、熊胆，一切缅货，皆由陆路，而行必经过腾境，其时商务尚称繁盛……"① 另外，据相关资料记载，在缅甸华侨人口较为集中的阿摩罗补罗、八莫、猛拱、曼德勒等地方，建有观音寺、关帝庙、财神庙、土地祠、会馆等华人华侨传统文化以及民间信仰、商务交流的建筑场所。由此可见，当时中缅贸易交流已经相当繁盛。

世界航海地理大发现后，欧洲诸国走上了殖民贸易的残暴之途。1840年，中英鸦片战争爆发。1885年，英国侵吞缅甸。明清王朝所建构的天朝体系被英法诸列强推行的条约体系所取代。"鸦片战争后，西方国家争先恐后涌入中国沿海港口进行贸易，并且谋划迅速进入中国内陆地区。英国人对此尤为急切。他们认为，从伊洛瓦底江进入中国西部将会更为快捷；法国人也不礼让，正紧锣密鼓忙着探寻从湄公河、红河通往中国西部的通道。"② 清光绪二十年（1894），英国与清政府签订的《中英续议滇缅界务商务条款》规定："英国极欲振兴中缅陆路商务，答允自条约批准之日起，以六年为期，中国所出之货与制造之物，由旱道运入缅甸者，除盐之外，概不收税，英国制造之物和缅甸土产运出缅甸，由旱道赴中国，除米之外，概不收税；盐铁之税不得多于出入海口所收之税。"光绪二十三年（1897），中英续订《中缅条约附款》议定开腾越为商埠；光绪二十五年（1899），英国把在蛮允的领事机构迁至腾冲；光绪二十八年（1902），英国把蛮允海关移至腾冲，由英国人孟家美总揽海关大权。至此，腾冲正式开放成为云南的对外通商口岸③，腾冲与缅甸等南亚东南亚国家和地区的交流往来进入全球化、现代化的进程之中。

据腾越海关资料统计，1902～1911年，即清末10年间腾越关进出口总货值维持在66万～209万两，总货值最高年份为1904年的2085504两，

① 沈福永：《民国以前华侨入缅概况》，载中国人民政治协商会议云南省腾冲市委员会、《腾冲华侨华人》编纂委员会编《腾冲华侨华人》，云南民族出版社，2016，第26～49页。
② 波觉顶：《贡榜王朝时期缅甸对外关系史》，我缅人书局，1975，第85页。
③ 当时腾冲是云南省对外贸易的三个口岸之一，另两个是蒙自（主要从事对越南贸易）和思茅（主要从事对泰国贸易，兼有对缅甸贸易）。

其中进口货值维持在 51 万～175 万两，进口货值最高年份为 1904 年的 1747820 两，出口货值维持在 15 万～56 万两，出口货值最高年份为 1910 年的 556880 两；民国建元后，滇缅贸易进一步稳定发展，1912～1931 年 20 年间腾越关进出口总货值维持在 243 万～565 万两。1912 年，进出口总货值为 250.69 万两，其中进口货值为 182.49 万两，出口货值为 68.20 万两。1920 年，进出口总货值为 564.79 万两，其中进口货值为 404.26 万两，出口货值为 160.53 万两。据海关资料统计，1920～1929 年，腾越海关出口的商品额占全省出口总额的 13.5%，进口额占全省进口总额的 17%，入超额占全省入超总额的 23%。1933 年，腾越海关进出口贸易首次出现顺差，进出口总值为 558.94 万元（国币），其中进口货值为 251.08 万元，出品货值为 307.86 万元，贸易顺差为 56.78 万元，并持续到 1938 年。① 当时，腾越从事进出口贸易的商号有 300 多家，大商号拥有资金数百万至上千万银圆。每年秋收后，还有数千季节性小商贩奔走于腾、缅、印之间，从腾越分别至八莫、密支那的路上，常有上万匹骡马从事进出口商品运输。腾越海关验货厅里，经常摆满了待验货物。商贸的繁荣使得腾冲这个中国内陆边疆小城镇"商贸丛集""店市甚盛"。腾冲商人，有的起家于当地，有的发迹于缅甸，他们不仅在当地开号设店，而且在国内的保山、下关、昆明、广州、香港和国外的缅甸、印度等地设有商号。1925 年出版于缅甸的《华侨宝鉴》记载，腾冲旅缅华侨在缅甸的工商经营场所共涉及 50 多个地方，最集中的是昔波有 30 多家，另外曼德勒有 20 多家，皎脉、八莫、宝石厂（抹谷）、抹允、南渡、猛拱、果岭、密支那、夜午都在 10 家以上。实力较大的商号有洪盛祥、永茂和、茂恒、万通、广义、福春恒、三盛、复协和等，仅永茂和在昔波各埠就有 16 家分号，这些商号主要经营棉花、棉纱、布匹、玉石等。② 20 世纪 30 年代，英国人美特福在《中缅之交》一书中说：腾冲"其人设肆，遍及滇省诸大城邑……而终于

① 吕文超：《腾越海关简述》，载腾冲县政协文史资料委员会编《腾冲文史资料选辑》（第三辑），腾冲县政协文史资料编辑委员会，1991，第 145～148 页。
② 中国人民政治协商会议云南省腾冲市委员会、《腾冲历史上的商号》编纂委员会编《腾冲历史上的商号》，云南民族出版社，2016，第 53～64 页。

印度加尔各答。"据《云南通志》商务资料记载，1931 年前后，腾冲县内外有私营商业 306 户，其中经营花纱布（包括丝）的有 77 户，占 25.16%；经营粮、油、盐等土杂的有 65 户，占 21.24%；经营珠宝玉器（含加工）的有 34 户，占 11.11%；经营百货（含纸）的有 43 户，占 14.05%；经营屠宰业的有 28 户，占 9.15%；经营理发、茶酒馆、旅栈、轿夫行等服务的有 59 户，占 19.28%。至 1938 年，腾冲私商已发展到 1254 户，其中商业有 593 户，服务业有 113 户，工业、手工业兼销售有 548 户，出现商业大户多、经营外户多、从事玉石加工销售多的繁荣局面。

随着日本侵略者全面侵华战争的发动，第二次世界大战的规模日益扩大。1938 年，滇缅公路全线通车，成为各国盟军支援中国抗战物资的唯一通道，商业经营中心逐步转移到滇缅公路沿线城市，腾冲大批发商全部转移到县外。1942 年 5 月，日军侵占腾冲后，腾冲进出口商品内撤到保山、下关、昆明一带，而在缅甸和腾冲的物资大部分被日军掠夺。据腾冲县政府 1946 年调查统计，各商号损失的物资有：花纱、布匹、洋杂 9302 驮（每驮 75 千克，下同），药品 87 驮，瓷器、文具 33 驮，印刷、机件、纸张、用具 101 驮，杂货 790 驮，书籍 48 驮，铁器 33 驮，玉石 30 驮，皮箱、皮件 24 驮，合计 10448 驮，价值国币 8234.63 万元。滇西抗战胜利后，滇缅公路修复通车，保山、腾冲与印、缅的贸易重新恢复。但是腾冲因为战争的破坏，加之物资紧缺，市场萧条，对外贸易额比沦陷前大减。1949 年，腾越海关进出口总值为 242.19 万元（银圆，下同），其中进口总值为 176.43 万元，出口总值为 65.76 万元，贸易逆差为 110.67 万元。县城私营商业、服务业仅有 301 户，比 1942 年沦陷前的 706 户减少了 57.4%。①

和顺是腾冲旅缅华侨最集中、数量最多的一个乡镇，和顺乡的兴起得益于家家户户"走夷方"的传统。李根源说和顺："十人八九缅经商，握算持筹最擅长，富庶更能知礼义，南州冠冕古名乡。"王灿说和顺："地甲腾冲郡，人行阿瓦城，咸知商贾重，亦觉别离轻，国史开新馆，温墩旧得

---

① 肖正伟：《保山通史概要》，云南大学出版社，2014，第 280～281 页。

名。"《阳温墩小引》是当年和顺乡民出国经商的民间歌谣本。这是一本用村言俚语、半文半白、或夷或汉、亦庄亦谐的笔调写成的一部告诫乡人又易于流传的劝世歌谣。《阳温墩小引》记录了滇西边地的男儿从在家乡成长进而出国谋生的种种生活经历，它为我们留下的不仅是怒江以西清朝末年至民国初年的一幅"清明上河图"似的风俗画卷，而且是当年滇西的和顺乡人到缅甸及东南亚谋生的一部"出国必读课本"①。其中从中华的历史，到二十四孝；从母亲养儿育女的操心，到儿子长大后为什么要走出家门到外面去谋生；从出国的路上可能碰到的疾病、野兽、贼寇、水桥舟船，到腾冲人葬身异域的野坟荒冢；甚至到缅甸之后怎么找一个门头落脚，如何学生意，如何发财，发了财后该什么时候回家生子，有几个兄弟该如何分工出门，回家探亲如何给乡里人带礼物都一应俱全。

　　　　不得已，为家贫，不得不走；游有方，急早回，以解亲忧；我中华，开缅甸，汉夷授受；冬月去，到春月，即早回头；办棉花，买珠宝，回家销售；此乃是，吾腾冲，衣食计谋；为什么，到今日，不回故旧；出门去，把亲恩，付之东流；离家乡，十数年，还不算久；住瓦城，似登那，凤阁龙楼；舍家乡，如蔽履，话不虚谬；住瓦城，纵不久，也在数秋；你父母，虽有子，如同不有。②

　　和顺华侨素有爱国爱乡热心公益的传统，他们在缅甸辛苦经营有所得后便积极捐款支持家乡建设，不断修桥筑路，建造公共设施，发展文化教育事业。寸树声在《两年半的乡村工作》中说："缅甸是他们的商业事务所，而和顺乡是他们的住宅区……长期的商业上的积蓄使他们建筑了整齐的住宅（全乡没有一所草房）、寺院、街道、桥梁，发达了他们的文化。"③和顺的寺观、宗祠、学校、图书馆、月台、洗衣亭等公私建筑，经费大都

---

①　王洪波、何真：《百年绝唱——和顺〈阳温墩小引〉一部早年云南山里人的"出国必读"》，云南大学出版社，2005，第7～8页。
②　王洪波、何真：《百年绝唱——和顺〈阳温墩小引〉一部早年云南山里人的"出国必读"》，云南大学出版社，2005，第75页。
③　尹文和：《云南和顺侨乡史概述》，云南美术出版社，2003，第48页。

来自旅缅华侨。今天的和顺之所以有巍峨的中西合璧的建筑，之所以能建成优美的风景区，之所以能成为中外闻名的文化之乡，都是华侨爱国爱乡的心血结晶，是和顺乡民勤劳创造的丰硕果实。

整个 20 世纪，我们可以看到和顺这一中国内陆边疆宁静的小乡村也深受时代发展潮流的激荡，全球化、现代化也深刻影响了和顺乡民的日常生活。和顺乡民在传承传统文化的同时，也热切拥抱现代文化。和顺乡所建有的宗祠、寺观、图书馆等公共文化空间，连中国核心地带的江南名镇都无出其右。和顺乡是一个非常有意义的研究对象，我们由此可以观察到别有洞天的另一番景象。本书就是透过和顺图书馆这一"窗口"来观察中国内陆边疆乡村的社会变迁，展现和顺图书馆与乡村社会变迁之间的互动图景。

二 图书馆与现代化

著名图书馆学专家沈祖荣先生曾言："一个国家的文明既不依赖于她在海上拥有多少一流的战列航，无畏战舰和潜艇，也不依赖于她能动员多少装备精良的军团，即使这是获得尊重和免受侵犯的必需品，而是有赖于她拥有多少高效的学校、学院、高质的大学、消闲公园和充足的图书馆。"[1] 图书馆在中国社会的创建与发展，承续与拓新了"器与道"的双重变奏。在"器"的层面，通过移植欧美图书馆发展模式，经历了由传统藏书楼向现代图书馆的转型，图书馆的功能也完成了"重藏"到"致用"的突破，图书馆不是为少数人而设，而是面向公众开放。图书馆作为保藏、展示和传播知识的重要公共文化设施，是国家文化事业和国民教育体系的重要组成部分，是大众文化休闲的重要场所。在"道"的层面，通过引进欧美图书馆的社会公共价值理念，中国图书馆在继承了传统藏书楼保存文化的基本特质外，还参与到推进国家现代化建设之中。中国图书馆在创建之初就被赋予了"保存国粹""输入文明""启迪民智"的时代使命。图书馆对于涵化与培育新文化、新民、新社会具有重要意义与深远影响。因

---

① 程焕文：《中国图书馆学教育之父：沈祖荣评传》，国家图书馆出版社，2013，第 29 页。

此，图书馆是集"物质空间"与"精神空间"于一体的公共文化空间，对于民众、社会与国家都有莫大益处。

公共文化空间是公众进行休闲娱乐、消费和信息交流的公共场所，大致可分为三种类型：休闲娱乐型，如公园、茶馆、游乐场等；学习教化型，如博物馆、图书馆、民教馆等；商业消费型，如百货公司、跑马场、赌场等。这些公共场所的共同特征：一是向大众开放，二是具有某种社会功能，三是需要遵守公共秩序。公共文化空间意味着开放、平等，作为公共活动的主要场所，可以从这里来观察社会的开放性、大众性。公共文化空间的发达程度也是衡量社会现代性的一个重要尺度。因此，公共文化空间对研究中国社会现代化转型具有重要意义。大致在差不多的时段，中国出现了从西方社会引进的公园、图书馆、博物馆、美术馆、体育馆、科技馆等一系列公共文化空间。其中，图书馆的普及程度较高。图书馆主要是一种民众知识体验场所，侧重于社会公益型空间，具有开放性、平等性、大众性的特征。如果说公共文化空间是图书馆的物质载体，那么社会教育则是图书馆这一公共文化空间的核心功能。近代以来，特别是民国建立后，社会教育成为一股强劲的社会思潮，承担着"唤起民众"的时代使命。社会教育对提高国家实力、推进民族进步、促进社会发展有重要影响。1912年民国教育部成立，设立社会教育司管辖图书馆、博物馆等社会教育事业。社会教育是面向社会大众，实现教育的大众化、生活化，用各种不同的符合实际的方式来提高民众文化水准、促进"民族向上"的教育形式。而图书馆作为社会教育的重要机关，承担着"表彰文化，发扬国光，广求知识，振兴学艺""灌输常识，启迪国民"的重大使命。

到民国中期，图书馆的发展已较为成熟，基本形成了国立—省立—市立—县立乃至覆盖乡村的图书馆网络体系。图书馆作为公共文化空间的典型代表，"这种社会公共文化空间的形成，对于文化的传播、交流、创新，对于改变大多数人的观念和形成新的观念起着重要的作用，从而对社会的进步直接间接地发挥其不可或缺的作用"①。这种作用的本质在于推进

---

① 耿云志主编《近代中国文化转型研究导论》，四川人民出版社，2008，第165页。

近代中国社会公共性的生成。公共性是西方社会民主化进程的产物，社会公共性是孕育西方社会公共领域与市民社会的土壤。① 通过文化移植，近代中国图书馆承续了西方图书馆的社会公共性特征，知识精英希冀以这种"社会公器"来催生近代中国社会的公共精神。这也就使得图书馆在近代中国的创建与发展具有浓厚的社会启蒙色彩。② 但是图书馆及其公共性在近代中国并非一种社会文化系统的自然延伸与滋长，而是在改变传统社会文化观念的基础上对西方社会公共性的重新阐释，因而容易受到社会政治系统的影响（融合或排斥），特别是在特殊的时代背景下，更容易遭到政府公权力的渗透。这也必然导致近代中国社会公共性的生成会被打上独特形质的烙印。

图书馆作为社会公共文化空间，通过其来观察社会变迁与审视社会网络，能够深入全面了解近现代中国社会发展的样态与形质。图书馆与近现代中国社会之间的互动发展，最为根本的就是构建社会公共性。"复杂的社会从规范意义上讲只有通过公民之间抽象和合法的团结才能得到维持。相互并不认识的公民之间，只有通过公共意见和意志的形成过程，才能形成或重新形成一种脆弱的公共性。"③ 这种社会公共性是联结政府、社会与民众的黏合剂，是通过公共表达而形成的文化共同体，为近代中国社会的现代化转型提供了内在动力。孙中山毕生致力于重塑国民形象，倡导"天下为公"："'为公'一词呼唤一种共同利益的理念，或者一种外在于政府领域的公共联系，并建立了一个调控个人和社会之间关系的伦理框架。"④ 孙中山所倡导的是要构建社会公共性，而图书馆也就此被赋予了唤起民众公民身份和民族认同的使命。

如同许多近代中国知识分子所批判的那样，中国传统社会缺乏公共生活、公共观念和公共意识。因此，如何培育社会公共性就成为近代中国社

① 小浜正子：《近代上海的公共性与国家》，葛涛译，上海古籍出版社，2003。
② 徐玲：《博物馆与近代中国公共文化（1840～1949）》，科学出版社，2015，第157～175页。
③ 哈贝马斯、符佳佳：《公共空间与政治公共领域——我的两个思想主题的生活历史根源》，《哲学动态》2009年第6期。
④ 费约翰：《唤醒中国：国民革命中的政治、文化与阶级》，李恭忠、李里峰等译，生活·读书·新知三联书店，2004，第12页。

会现代化转型过程中的重要课题。近代中国所引进并积极推广的图书馆事业就具有打造公共文化空间以培养民众公共精神的公共性特征。近代中国对西方公共图书馆观念的引进与实践呈现由浅入深、循序渐进的阶段性发展特征。晚清时期引进了西方公共图书馆观念，主要解决公共藏书问题；民国初期，重在宣扬图书馆的功能与作用，实施社会教育；20世纪二三十年代兴起的公共图书馆管理模式改革，重在提升图书馆服务社会的效能。这一进程表明中国图书馆日益走向社会大众，与民众的互动更为频繁，成为民众日常公共文化生活的一部分。近代中国图书馆事业的发展离不开知识分子的呼吁与倡导。赖德霖指出："图书馆从来是士绅（知识分子）的学问之源与学问之库。自19世纪后期以来，它又成为这些以明道救世为己任的特殊社会阶层据以改革社会的一个工具。其现代化历史反映出作为一个公民群体的士绅（知识分子）阶层的一种社会理想和现代化探求，亦即启蒙社会、保存国家文化和推进地方事业发展。"①

图书馆作为公共文化空间成为政府与知识分子重塑国民性、培育公共价值观念的重要工具。政府与知识分子也不断重新阐释图书馆的公共性。近代中国图书馆突破传统藏书楼的第一步即是走向社会公共阅览。刘国钧认为，"以书籍为公有而公用之，此近代图书馆学之精神，而亦近代图书馆之所以异于昔日之藏书楼者也"②。他将近代图书馆的性质概括为自动的、社会化的和平民化的。③沈祖荣基于近代图书馆的公有性和教育性特征，认为图书馆事业的基本原则是"要注重公有、公享"。④公有、公用、公享等公共性概念开始成为近代中国图书馆发展的指导原则。近代中国图书馆学家对图书馆特有的教育功能和作用均给以高度评价："近世图书馆功在致用，其鹄的在使国族无男女老稚以逮聋瞽喑哑，读书机会一切均等。"⑤图书馆是集慈善事业、教育事业、社会事业、文化事业于一体的综

---

① 赖德霖：《一种公民建筑的产生：晚清和民国早期中国图书馆话语与实践》，《近代史研究所集刊》2015年第88期。
② 刘国钧：《现时中文图书馆学书籍评》，《图书馆学季刊》1926年第2期。
③ 刘衡如：《近代图书馆之性质及功用》，《浙江公立图书馆年报》1923年第8期，"附录"。
④ 沈祖荣：《我国图书馆事业之改进》，《文华图书馆学专科学校季刊》1933年第3~4期。
⑤ 中华图书馆协会：《中华图书馆协会概况》，1933，第7页。

合事业，具有服务社会公众的精神。① 图书馆为社会共享、普遍均等的特质进一步强化了其公共性，图书馆社会教育的职责也成为社会大众的共识。通过推进图书馆社会教育，图书馆的公共性得以在实践中不断彰显。

图书馆的公共性还表现在图书馆建设模式方面。由于当时政府经费有限，社会各界发起了图书馆募捐运动，地方绅商、社会企业、民间组织、民众个人都积极参与图书馆的建设。社会力量参与图书馆建设有力地促进了图书馆事业的发展，筹款集资、图书捐赠成为社会力量参与图书馆建设的主要形式。当时许多图书馆都制定了《图书募捐办法》，对社会捐赠人士给予各种不同仪式或荣誉性的鼓励与纪念。社会力量参与图书馆建设是近代中国社会兴教尚文风尚的体现，也是地方政府财政状况不济的反映。但是社会力量参与图书馆建设却折射出近代社会公共性生成的基本镜像。图书馆是为社会大众服务的公共文化机关，社会民众参与图书馆建设是为社会大众谋取文化福利的一种形式，是一种公益事业，能够获得社会口碑来实现自己的社会价值。② 同时政府和图书馆界营造了一种社会力量参与图书馆建设的良好氛围。政府鼓励社会力量参与图书馆建设，并通过制度性安排对社会捐赠人士进行奖励；图书馆一面向社会呼吁资助，一面将获得的资助公之于众，昭示了图书馆的公共性与社会力量参与的公共性达到共进共荣。"建筑学所定义的公共建筑通常是指为公众服务的建筑。但中国近代图书馆的历史显示出这一公共建筑类型另一方面的公共性，这就是广泛的赞助人基础——它以士绅（知识分子）为主，同时得到了各级政府、众多社会团体甚至一些外国政府或组织的广泛支持，因此在一个从帝制转向共和的国度里，它具有一种体现新时代特征的公民性。"③ 近代中国图书馆发展的一大目标是培育新民，重新协调个人与国家之间的关系，进而化子民、臣民为国民、公民，社会力量参与图书馆建设即是这种所要实现的公民性的反馈。

---

① 杜定友：《图书馆学的内容和方法》，《教育杂志》1926 年第 9 期。
② 侯玮辰：《民国时期社会力量建设图书馆分析——基于 1925—1927 年〈申报〉报道》，《大学图书馆学报》2009 年第 4 期。
③ 赖德霖：《一种公民建筑的产生：晚清和民国早期中国图书馆话语与实践》，《近代史研究所集刊》2015 年第 88 期。

但是，近代中国图书馆与社会公共性的转型充满曲折、艰难而不完整，且具有浓厚的文化政治性色彩。近代中国社会局势动荡，外患与内忧不断，国力贫弱，使图书馆建设始终缺乏和谐的社会环境和稳定的经济支持，严重制约了近代中国图书馆事业的发展。在国家秩序重建的需求下，图书馆等公共文化空间在越来越向机构化、制度化、社会化发展的同时，也越来越受到政府公权力的渗透。最终图书馆成为政府推动政治正统思想和价值观的传播场所，成为政府重构社会空间的一种工具。这种工具性局限严重影响了近代中国图书馆的独立发展与社会效益，使其公共性与对政府的依赖性并存，社会公共性被浓厚的文化政治色彩所包裹，难以催生像近代西方那样的市民社会与公共领域。与西方公共领域更多的是国家与社会之间的对抗－冲突关系不同，中国的公共文化空间则展现出国家与社会之间的合作－协调关系。国家与社会共同楔入近代中国公共文化空间的生成演进之中，呈现了国家与社会犬牙交错、渗透融通的结构格局，上下之间的勾连与沟通能够及时发生，因此也能够及时动员与钳制民众的意识形态。所以在抗日战争与解放战争时期，国民党政府能够通过图书馆的文化展示宣传达到动员与控制社会民众公共意识的政治目的。但这种情况下，一旦强权政治垮台，社会秩序容易滑入崩溃与离散的混乱之中。特定的历史背景与特定的时代诉求造就了近代中国特色的社会公共文化空间。近代中国图书馆在模仿西方图书馆发展模式的艰难探索中，走出了一条与西方不同的发展路径。而新中国的图书馆与公共文化建设也同样步入了固有的"路径锁定"，事业单位体制的科层管理限定了公共文化空间社会公共性的发挥。因此，如何在新时代构建现代公共文化服务体系，发挥图书馆公共文化服务职能，以实现中国特色社会主义政治文明与满足人民日益增长的美好生活需要，须重新客观审视近代中国公共文化空间建构的历史，借鉴经验，汲取养分，不忘初心，砥砺前行。

"天堂就应该是图书馆的模样。"在近代中国社会发展变迁的历程中，图书馆更像是"一个社会的理想寄托"。它承载着"保存国粹""输入文明""启迪民智"的时代使命，最生动客观地展现了"不忘本来、吸收外来、面向未来"的历史镜像。通过考察近代图书馆的发展历程，可以发现无论是政府权力机关还是知识精英阶层，都力图通过图书馆这一公共文化空间来改造社会与培育新民。在图书馆所构成的社会网络中，政府、知识分子、社会力量乃至民众个人都参与建构了公共文化空间的形态与内容；而在图书馆内部日常工作与生活空间中，馆员、读者、图书三者的媒介角色除具有各自的运行规律并交互影响外，无一不与外部的世界发生关联。故此，作为公共文化空间的图书馆实际上存在两套空间流通循环体系：政府—社会力量—民众个人所构成的外部空间体系与馆员—图书—读者所构成的内部空间体系。前者展现的是图书馆与社会变迁之间的宏观显性关系，后者展现的是图书馆与社会结构之间的微观隐性关系，而两者相链接的支点与落脚点都是民众（读者）个人。这也体现了图书馆这一公共文化空间所建构的主旨：供众阅览，即让民众进入图书馆进行公共阅读成为读者，以达到塑造新民的目的。民众只是一种群体的象征，而读者却是建构起来的共同体。读者的多少及其所阅读的图书才是最终体现图书馆社会效益的表达方式。虽然近代中国基本建立了一套图书馆运行体系，但是也必须客观地认识到，近代中国图书馆的社会化、专业化程度还不高，公众的认可度还较低，利用率也不高，社会影响力较为有限，所发挥的社会效用还不够，远远没有达到政府与知识精英所预设的高度与公众所期望的水平，还没有真正实现中国图书馆在创建之初所提出的公共服务和社会教育的使命。而这些对作为现代公共文化服务体系建设的重要组成部分的新时代中国图书馆来说，具有重要的借鉴启迪与历史反思意义。

三　公共文化空间的研究视角

公共文化空间是一个新近的跨学科的交叉集成概念，涉及社会学、人类学、管理学和历史学等不同学科领域，其结合了"公共空间"理论和"文化空间"理论的相关内涵。"公共空间"理论始自德国学者哈贝马斯对欧洲资产阶级公共领域的探讨，其后众多学者对"公共空间"做了进一步阐述。一般认为"公共空间"是介于国家与社会之间的"中间地带"，是市民阶层有意识进行公共活动的"场域"，注重文化广泛的"公共性"，尤其是民众公共意见的"话语表达"。①"文化空间"理论源于法国学者列斐伏尔对"空间生产"的研究,列斐伏尔认为,"空间是社会的产物,是社会生产的过程","空间"具有感知—构想—再现三重辩证互动的属性。②后来"文化空间"的内涵进一步扩展,指"一种物质空间或社会空间,它是由拥有这一空间的特定群体的一整套相关行为和生活模式来定义的"③。公共文化空间包含"公共空间"和"文化空间"的相关概念,是民众公共文化活动的一种物质构建和精神构建的共同体,即公共文化"在一定区域的空间表现以及在这个区域进行文化交往的表达方式"④。

　　一般而言,公共文化空间包含内在与外延两个层面:其内在是空间的精神构建,通过各种活动和仪式来构筑一种文化共同体的符号价值,形成实现社会和谐文明的公共精神;其外延是空间的物质构建,通过各种场所设施的建设来为民众公共活动提供便利和服务,以达到文化公共性和共享性的目的。用公共文化空间的概念来指称农村公共文化设施与公共文化活动及依附其上的一套文化价值观念和文化治理体系,是近年来才兴起的一种研究趋向。但是,公共文化空间作为农村社会现代化转型的一种实践形式并非新现象,它既包括政府主导的乡村现代公共文化空间,如乡镇文化站、农家书屋、"送文化下乡"等各种文化设施建设和文化活动开展,又包括民间自发生成的乡村传统公共文化空间,如祠堂、农家文化大院、民间艺人和民间文化组织开展的各种文化活动。乡村公共文化空间是农村居民人际交往、信息交流、文化生发和文化传承的重要载体,对于促进农村居民在共同生产生活中形成生活方式、价值观念、共同信仰、特色文化等有重要影响,并且还发挥着集交往沟通、休闲娱乐、宣传教化、心灵慰藉和柔性治理于一体的功能作用,因此培育和发展乡村公共文化空间是乡村振兴塑形铸魂的重要途径。

　　乡村公共文化空间(传统的与现代的)是在特定的社会情景或社会关

---

① 汪晖、陈燕谷主编《文化与公共性》,生活·读书·新知三联书店,2005,第188页。
② 包亚明主编《现代性与空间的生产》,上海教育出版社,2003,第7~10页。
③ 伍乐平、张晓萍:《国内外"文化空间"研究的多维视角》,《西南民族大学学报》(人文社科版)2016年第3期。
④ 王少峰:《公共政策与文化空间》,学苑出版社,2007,第116页。

系之下由社会群体建构或生产的。乡村公共文化空间所具有的自然、景观、地方、空间等地理要素并非文化被动地表达或容器，而是建构意义与价值系统的关键维度。乡村公共文化空间关注草根群体自下而上的文化实践、不同群体与不同尺度的文化事项以及瞬息万变的日常生活经验，这极大地拓展了乡村公共文化空间研究的广度和深度。目前，中国乡村公共文化空间的有关研究还处在比较边缘化的位置，且侧重于政府自上而下的政治空间实践，但乡村振兴战略的实施需要我们从文化的社会性与空间性出发，探讨社会成员赋予自然、景观、地方、空间等地理要素的文化意义，以及文化这一维度在乡村振兴中的重要作用。因此，乡村公共文化空间并非建设一座现代化的漂亮的场所，而是文化生活实践的"社会 - 空间根植性"（socio-spatial embeddedness），需要关注社会情景下行动者之间的社会文化关系与社会互动。

已有研究和报道指出城镇化进程对农村固有文化造成了一定的冲击，导致乡村公共文化空间面临"功能弱化""公共性消解""悬浮化""虚无化""同构化""空心化""格式化"等诸多问题。这些研究报道显示，从传统改造与现代化转型的路径来说，乡村公共文化空间的发展并不完美，甚至在某种程度上是失败的。乡村公共文化空间为什么会发展不畅？要回答这一问题，就必须弄清楚乡村公共文化空间的生成演进机制，在此基础上，来探究其具体的发展路径。在这些方面，有两类研究的解释与之密切相关：一是文化治理视角下的乡村公共文化空间研究，二是文化场景视角下的乡村公共文化空间研究。

从文化治理的视角出发，对乡村公共文化空间的一种认识是，乡村公共文化空间的发展要以农村居民的文化需求为导向，建立政府引导—市场运作—社会参与和共享的文化运行模式，提升公共文化服务供给的质量和效能，增强农村居民的幸福感和获得感。一方面，要健全农村现代公共文化服务体系。吴理财等认为在现代文化治理理念下，政府和社会力量共同构成乡村公共文化空间的多元参与主体。① 唐亚林、刘伟指出，基层公共

① 吴理财、贾晓芬、刘磊：《以文化治理理念引导社会力量参与公共文化服务》，《江西师范大学学报》（哲学社会科学版）2015 年第 6 期。

文化建设的政治逻辑是党建引领，要完善党建精神注入机制、组织嵌入机制、阵地拓展机制、平台协商机制、政策激励机制。① 另一方面，要重构农村传统公共文化空间。何兰萍指出，公共文化空间日益退缩导致农民精神生活虚空和伦理价值迷失，因此需要重构农村公共文化空间。② 马永强认为重建乡村公共文化空间需要充分提升传统乡村公共文化空间的影响力，整合利用现代乡村公共文化空间资源并拓展其功能，大力发展各种农民自助合作组织，建构文化传播机制并大力推进乡村治理与乡村政治文化传播空间的建构。③ 李志农、乔文红指出，实现内源性与外源性公共文化空间的交融互构是乡村治理的有效方式。④ 在文化治理视角下，乡村公共文化空间的研究偏重于对政府行为策略的探讨。这些研究多数采用"诊断式"分析方法，依据"问题—原因—对策"的逻辑来分析乡村公共文化空间存在的问题与原因并提出重构路径。这类研究针对性强，但缺乏对过程的探索，因此其对策建议存在泛泛而谈的弊端，忽略了对乡村公共文化空间生成机制与发展路径的深入论证。

场景理论是以美国学者克拉克（Clark）为代表的新芝加哥学派提出的一种城市社会学研究新范式。该理论认为场景是城市中生活娱乐设施的组合，蕴含在这些场景中的文化和价值观形成抽象的符号和信息传递给不同的人群，从而影响人们的生活选择，进而影响城市的转型发展。⑤ 吴军、祈述裕等将场景理论引入中国城市社会文化转型领域的研究，为城市创意阶层的兴起和文化创意产业的发展提供了新的研究视角。⑥ 傅才武、陈波等进一步将场景理论运用到中国乡村公共文化空间的研究中，借鉴克拉克

---

①　唐亚林、刘伟：《党建引领：新时代基层公共文化建设的政治逻辑、实现机制与新型空间》，《毛泽东邓小平理论研究》2018 年第 6 期。

②　何兰萍：《关于重构农村公共文化生活空间的思考》，《学习与实践》2007 年第 11 期。

③　马永强：《重建乡村公共文化空间的意义与实现途径》，《甘肃社会科学》2011 年第 3 期。

④　李志农、乔文红：《传统村落公共文化空间与民族地区乡村治理——以云南迪庆藏族自治州德钦县奔子栏村"拉斯节"为例》，《学术探索》2011 年第 4 期。

⑤　Terry, C. *The Theory of Scenes*, Chicago: University of Chicago Press, 2013.

⑥　吴军、特里·N. 克拉克：《场景理论与城市公共政策——芝加哥学派城市研究最新动态》，《社会科学战线》2014 年第 1 期；祁述裕：《建设文化场景　培育城市发展内生动力——以生活文化设施为视角》，《东岳论丛》2017 年第 1 期。

教授场景理论的 3 个主维度（真实性、戏剧性、合法性）和 15 个次维度的解释框架，设计出了一套当代中国乡村公共文化空间的分析框架。例如，傅才武、侯雪言将乡村公共文化空间分为物理空间、活动空间和机制空间 3 个维度；① 陈波、侯雪言还设计了居民参与乡村公共文化空间的影响因素模型，他们认为公共文化空间与居民文化参与率之间存在密切关联，进而提出在文化表达、文化氛围等方面完善公共文化空间、提高公共文化参与率的政策建议②。在文化场景视角下，学者们主要关注"场景"的指标体系及测度方式，但他们主要是套用场景理论分析框架，并没有根据中国乡村公共文化空间的生成机制有针对性地进行仔细分析。相关研究忽略了基层政府、社会力量、农村居民等多元主体互动过程的情境因素。这些都导致在文化场景视角下的乡村公共文化空间研究还停留在较为粗浅的分析讨论上，只是给外来的场景理论作注脚，有待进一步深入中国乡村公共文化空间的情境之中，探索总结中国乡村公共文化空间生成机制与发展路径的理论框架。

总体而言，目前学界对乡村公共文化空间的研究主要从文化治理视角和文化场景视角出发。前者对乡村公共文化空间的功能和治理模式进行了探讨，后者对乡村公共文化空间的解释维度与场景设计进行了分析。然而这两种视角均存在不足之处：文化治理视角的研究聚焦政府行为策略的经验事实表述，忽视了对经验过程的生成机制的分析；而文化场景视角的研究则强调场景维度的规范意义表达，存在技术处理难题，也缺乏对发展路径的阐述。两种视角都忽视了乡村公共文化空间生成演进的具体过程。

基于此，本书将运用历史社会学的视角来考察乡村公共文化空间的生成演进机制。历史社会学兴起于 20 世纪 60 年代，至今已经历了三波发展思潮：第一波思潮（20 世纪 60～70 年代）关注的是政治转型与变迁背后

---

① 傅才武、侯雪言：《当代中国农村公共文化空间的解释维度与场景设计》，《艺术百家》2016 年第 6 期。

② 陈波、侯雪言：《公共文化空间与文化参与：基于文化场景理论的实证研究》，《湖南社会科学》2017 年第 2 期。

的制度性动因；第二波思潮（20世纪70~80年代）更加关注历史发展进程中的差异性；第三波思潮（20世纪90年代）强调研究维度的文化转向，关注行动者的能动性，重点考察现代性下的社区与社会公共生活之间的互动。"历史社会学的第四波思潮，将会以更加兼容并包的姿态，去审视历史的存续、绵延、自新和变革，并由此扣问现代性处境下的人心、文化与制度流变。"① 历史社会学将社会学的结构/机制叙事和历史学的时间序列叙事有机结合从而获得更为优化的经验叙事方法，② 透过历史脉络去洞察社会运行背后不断重复的机制性动因，寻找国家治理的历史线索③。历史社会学注重问题意识和挖掘搜集一手资料，通过对历史情境的处理分析，回应与解释社会转型与文化变迁等时代发展的重大问题。

　　图书馆本身作为一个"微型社会"，有其自身的发展运行规律，同时，图书馆与社会经济、政治、文化又有着千丝万缕的复杂关系，各种因素都会影响图书馆的发展。因此，如何把"小社会"与"大社会"、"自身发展"与"社会发展"联系起来研究，需要进行理论探讨和学术实践。从历史社会学来考察和顺图书馆作为公共文化空间是如何具体反映乡村社会变迁的是一种非常契合的研究理路。图书馆是知识文化生产与传播的重要场地。图书馆反映了文化事业的进程，也反映了社会的知识水平。通过和顺图书馆的历史社会学演绎，我们不仅可以观察图书馆空间内部的日常工作、管理运行机制，还可以审视图书馆内部空间与外部社会之间的关联，考察社会环境、时代发展是如何影响图书馆发展的，而图书馆发展又是如何应对社会环境、服务时代发展的。

四　资料使用与研究设计

　　要研究展现和顺图书馆与乡村社会近百年的发展变迁图景，需要丰富的资料和开阔的视野，需要全面了解事物、事情的发展脉络和前因后果，

①　严飞：《历史社会学的第四波思潮：议题与趋势》，《广东社会科学》2019年第3期。
②　赵鼎新：《时间、时间性与智慧：历史社会学的真谛》，《社会学评论》2019年第1期。
③　周雪光：《寻找中国国家治理的历史线索》，《中国社会科学》2019年第1期。

并且需要把握研究对象在整个社会发展中的地位与影响，避免陷入泛化论的汪洋恣肆和碎片化的一叶障目。因此，本书更倾向使用包括档案、史料汇编、年鉴、口述史、内部文件、社会调查在内的一手资料进行比较解读。本人曾数次深入腾冲和顺，在和顺图书馆翻阅档案文书，并对和顺图书馆的管理人员与和顺乡民进行了深入访谈。

　　一方面是关于和顺图书馆的核心资料与图书馆主题的整体资料。因为图书馆本身兼具图书收藏、文献整理的功能，所以收集图书馆的资料相对比较方便。和顺图书馆于2018年整理影印出版了一套《云南和顺旅缅华侨史料汇编》。该史料汇编大致搜罗了和顺图书馆民国时期的主要档案，包括和顺崇新会编辑的《和顺崇新会周年纪念刊》（共5辑，分别为五周年特刊、第六周、第七周、第八周、第九周纪念刊），《和顺乡》（共2卷3期），和顺图书馆编辑的《和顺图书馆十周年纪念刊》《和顺图书馆无线电刊》《每日要讯》，以及清末民初和顺乡人记撰的《西江月句》。[①] 这套史料汇编对研究和顺图书馆民国时期的发展状况颇具价值，其中既有和顺崇新会组织筹建和顺图书馆的具体经过，也有和顺图书馆当时的工作计划、总结报告、管理制度、组织条例、民众阅览情况，还有崇新会成员、图书馆管理者、社会人士、和顺乡民对和顺图书馆建设、和顺乡村建设所存在问题与发展方向的见解。这些档案历史资料提供了可信的记录，且有大量的历史图片与统计图表，对研究民国时期和顺图书馆与和顺乡村建设及其相关问题奠定了基础。值得关注的是，民国时期是中国图书馆发展的关键时期，这一时期地方政府、知识分子都极力倡导图书馆建设，把图书馆作为社会民众教育的核心机构，全社会都积极参与图书馆建设，所以这一时期全国各地涌现了大量的图书馆，关于图书馆的史料也非常丰富。这一时期各图书馆除了主动编辑图书馆的馆刊，还联合成立有专门的图书馆协会组织，编辑出版有专业的图书馆研究刊物，如中华图书馆协会编辑出版的《中华图书馆协会会报》《图书馆学季刊》。这些专业期刊上有图书馆学者、管理人员、知识分子、社会人士等对图书馆建设发展的相关理论与实践进行的研

---

① 云南省腾冲市和顺图书馆编《云南和顺旅缅华侨史料汇编》（全2册），国家图书馆出版社，2018。

究探讨。从文本上我们可以发现有许多图书馆建设理论与工作实践影响了和顺图书馆的建设与管理者。关于这一时期图书馆主题的史料学界多有整理出版，例如李希泌、张椒华编的《中国古代藏书与近代图书馆史料：春秋至五四前后》，王余光参与主编的《清末民国图书馆史料汇编》和《清末民国图书馆史料续编》，王强主编的《近代图书馆史料汇编》。另外，民国时期教育部中国教育年鉴编纂委员会编定了《第一次中国教育年鉴》（记载了清末至 1931 年底的教育事项）和《第二次中国教育年鉴》（记载了 1928～1948 年的教育事项），南京国民政府教育部编有《全国社会教育概况统计》6 本，记载了 1928～1947 年的社会教育发展概况，各级各地教育行政部门也编辑出版有相关的教育公报。这些史料汇编、统计年鉴、政府公报对于当时中国社会整体教育和图书馆发展情况做了相当翔实的记载，甚至有一些系统的分析论述与理论建树，有利于我们认识和顺图书馆发展的独特性与共通性。

档案提供了独特的、非常有价值的资料，但这些资料也存在时间分布不均的局限性。有些时期记录详细，有些时期则很简略。如关于清末民初的记载十分有限，1928～1948 年资料开始大量增多，但是新中国成立至"文化大革命"时期的很多档案文书遭到毁坏，使得研究此一阶段相当困难，很难建构完整的历史叙事。改革开放后，图书馆的发展也步入正轨，相关记载开始正式化、专门化、职业化。特别是随着科学技术的飞速发展，文化数字化使得信息的记载、搜集、传输与整理更加便捷。近年来，和顺图书馆的档案记录也已经实现了电子化、数字化。而且和顺图书馆还创建了官方网站和微信公众号，整理一些历史记载，并及时发布日常的工作活动信息。这些举措大大提高了外界获取和顺图书馆相关信息的能力。

为了弥补档案资料的不足，本书注重对和顺图书馆的管理工作人员、和顺乡民、地方教育文化旅游公务人员以及游客进行深度访谈，形成口述资料。尤其是对目前在世的几位老馆长的访谈，大大丰富了新中国成立初期至改革开放期间的记录。这些口述资料对和顺、和顺图书馆有相当多的生动描述，可以丰富我们的认识，让我们的认识更加全面。总之，走向田野，回到历史现场，深切感受历史的场景，以尽量避免"房间里的大象"

出现。

另一方面是关于腾冲地方社会发展的相关资料。本书不仅考察了和顺图书馆的建设发展情况，还试图通过和顺图书馆这一"窗口"观察审视地方社会发展变迁的镜像。据此，本书还需要对"窗口"外的缤纷世界多加关注。其实，历史上很多时候是由"外面的世界"改变影响内部的发展变化，对于民众自筹建设时期的和顺图书馆来说更是如此。因为腾冲历史悠久，地缘位置重要，边境贸易往来频繁，文化源流不断，所以关于腾冲地方社会发展的相关资料相当丰富。第一类是地方志，如乾隆《腾越州志》、光绪《腾越厅志》、《民国腾冲县志稿》、《腾冲县志》等。第二类是地方文史资料汇编，如截至 2016 年中国人民政治协商会议云南省腾冲市委员会已编辑出版了 10 辑《腾冲文史资料选辑》，分别为《腾冲抗日战争》《腾越辛亥起义》《腾冲华侨工商业》《腾冲人物专辑》《知青岁月录——腾冲知识青年上山下乡》《走出国门的腾冲人》《腾冲文物》《中华人民共和国建国初期的腾冲》《腾冲华侨华人》《腾冲历史上的商号》。这些文史资料对全面了解腾冲社会发展的历史事件具有重要参考价值。第三类是著述，重要的有《中缅关系史》《马帮旅行》《西人腾越记》《保山通史概要》《云南通史》《腾冲商帮》《商儒边城：腾冲在中缅交流史上的地位和作用研究》《和顺风雨六百年》等。随着 2005 年和顺被中央电视台评选为"中国十大魅力名镇"，关于和顺的学术研究也开始涌现。其中最为重要的是由生于和顺的云南师范大学教授杨发恩主持编撰的"中国魅力名镇和顺丛书"，有乡土卷、华侨卷、人文卷 3 卷，共有 102 万余言 600 幅的照片图表①；后又续编"中国历史文化名镇和顺丛书"，有民风卷和民俗卷 2 卷，共有 170 万余言 700 幅的照片图表。杨发恩主编的这 2 套"和顺丛书""用具有史料价值的图文保存了将消失的过去，也用这套丛书发扬了和顺文化，丰富了中国文化"②。"和顺丛书"的编写得到了海内外和顺华人华侨的参与支持，是和顺乡民书写自己的家史、家族史、乡村史和自己最熟悉的人和事的大合集，具有回忆录和口述史的性质。因此，"和顺丛书"

---

① 杨发恩主编《和顺：乡土卷、华侨卷、人文卷》，云南教育出版社，2005。
② 杨发恩主编《中国历史文化名镇和顺：民风卷、民俗卷》，云南民族出版社，2014。

具有较高的史料价值，但缺乏系统性和学术性。杨大禹、李正也著有《中国最具魅力名镇和顺研究丛书》（全 3 册），分为《历史和顺》《环境和顺》和《人居和顺》，主要是从文化生态学、景观环境学视角对和顺乡的历史渊源、居住环境的物质形态、建筑艺术等方面进行了分析介绍。① 另外，针对和顺图书馆的专门研究，截至 2023 年可查找的仅有 1 本专著，出自保山市图书馆原馆长、云南省图书馆学会副理事长鲁兴勇的《全国最大的乡村图书馆：和顺图书馆》，是在和顺图书馆建立 90 周年之际综合展现和顺图书馆风采的一本书，对和顺图书馆的创建发展历程作了简要勾勒。② 此外，还有 10 余篇零星研究和顺图书馆的论文，主要是从图书馆事业史的角度分析和顺图书馆的意义与价值。

综上所述，关于和顺图书馆、腾冲地方社会发展的相关档案资料、文史资料、地方志等相当丰富，尤其是民间乡里文献颇丰，还可以进一步收集挖掘。有如此丰富的文献资料，学界对其研究却相当匮乏薄弱，完全与腾冲和顺的地位影响不相匹配。因此，本书将视域转向中国内陆边疆的"文轨交通"重镇腾冲，扎根乡土，将研究聚焦于和顺图书馆，重点分析和顺图书馆与乡村社会变迁之间的互动关联，以探讨乡村公共文化空间的生成演进机制。

本书遵循历史社会学将时间叙事与结构叙事有机结合的理路，按时间发展顺序和时代重要主题将和顺图书馆的发展划分为 5 个阶段："前奏：西南边地的文化潮流先声（1902～1927 年）""创生：中国乡村文化界堪称第一（1928～1941 年）""守护：时代大变局中的守望者（1942～1979 年）""转轨：纳入国家公共图书馆建制（1980～2011 年）""共享：多元场景中的文化展示（2012 年至今）"。这样划分有 2 个好处：一是可以使杂乱无章的资料更系统化，并呈现历史发展的连续完整演化过程；二是可以结合不同时代发展主题就某个突出的方面进行比较充分的描绘。本书的主线——乡村公共文化空间的生成演进机制，将在各章经纬交织中从不同面向展现国家力量、社会力量、民间力量乃至个人坚守在图书馆空间

① 杨大禹、李正：《中国最具魅力名镇和顺研究丛书》，云南大学出版社，2006。
② 鲁兴勇：《全国最大的乡村图书馆：和顺图书馆》，云南人民出版社，2019。

中的图景。

第一章即"前奏"阶段，主要阐述和顺图书馆能在中国内部边疆一个乡村创建的社会、经济、文化渊源。1902年腾冲开埠通商后的区域国际贸易往来发展，使和顺乡民开眼看到了世界现代化发展的魔力，西方现代文化思想潮流也被引入中国内陆边疆乡镇。在滇缅之间贸易往来的和顺新青年开始有意识地组织社会团体，咸新社、崇新会等社会组织由此成立，他们大力倡导新文化，并在旅缅华侨的资助下将新文化思潮运用到和顺乡村建设实践中，移风易俗，改造乡村文化，书报社、图书馆、学校等新型公共文化空间应运而生。

第二章即"创生"阶段，着重论述和顺图书馆建设发展的具体过程。这一阶段是和顺图书馆建设发展的第一个高潮期，并被誉为"在中国乡村文化界堪称第一"。在这一章将重点分析和顺图书馆建设的社会网络，华侨如何在缅甸宣传动员，又如何号召和顺乡民共同参与筹建，以及和顺图书馆怎样与乡村社会互构。

第三章即"守护"阶段，这一时期国内外局势风云变幻，滇西大抗战、新中国成立以及随后的"文化大革命"都对这个中国内陆边疆乡村造成了深刻的影响，在时代变幻的大洪流中，和顺图书馆或开放或停顿，但和顺乡民守土守文守业有责，展现了极大的勇气和智慧，艰难守望维系着和顺图书馆的生命力，体现了高度的文化自信和文化自觉。

第四章即"转轨"阶段，改革开放的春风也吹进了中国内陆边疆的乡村，在和顺图书馆艰难运行难以维系的时候，国家开始关注和重视，并将和顺图书馆纳入国家公共图书馆建制，享受公共文化事业单位的福利。但是政府的格式化供给，也在一定程度上使和顺图书馆逐渐与乡民的文化需求脱节，造成公共文化空间"悬浮"于乡村社会的困境。

第五章即"共享"阶段，主要论述在新时代人民群众追求美好生活的场景中，和顺图书馆的公共文化服务功能更加完善，并积极融入文化旅游融合发展的时代潮流中，和顺图书馆的文化标识意义更加凸显，和顺图书馆的发展也呈现共建共治共享的多元色彩。

最后为结论部分，对和顺图书馆的建设发展模式进行理论总结，提升凝练为乡村公共文化空间的生成演进机制模型。乡村公共文化空间的建构要基于乡土社会、政府行为、社会资源、功能转型、民众参与等要素，乡村公共文化空间是各主体参与乡村文化建设的主体性建构过程，在这个过程中，政府、社会、公民在不同阶段发挥了不同的作用，但出发点和落脚点都是要重视乡民的文化主体性，优化乡村公共文化空间的服务效能，增强乡民的文化认同，使社会各界在互动中建立一种文化共同体意识。

第一章　前奏：西南边地的文化潮流先声
（1902～1927年）

　　和顺是中国西南边地的一个小乡镇，位于腾冲县城西南4公里，距缅甸边界约50公里。和顺四周火山环抱，全乡为一形似马蹄形的小盆地。和顺的面积不大，辖有十字村、水碓村、大庄村3个行政村8个自然村，呈东西两小片、南面一大块的三点格局。2018年末有居民2246户7013人，有海外华侨30000多人，主要分布在缅甸、泰国、美国、加拿大等13个国家和地区，是云南第一大侨乡。[①] 海外侨胞的血缘与文化纽带，使和顺这一中国内陆边疆小乡镇形成了"外向型"的社会。莘莘学子和广大侨胞带回的四海风物融入地方传统，和顺随处流露出中西合璧的痕迹。和顺较完整保存了明清、民国时期的传统民居，兼具中式、欧式、南亚等建筑风格和元素。乡中屋舍俨然，井然有序，古巷幽深，闾门掩映，亭台池榭，星罗棋布。村落环山面水，住宅从东到西，粉墙黛瓦的屋宇依山就势错落有致，佛寺、道观、宗祠、公园坐落其间。环村的闾门、牌坊、月台、照壁，沿河的洗衣亭、石拱桥等最具人性化的社区建筑无不巧夺天工。走进和顺，不论是闾门、牌坊，还是照壁、庭院，首先映入眼帘的是"俗美风淳""景物和熙""说礼敦诗""兴仁讲让"等目不暇接的匾额和对联。和顺人营造的与自然和谐的文化生活环境，令民国元老李根源曾赋诗称赞："烈遗浪叠起鳌峰，和顺人家图画中。花萼楼头闲徙倚，岭梅临水笑春风。"[②] 又

---

①　《和顺镇情简介》，腾冲市人民政府网站，http://www.tengchong.gov.cn/info/3570/20798.htm，发布日期：2019年8月1日。

②　中共保山市党委史地方志工作委员会编《高黎贡之子李根源》，云南民族出版社，2005，第158页。

有诗云："远山莽苍苍，近水何悠扬？万家坡陀下，绝胜小苏杭。""和顺人家图画中""绝胜小苏杭"是李根源先生 20 世纪 30 年代居住在和顺的切身感受，而"一湾碧水向远洋，两岸苍鹭唱故乡。晚潮卷得夕阳醉，晨晕遥知在东方"是和顺旅缅侨胞对故土的思念。

云南大学民族生态学教授尹绍亭在给《和顺：乡土卷》作序时不禁感叹道："明清时期的和顺人，不是劳苦困顿的泥腿子农民，便是'穷走夷方急走厂'颠沛流离的打工仔，然而清朝末年之后，除了众多富商大贾之外，和顺竟然涌现出大批名士鸿儒、仁人志士，一个偏处蛮荒徼外的农村，在现代新文化运动的浪潮中，丝毫不让中原，早在 20 世纪 30 年代，便开新学、办女校、编报纸、出刊物、演话剧、建乐团、创社团、组学会，而且建立了驰名中外的中国乡村第一个图书馆，和顺人何以处处开风气之先？"① 本章将根据相关资料解释和顺开风气之先、成为腾冲文化潮流先声的主要缘由。

一 和顺人的贸易网络与文化反哺

和顺大约有 600 年的历史，其起于明朝的军户移民屯田制度，而兴于滇缅边境商业贸易活动。周谷城先生曾有言："军队到达之时，就是商人到达之日；商人到达之日，就是科学文化交流之时。"由于和顺山多田少、耕地有限，并且处于腾冲通往缅甸的交通要道上，而明朝人朱孟震的《西南夷风土记》称缅甸"自孟密以上，山多宝。蛮莫（八莫）以下，地饶五谷"。故从明代起，和顺人外出缅甸开采宝石与经商谋生者代不乏人，民谣"穷走夷方，急走厂"就是这一情形的写照。由于和顺人"通事熟夷话"，与缅甸往来贸易"习为常事"，和顺人在缅甸北部从事玉石开采与销售者甚早且众。清末民初流传于和顺乡间的《阳温墩小引》有"吾腾冲，天地小，而且薄瘦。不得已，为家贫，不得不走""我中华，开缅甸，汉夷授受……办棉花，买珠宝，回家销售；此乃是，吾腾冲，衣食计谋"等语句。李生庄在《和顺图书馆十周年纪念刊·发

---

① 杨发恩主编《和顺：乡土卷》，云南教育出版社，2005，第 2 页。

刊词》中也对和顺人出国谋生的原因交代得很清楚："我们和顺乡人，由于居住地的条件所限，人口是那样的稠密，而摆在我们家面前能供我们耕种的土地，又不过仅区区的四五千亩，我们不能在本乡自谋衣食，因而不得不背井离乡，奔走他邦，出入于蛮烟瘴雨之区，仆仆于风俗语言完全不同的殊域。我们为了要解决生活问题，不能不冒险。就由于这种冒险，竟不知牺牲了我们中之若干有为的青年子弟，也由于这种冒险，有时竟获得了为他处所未曾有之意外收获。"①

　　因此，和顺男人一般成年后都要到缅甸闯荡。和顺人冒险去往缅甸的路线主要有两条，一是走镇夷关、遮岛、干崖、蛮允、铜壁关而入缅甸八莫，二是走缅箐、古永而入缅甸密支那。无论走哪条通道，中缅边境地区地质构造复杂，高山深壑遍布，而且这一地区气候潮湿，蛮烟瘴雨，加之族群众多且关系复杂，常会遭遇各种自然地理环境或社会环境的危害。20世纪30年代，美国著名记者埃加德·斯诺随马帮探访中缅边境地区，其书中对中缅通道情况有着较为详细的记载："从缅甸北部过来，有两条主要的马帮道路在腾越会合。我抱着热烈的渴望，首先考虑的是直通密支那的近路。沿这条路从腾越出发，四天可到达中缅边界，六天可到达伊洛瓦底江上游，途中须攀越海波一万二千英尺、气候条件极为恶劣的雪山，还要经过系人、马鲁人、克钦人及格拉依人等原始部族居住的地区……剩下的另一个选择就是走直通八莫的老路，走这条路我在旅行开始之时也曾计划过。取道老路，五天可到边界，八天可到缅甸方面的第一个有英国官员驻守的据点，也就是伊洛瓦底江上汽船航运的终点。这条路和通向密支那的路一样，也要经过克钦人、掸人、系人、傈僳人等部族人居住的、无人知晓的地区……本来老路是相当安全的，但部族之间的械斗时有发生，所以马帮只得偷偷而行。我们在腾越动身之前，就听到过这样的一个报告。有一次一些克钦人袭击并焚毁了一个掸族村寨，两名纵火犯被捕获，并就地处决。而这两个人恰巧是一位克钦都瓦（头人）的儿子。这个克钦部落立即宣布要对所有外国人进行报复，而所谓外国人实际指掸人和汉人而言，

---

① 李生庄：《发刊词》，载和顺图书馆编辑委员会编《和顺图书馆十周年纪念刊》，明明印务有限公司，1939，第1页。

因为他们只承认他们自己才是那一块土地的主人。传说从缅甸方面过来的马帮已经中断，为进行战斗而在身上涂了颜料并施行过巫术的克钦人在沿线进行袭击、焚烧、抢劫等活动。"① 而在《阳温墩小引》同样有这方面的记载："最凶险，过夷山，时刻当忧；在从前，不过是，要些烟酒；或讲事，或要稍，阻住路头；到今朝，才算是，抢人贼寇；动不动，就放枪，就使戈矛。让不开，扎起营，两相争斗；或打散，或赔事，才把兵收。也有那，围困到，数日之后；粮米尽，只饿得，口水长流。受饥饿，受风霜，面黄皮瘦；到八莫，又焦着，过水乘舟。怕的是，船只小，木头腐朽；又焦着，过江边，遇着漂流；又焦着，遇大坡，躲着贼寇；半夜里，不提防，来把人谋；世上的，凶险事，虽则广有；自古道，三分命，骑马乘舟。性命儿，交与天，无容自守；身子儿，好一似，水上萍浮；一路上，凶险事，明如窗牖；念及此，也不当，贪念远游。亦非是，一概的，不肯回头；亦非是，一概的，贪念他州；为的是，风俗变，无人急救；为的是，太奢华，心向虚浮。"②

虽然通往缅甸的旅途要历经千难万险，但是经过几代人的艰苦经营，和顺人集中在缅甸的密支那、八莫、瓦城（曼德勒）、腊戌、昔波等地并逐渐站稳了脚跟。尹文和在《云南和顺侨乡史概述》中对和顺人到缅甸后从事的各种各样的工作进行了归纳："一是做雇员、工人，大多数出国华侨，都是从烧火做饭的小伙计、杂役做起；二是经营小食摊和华洋杂货、土特产；三是经营生丝、棉花、洋纱、石璜；四是做玉石、翡翠或红绿宝石生意；五是开碾米厂、木材厂以及烟酒公司；六是从事华侨文化教育工作；七是少数华侨供职于缅英政府。"③ 和顺人经过多年的辛勤创业，有些在缅甸各埠创办了颇有影响力的跨国商贸公司。例如正泰号、三成号、蓉懋记、兴阿美号、美兴和、天源号、永茂和、生记、三盛隆、谦和号、泰和号、正利生号、洪照兴、义协和、瑞兴福、宝济和公司、福盛隆、文瑞

---

① 埃加德·斯诺：《马帮旅行》，李希文等译，云南人民出版社，2002，第102～104页。
② 王洪波、何真：《百年绝唱——和顺〈阳温墩小引〉一部早年云南山里人的"出国必读"》，云南大学出版社，2005，第87页。
③ 尹文和：《云南和顺侨乡史概述》，云南美术出版社，2003，第22页。

记、保盛和、玉顺兴、利民公司、宝昌公司、昌明工艺社、群益制药厂、光明印务局等近100家商号、公司。① 这些商号经营的项目涉及土产、洋杂货、谷米、棉纱、棉花、玉石等各行各业，遍布缅甸城乡，"吾国之商店，则普遍于全缅。换言之，缅地若无华人，则全缅各乡市几无商家，是则华商之普遍势力，仍不可侮，仍居第一位也"②。和顺人在缅甸组建的乡级组织的同乡会就有4家，而全缅闽、粤、滇侨的中华会馆、云南会馆、华侨书报社等华侨社团的首脑均为和顺华侨所荣任。腾冲和顺人在缅甸华侨商界有举足轻重的地位。王明达所著的《缅甸手记》记载："据缅甸侨领周连昌先生介绍，密支那华人华侨有1500多户，总计1万多人。最大的同乡会馆是云南会馆。除外，云南华人华侨还另建了和顺会馆和昔马会馆。广东华人华侨也建了会馆，但比较小；福建落于此地建了同乡会，但没有会馆……从华人华侨居住区到商店、宾馆、学校、庙宇，听见的汉语都是腾冲话。我向周先生请教：您是广东人，怎么也操腾冲腔？他诙谐地回答：密支那腾冲人多，都习惯说腾冲话，腾冲话自然成了这里华人华侨的普通话。"③ 和顺人尹梓鉴说："腾郡游缅者，惟吾乡独多，亦以吾乡为最早，而称富豪者，亦以吾乡为最。"④ 和顺人不仅在缅甸商界具有实力，还在缅甸政治社会领域颇有势力和影响力。例如蓉懋记的创办者尹蓉在1857～1859年为缅王设计并督修了曼德勒皇城，历任四朝缅王国师，其于1876年在曼德勒市中心的汉人街建造了云南会馆，并担任第一任华侨会长，名震中外。而云南会馆就是之后孕育和顺图书馆的大本营。再如协源公司与宝济和公司的创办者张宝廷因经营玉石生意成为巨富，其公司在猛拱、帕敢、八莫、曼德勒、香港、广州、上海等地设有分号，被称为"翡翠大王"。英国驻缅大使对张宝廷十分

① 李继东：《和顺侨乡商号述略》，载杨发恩主编《和顺：华侨卷》，云南教育出版社，2005，第2～18页。
② 董平：《腾冲历史上的中外商号研究》，载中国人民政治协商会议云南省腾冲市委员会、《腾冲历史上的商号》编纂委员会编《腾冲历史上的商号》，云南民族出版社，2016，第65页。
③ 沈福永：《民国以前华侨入缅概况》，载中国人民政治协商会议云南省腾冲市委员会、《腾冲华侨华人》编纂委员会编《腾冲华侨华人》，云南民族出版社，2016，第46页。
④ 尹文和：《云南和顺侨乡史概述》，云南美术出版社，2003，第18页。

敬重，聘他为总代办，享有英国贵族一样的待遇，并有英国女皇授予的金质奖章一枚。还如福盛隆的创办者寸海亭，与张宝廷共同经营玉石生意，是第二任全缅华侨会长，同盟会缅甸分会主要负责人之一，孙中山赞誉他为"华侨领袖、民族光辉"。

19世纪中叶至20世纪初，以英国为首的帝国资本主义裹挟着坚船利炮向全球进行贸易扩张，在血腥残暴的侵略下，也无情地推动了世界全球化、现代化的步伐。1824年第一次英缅战争爆发，下缅甸沿海口岸开放；1840年第一次中英鸦片战争爆发，中国五口通商开放；1885年第三次英缅战争后曼德勒被攻占，缅甸完全沦为英国殖民地；1900年八国联军侵华攻占北京，《辛丑条约》签订，中国完全沦为半殖民地半封建社会。中缅两国在沦为半殖民地或殖民地的过程中，遭到了西方帝国资本主义的掠夺，同时也一步步被裹挟着迈入全球化、现代化的浪潮中。在此过程中，中缅之间传统的天下朝贡贸易体系被西方条约贸易体系所替代，民间贸易往来也更加频繁紧密。加之，1890年曼德勒至密支那的铁路通车，1894年英国与清政府签订《中英续议滇缅界务商务条款》，规定滇缅之间的货物进出口除烟酒外概不收税，而且中国人可以自由出入缅境，不受任何限制，1899年英国更是将在蛮允的领事馆迁至腾冲，并于1902年成立腾越海关。这些都极大地刺激了滇缅之间的人员和货物往来，和顺人经营的商号在这之后大幅增加，规模也更加庞大。例如和顺人李永茂开创的永茂和就是利用这个有利时机在李德贤的经营下发展成为跨国贸易企业的。1897年李德贤邀约和顺同乡故旧合伙经营，投入资金10余万盾，组成永茂和公司，以曼德勒为公司总号所在地，并向缅甸政府正式注册备案，确立了永茂和公司在缅甸经商的合法地位。随着业务的发展，公司建立了在缅甸境内的8个分号。接着李德贤又投资与同乡李、许、贾三家合组永生源，建立腾冲总号及昆明、下关、保山几个分号。这样就从昆明到缅甸的出海口仰光组成了一条滇缅贸易线。后又增设上海分号，并合组春永和商号，增设香港一个点，以配合滇缅贸易业务的需要及开展汇兑等业务。①

---

① 李镜天：《永茂和经营史略》，载杨发恩主编《和顺：华侨卷》，云南教育出版社，2005，第37页。

　　滇缅贸易经济的发展也促使和顺乡人文蔚起，即所谓"富庶知礼仪，日看近文明"。贸易带来了西洋文化。1885年英国侵占全缅甸后，缅甸成为西洋文化输入中国西南内陆边疆的中转站，大量在缅经商的和顺人，开眼看了世界，和顺人甚至比中国腹地的士大夫更早、更深了解、认识到西洋文化，并将西洋的"器"与"道"一并引入和顺。"马帮带来了信息、带来了欢乐；驮来了洋货、财富、知识……驮出了一个繁华的'小上海'和顺。"① 寸开泰在《腾越乡土志》中记载："降至今日，货物之购自外域者，不一而足。无论日用之所需，如洋钟、洋表、洋灯、洋油、洋瓶、洋碗、洋碟、洋伞、洋钉之类；衣食之所赖，如洋尼、洋毯、洋绸、洋缎、洋参、洋面、洋米、洋糖、洋酒之类，皆不惜资本以购；即一切奇巧玩好之物，亦无不贩运来腾。"② 涉及日用衣食等一切域外"奇巧玩好之物"，和顺人都购买消费，感受到了西洋器物的精美方便实用。如和顺现保存的八大宗祠中的贾氏宗祠（建于民国初）、李氏宗祠（建于1923年）、杨氏宗祠（建于1925年）、钏氏宗祠（建于1926年）与1935年重修的寸氏宗祠，在建造修葺中"使用了当时的许多新工艺、新技术、新材料，如水泥、钢筋、沥青等。而这些材料都是通过人背马驮由当时的英属殖民地缅甸运送到和顺乡的"③。尤其是寸氏宗祠大门，一派金碧辉煌。其造型中西合璧，三道罗马式圆拱门，每道门有一个三角顶，十分有新意。和顺所有的寺观、宗祠、学校、月台、洗衣亭等公私建筑，经费大多来自华侨。在此过程中，西方的文化、科学、教育等思想理念也传播到和顺。侨乡和顺的先贤早就明确指出，"社会进步的阻碍虽有种种，但根本的是无知与愚昧，所以促进社会的最重要方法是在开发文化"④。1904年，腾冲已有几家木刻印刷坊，较著名的"文明轩"，主要印刷文学书刊、图纸、经书和

---

① 李继东：《和顺商帮及其商号略述》，载中国人民政治协商会议云南省腾冲市委员会、《腾冲历史上的商号》编纂委员会编《腾冲历史上的商号》，云南民族出版社，2016，第102页。

② 沈福永：《民国以前华侨入缅概况》，载中国人民政治协商会议云南省腾冲市委员会、《腾冲华侨华人》编纂委员会编《腾冲华侨华人》，云南民族出版社，2016，第45页。

③ 杨维龙、寸琳苑：《寸氏宗谱与和顺寸氏宗祠》，载杨发恩主编《和顺：乡土卷》，云南教育出版社，2005，第233页。

④ 董平：《侨乡文化的价值与意义》，载中国人民政治协商会议云南省腾冲市委员会、《腾冲华侨华人》编纂委员会编《腾冲华侨华人》，云南民族出版社，2016，第13页。

《改革教科书》《腾越厅志》等。和顺人李曰祺到日本学习印刷回腾冲时，买回石印机 2 台、美制 6 开圆盘机 1 台，在和顺投入印刷生产。在缅甸经商的和顺人将现代文化教育输入和顺，如缅甸华侨领袖寸海亭 1898 年就在腾冲创办了最早的女子小学"和顺明德女子学校"；1905 年在和顺组织了咸新社，传播新思想、新科学；1925 年联合在缅甸与和顺的青年群体组建了崇新会，在和顺开展新文化运动。他们将新文化传播到家乡，故而腾冲的新学首先出现在和顺，新革新社会社团首先出现在和顺，新刊物首先出现在和顺。在这些前期的文化积淀下，和顺图书馆才孕育而生。

和顺的一半在缅甸。和顺几乎家家户户都是归侨、侨眷，莘莘学子带回来四海风扬，形成了深厚的文化心理积淀和中西合璧式的心理痕迹，使历史上的和顺形成了一个小小的外向社会，表现出侨乡文化所具有的特殊意蕴和独特魅力。正是这种源远流长的文化流，使和顺形成了与众不同的乡村文化氛围。正如尹文和先生说："今天和顺之所以有这样巍峨的中西合璧的建筑，之所以能建成优美的风景区，之所以能成为中外闻名的文化之乡，都是华侨爱国爱乡的心血结晶。"①

二　和顺人的社会团体与思想革新

在卷入世界贸易体系旋涡的过程中，勇于"走夷方"的和顺人积极参与世界贸易，并主动迎接吸纳现代文化知识，以开放包容的心态进行自我的思想革新。"过去，在世界各地，贸易都是通过同一故乡出身的人所建构的人际网络来进行。"② 云南腾冲的和顺人在缅甸从事贸易的历程中也建构了云南会馆、和顺会馆等同乡会组织网络。正是在这些同乡会的组织与支持下成立了和顺的各种社会文化团体，如咸新社、崇新会、星光音乐社、和顺崇实篮球队、和顺足球队、和顺体育协会、和顺双虹邮票社、清河学堂、益群中学董事会、和顺洞经会、和顺慈幼协会等。其中咸新社与

① 尹文和：《云南和顺侨乡史概述》，云南美术出版社，2003，第 50 页。
② 彭慕兰、史蒂文·托皮克：《贸易打造的世界：1400 年至今的社会、文化与世界经济》，黄中宪、吴莉苇译，上海人民出版社，2018，第 29 页。

崇新会的影响最大，并且直接影响了其他社会团体的发展。"云南乡村中组织改良社会团体中，和顺是第一个；乡村中团体发行刊物的，崇新会也是第一个。"① 咸新社是在西南边地最早创建的革新社会的社团组织，而崇新会则提出了一系列改造和顺乡村建设的主张并极力推进。

和顺的咸新社与崇新会是五四前后变革图强在西南边疆的产儿。② 咸新社创建于1905年，崇新会创建于1925年，两者创立时间虽然前后相距20年，但是两者都是和顺人的思想启蒙运动。历史学家王汎森指出，"从晚清、辛亥到五四新文化运动为止的思想发展，其间虽有许多模糊的、往复的、顿挫的变化，但大致而言是一个连续的格局。'连续'其实具有种种不同的型态，有时是传递式的关系，有时是'转辙器'式的关系，有时是思想与政治相互激发而前进的关系，往往在积累动能之后，会出现一次既有所延续又带有'量子跳跃'性质的变化"③。和顺的咸新社与崇新会经历了近代中国从晚清到五四的思想剧变，这20年间思想的发展具有"连续的格局"，更多是一种"转辙器式的关系"，更带有"量子跳跃性质的变化"。

和顺咸新社的创建受戊戌变法、庚子赔款的影响和刺激，同时缅甸亡于英帝国主义的沉痛教训，使和顺乡的知识分子忧国忧民，深感必须改革国家和家乡的社会。而此时清政府也开启新政，废科举，鼓励新学，新思想、新文化遂风行全国。1905年，在李景山④、张盈川⑤、寸辅清⑥、

① 董平：《侨乡文化的价值与意义》，载中国人民政治协商会议云南省腾冲市委员会、《腾冲华侨华人》编纂委员会编《腾冲华侨华人》，云南民族出版社，2016，第12页。
② 杨发熹：《咸新社与崇新会》，载杨发恩主编《和顺：乡土卷》，云南教育出版社，2005，第268页。
③ 王汎森：《启蒙是连续的吗？——从晚清到五四》，《近代史研究》2019年第5期。
④ 李景山（1870~1927年），和顺乡人，清末秀才，字行，名叶荫，号樾轩，被誉为和顺乃至腾冲近现代新学的开山祖。1905年创办咸新社，任和顺高等小学堂校长，培养了一大批优秀学生，深受乡里爱戴。1927年中风病故后，和顺时报社、崇新会国内外成员挽联云："以教育始，为教育终，论学问文章，君当不朽；将社会新，扶社会起，忆纲维书报，我更堪悲。"抗日战争胜利后，国内外侨胞捐资修建了"景山纪念堂"。
⑤ 张盈川（1883~1959年），和顺乡人，清末贡生，名德洋，字盈川，后易名张砺。倡导组织咸新社，1906年开设清河学堂，1938年和顺图书馆新馆建成时题写"和顺图书馆"匾额。
⑥ 寸辅清（1867~1915年），和顺乡人，清光绪辛卯科举人，又名馥清，字佐廷，号芝坡。1903年留学日本，1905年在东京参加同盟会，参加编辑《云南》杂志。1905年毕业归国，接办腾越高等小学堂，在和顺组织咸新社。1915年担任腾冲县立中学第一任校长。

李启慈①等骨干的倡议与组织下，在边远的腾冲和顺创建了咸新社，首倡新学社、新学校。他们关心国政时事，购置科学书籍，积极讨论在边疆实施兴革事宜。咸新社的主要创办者李景山、张盈川、李启慈都是和顺的清末秀才，在乡里颇有名望，而且在当时正处于二三十岁年富力强的阶段。而寸辅清是1903年清廷官费的第一批留日学生，留洋经历使他将国外新思想带回和顺。寸辅清在东京宏文学校速成师范就学，他早就有故国贫弱之感，到日本后，眼见明治维新后的日本突起，思想为之一新。1905年，同盟会在东京成立，他与李根源同时入会，参与编辑《云南》杂志，宣传革命，反对清廷。是年，寸辅清毕业归国，在和顺组织咸新社。②寸辅清的加入，使和顺咸新社的思想革新更具前沿性。清末民初和顺留日学生名录如表1-1所示。

表1-1　清末民初和顺留日学生名录

姓名	别号	学校
寸辅清	字佐廷，号芝坡	东京宏文学校速成师范
李曰祺	直夫	大阪高等学校
寸嗣伯	绍文	制丝及机械实习
李曰埙	子高	桐生高等染织学校
李曰基	子固	庆应大学
李德和	致卿	大阪高等工业学校
张德辉	焕然	长崎医科大学
张云和	—	长崎产婆学校
寸树声	雨洲	九州帝国大学经济系
张毓兰（女）	—	大妻女子技艺学校
李生萱	艾思奇	福冈高等工业学校

资料来源：杨发恩主编《和顺：人文卷》，云南教育出版社，2005，第4页。

————————

① 李启慈（1880～1950年），和顺乡人，清末秀才，字仁杰，号佩弦，又号艺菊草堂主人，一生从事教育工作。1906年毕业于永昌师范，1907年任腾越县立高等小学教员，并任副校长。1912～1915年任和顺女子高等小学堂主任，培养了腾冲现代最早的女知识分子。1916～1927年任县立女子高小校长，1927年任和顺两等小学校长，兼任和顺图书馆馆长。1939年筹办益群中学，在乡里颇有名望。

② 《留学先行者寸辅清》，载杨发恩主编《和顺：人文卷》，云南教育出版社，2005，第2～4页。

实际上，和顺咸新社是一个类似读书会性质的进步社团，社团成员集体读书、讨论、研究，向乡人进行演讲，传播先进思想。李祖华（李秋农，常以"秋农""农"署名文章，全书同）记载："庚子变后，新潮渐渐地荡遍了中国的每一个角落，我们这山陬里也才给澎湃的余波激荡醒了，才知道除十三经外，还有很多的科学，除自己的生活外，还有教育与文化。一般前进的知识分子，才多舍了经书而去研究其他的学问，更由单独的研究，进而为集体的研究。这事业的创始者，便是寸佐廷、张虚谷、李景山、李任卿前辈们所组织的咸新社。他们购备了很多的新知识图籍，供给社员们的研究。同时他把新的知识传播给别人。我们这小乡村里，顿时充满着新的前进气象。"① 李景山先生的门生寸时桢在《李景山先生行述》中记载："清末停科举，改学校，全国维新风声殆遍，独腾冲地居边徼，黑暗异常。己巳（1905 年），盈川先生首倡咸新社，推先生为之长。入社者百余人，每来复日聚乡人士于社而谈论国事乡事，谋所以兴革之课，文艺每周一文六记，轮环批阅，一时文风丕变，思想一新。"② 李启慈与社友每周一次，晚间在汉景殿演讲时事国政，抨击时弊，倡导兴革事宜。1905 年他在《启慈氏咸新社讲草》中感叹："中国之弱，至今日而极矣；外洋之侮，至今日而极矣！"大声疾呼："中国将来之强，在于人才之盛也，欲人才之盛，必大兴学校，学校之兴，又系乎在上者。"他呼吁变革变法，提出"为滇省谋者须注重矿务实业""收回滇缅铁路等铁路权""救国先宜破格用人才"等方略。③ 这些见解，反映了和顺青年知识分子的愤懑与理想。为传播新思想，咸新社购备了大量新知识、新科学书籍，赫胥黎著、严复译的《天演论》，邹容的《革命军》，以及陈天华的《猛回头》和《警示钟》等书都在列。所以，寸仲猷（真名寸嗣徽，字仲猷，常以"徽""仲猷"署名文章，全书同）先生在《图书馆的前车——咸新

① 秋农：《本馆概略》，载和顺图书馆编辑委员会编《和顺图书馆十周年纪念刊》，明明印务有限公司，1939，第 30G 页。
② 杨发熹：《咸新社与崇新会》，载杨发恩主编《和顺：乡土卷》，云南教育出版社，2005，第 268 页。
③ 尹文和：《女学教育先驱李仁杰》，载杨发恩主编《和顺：人文卷》，云南教育出版社，2005，第 9～13 页。

社》中说："咸新社成立于二十余年前，顾名思义，该社实为吾乡新社团组织的先锋。成立之初，广购图书以资乡人阅览，又于每星期日演讲一次，作新文化之宣传，固吾腾新潮流之第一声也。"[1]

和顺咸新社开腾冲思想风气之先声，在教育领域颇有建树。1906 年，张盈川创办清河学堂，从事新学教授。此为腾冲新学之滥觞。李景山也积极响应，任和顺两等小学堂校长，并亲自撰写校门楹联"高必自卑合德智体而并育，小能见大通天地人者为儒"作为教育方针，重视德智体全面发展，先后聘请寸亮卿、寸品升、杨策贤、尹曰培、尹梓鉴、李启慈等入校任教，这些教师部分之前在缅甸服务于华文学校。这期间培养了一批高质量的学生，如后来留学日本的李德和、寸树声、张德辉，新中国成立后任全国人大代表的寸时达、任云南省人大代表的赵秀发、任云南侨联副主席的李锦天、任益群中学校长的李祖华，等等，都是李景山先生的学生。1912 年，李启慈又创办了和顺女子高等小学，强调男女平等，倡导天足运动，先后培养出尹清英、张毓兰、谢兰芳、寸时金、寸长吟、尹鸾芳等腾冲现代第一批女知识分子，其中张毓兰还成为云南第一个留日女学生。和顺新式小学的普及教育起了开山铺路的作用，为地方造就了一大批德才兼备的人才，也为后来和顺崇新会的创建发展准备了综合素质较高且源源不断的人才队伍。而且，此时和顺在乡外、县外、省外任教的还有 200余人。[2]

由于当时社会条件的限制，也由于咸新社管理不善，对和顺乡人的组织动员不足，咸新社后续发展的动力不足，特别是咸新社对于书籍管理的办法欠妥当，到后来无以维系。寸仲猷先生指出，"惜当时主持其事者，对于阅书办法，未有明订规章，又无负责之人经理，致该社书籍任人携取。中国社会人心，对于公益道德，最为欠缺。吾乡何能例外。该社书籍，既无人保管，取阅之人亦无忌惮。一去不还，遂致该社所有书籍，全

---

① 徽：《图书馆的前车——咸新社》，载和顺崇新会编辑《和顺崇新会五周特刊》，明明印务有限公司，1931，第 85 页。

② 杨发恩、尹文和、张文才、刘振东：《和顺教育的发展与师承关系》，载杨发恩主编《和顺·乡土卷》，云南教育出版社，2005，第 101 页。

数飞入于私家书架之中，而无人过问。该社遂成为既往陈迹，名存实亡矣。当初创办该社之人，实费苦心，以惨淡经营之，其目的在求公共之利益。今其结果则适得其反，而为少数自私自利者充实其书籍。公益事业之难，有如是耶"①。

咸新社首倡新学社、新学校之功为和顺之后一系列的社会变革奠定了思想基础，提供了经验启示，也为和顺崇新会提出的更猛烈、更深入的新文化思潮与更广泛、更具体的和顺乡村建设实验积蓄了知识能量。

如果说咸新社的创办者、社员主要是和顺本土知识分子，那么崇新会的创办者、社员则是由旅缅的和顺华侨商人群体与本乡的知识分子共同联络构成。和顺在缅甸有两个同乡社会团体，分别是 1921 年和顺华侨在缅甸曼德勒成立的"青年会"与在缅甸抹允成立的"促进会"。为团结统一，加强对乡亲侨胞的联谊工作，在和顺华侨寸以庄、贾铸生的努力下，两会于 1925 年在贺奔召开联络大会，合并为"和顺崇新会"，意在"誓除旧染，崇尚新生"。和顺崇新会总部设在缅甸曼德勒，每年召开一次代表大会，采取"轮值组织"办法，由果岭、曼德勒、抹允三地依次接办。

和顺崇新会有明确的章程，并向缅甸政府、英国政府和中国政府进行了备案。在《和顺崇新会总章》中明确指出，"本会为谋团体之巩固、地方社会之进展特制定总章"，"对于社会问题绝对服务而于家乡一切事务更须极力进行使家乡达于文明进化之域"，"对家乡急应进行与办理者如左：甲，教育之革新与普及；乙，风俗之改良；丙，社会新事业之建设"②。会章从会员、组织、全体代表大会、监察委员会、分部代表大会、分部执行委员会、区部代表大会、区部执行委员会、区分部会员大会、区分部执行委员、直隶区部及直隶区分部、选举及任期、经济、会务、会规、权利与义务等共 17 章 91 条详细确定了行动准则。和顺崇新会的会员不限年龄、

<hr />

① 徽：《图书馆的前车——咸新社》，载和顺崇新会编辑《和顺崇新会五周特刊》，明明印务有限公司，1931，第 85 页。
② 《和顺崇新会总章》，载和顺崇新会编辑《和顺崇新会五周特刊》，明明印务有限公司，1931，第 38～45 页。

不分性别，凡属本乡籍贯确能遵守本会章程者均得入会，入会时需要两位会员书面介绍并缴纳会费，入会后由所属机关颁发由总部执行委员会制定的统一的会员证。国内外和顺人踊跃入会，李生仲 10 多岁即入会，全家都是会员。和顺崇新会分为内外两部，在家乡者为内部，在国外者为外部。外部区域主要设有瓦城（曼德勒）、果岭、抹允 3 个分部以及仰光、强午、夜午、莫所穹、莫谷、八莫 6 个直隶区，分部下面又设有区部、区分部，基本上在缅甸的主要城镇都有和顺崇新会的分会与会员。根据 1931 年出版的《和顺崇新会五周特刊》统计的会员名册，当时外部会员有 334 人，内部会员有 144 人，已故会员有 71 人。[①] 至 1938 年有名可查的会员有 673 人。和顺图书馆收藏的孤本，李生甲于 18 岁时办的"和顺崇新会会证"，其编号为"和字第 748 号"。和顺崇新会在缅甸的会员的职业基本上都是商人，而在家乡和顺的会员则以商界、学界人士为主。"崇新会的构成主要分子因为职业关系，大多数在缅甸。在家乡的人数既少，在家乡的时间又短。而崇新会的运动对象却是家乡，既不能把和顺乡迁移到缅甸，又不能把在缅甸的会员都派回家乡。为解决这种矛盾的问题，只有采取现在所实行着的半委任制度：就是缅甸的总会的一切决议，交给在家乡的会员和准会员去代执行。"[②] 国内和顺会员具体执行改革社会、建设家乡的决议。为保证和顺崇新会委任执行的力度与准确性，崇新会还设有监察委员会，对财政之出入、会务之进行、各部之设施是否根据宗旨及章程所规定进行审查，以"检查过去、计划将来"。另外，崇新会还有比较严密的会规，对个人道德与会员形象及相关行为都有明确的要求。

　　和顺崇新会除了有明确的奋斗目标、科学的组织方法、严明的组织纪律外，还有稳定的经济来源，这是保障和顺崇新会目标执行、长效运行的关键。和顺崇新会的经费以"会员所纳之会金、特别捐、年捐及其他收入充之"，会员入会金在国内者纳国币两元，在国外者纳印币五元；

---

① 《本会会员姓名一览表》，载和顺崇新会编辑《和顺崇新会五周特刊》，明明印务有限公司，1931，第 68～82 页。

② 村树：《崇新会周年纪念刊的意义和我对于崇新将来的希望》，载和顺崇新会编辑《和顺崇新会五周特刊》，明明印务有限公司，1931，第 2～3 页。

特别捐由会员自由捐输；会员年捐每年捐一次。会员不仅要缴纳会费，而且每年要捐资，入会者的门槛也是非常高的，这在一定程度上检验了入会者的意志，保证了会员的成色。而在缅甸经商的和顺华侨也具备一定的经济实力，并致力于为家乡社会革新事业做贡献。商人群体有眼界、有情怀、有实干的精神，擅长经营之道。在驻缅经理寸仲猷、尹以忠的运营下，将和顺崇新会"收入款项除照预算案支出外余者存作基金放出生息"，这在很大程度上保障了和顺崇新会持续的自我运营。《和顺崇新会第一届收支表》显示，1925 年崇新会成立时由"青年会"移交来4102.8 盾，由"促进会"移交来 3482.15 盾，年捐有 415 盾，基金收回 14柱有 7000 盾，收来 7000 利息 1260 盾，加上各种特别捐款，总收入达到16613.15 盾，[①] 且总收入每年都呈增长的趋势（见表 1-2）。基金的运作，占了和顺崇新会收支的绝大部分，有效的经营使和顺崇新会的收支相对平衡。

表 1-2　和顺崇新会 1925~1929 年收支情况

单位：盾

年份	金额		
	总收入数	总支出数	存数
1925	16613.15	7864.15	8749
1926	19434.13	9425.1	10009.03
1927	21744.8	10359.10	11385.7
1928	28068.6	15072.6	12996.0
1929	28756.4	14569.3	14187.1

资料来源：《经济报告》，载和顺崇新会编辑《和顺崇新会五周特刊》，明明印务有限公司，1931，第 63~67 页。

　　完善的组织构架、充实的经济来源，使和顺崇新会有较充足的实力来资助家乡的社会革新事业，于是一场如火如荼的中国西南边地的五四新文化运动在和顺全面展开。

---

① 《和顺崇新会第一届收支表》，载和顺崇新会编辑《和顺崇新会五周特刊》，明明印务有限公司，1931，第 63 页。

三 和顺的五四新文化运动

100多年前的五四运动对中国的社会转型影响深远，可谓是"近代中国推动划时代转变的大炸弹"[①]。周策纵先生认为，"五四运动是一场过渡性运动，是一场根本的、彻底的思想和社会政治变革，是新民族诞生的阵痛，是西方近代史的缩影，是中国新时代的开端"。[②] 五四运动对于现代中国有着奠基性的意义。目前学界对全国整体意义上的"五四新文化"关注甚多，即围绕上海、北京等中心城市，陈独秀、胡适、鲁迅、傅斯年等中心人物，《新青年》等中心刊物，关注新旧文化之间的批判。五四新文化运动也有其"体相"和"个性"，"要展现五四新文化运动那自具体相的主旨及其所涵括的种种'个别特性'，需要较为详尽的深入考察"[③]。近年来，对五四新文化运动的研究已有从某些中心地域或人群向地方区域视角转移的趋势，"五四"与"新文化"如何地方化成为学界研究的一个焦点。中国西南边地和顺乡的五四新文化运动即是地方化的产物，它不仅能够展现五四新文化运动的中心主旨与全局"体相"，还能够鲜活地呈现地方的独特"个性"。和顺乡的五四新文化运动并不是简单的"中心"向"地方"辐射的过程，而更多是地方的文化自觉，有着"地方"指向"中心"的特征，更有其自身完整的发展脉络。更难能可贵的是，和顺乡的五四新文化运动不但没有停留在对旧文化的口诛笔伐上，而且深入开展实践，用新文化指导和顺乡村建设。100年前和顺乡的这场五四新文化运动也深深影响了和顺乡村建设，其生长出的累累硕果至今还滋养着这片乡土。

和顺乡的五四新文化运动是在和顺崇新会的推动下进行的。和顺崇新会的新青年以《和顺崇新会会刊》和《和顺乡》这两部刊物为舆论阵地，批判旧文化风俗，积极改造乡村社会，建设家乡。村树在《崇新会周年纪

---

① 陈端志：《五四运动之史的评价》，生活书店，1935，第3页。
② 周策纵：《五四运动：现代中国的思想革命》，周子平等译，江苏人民出版社，1996。
③ 罗志田：《体相和个性：以五四为标识的新文化运动再认识》，《近代史研究》2017年第3期。

念刊的意义和我对于崇新将来的希望》中明确指出，"崇新会所代表着的运动是那一种运动，是政治运动，是文化运动，是经济上的运动，是思想运动。以我个人的意见是这种种的运动的一种混合体。若用历史上的运动的名称来规定他，那就可叫作是一种广泛的启蒙运动，也可以说是小规模的和顺乡的五四运动"①。

和顺乡的五四运动发端于 1925 年和顺崇新会的成立，受新文化潮流的激荡，和顺乡新青年对现代化十分着迷。时年 27 岁的和顺崇新会负责人李祖华记叙道："时间的巨轮不停地运转着，世界在不停地演进着，我们这小乡村里也不断地受着新潮余浪的激荡；因'五九''五四'和世界大战的刺激使乡人们对现代的求知欲，普遍的增强起来，而知的供给上，便成了本乡急待解决的一个重要问题。"② 而服务社会，使家乡"达于现代社会化之域"也是和顺崇新会的宗旨。"崇新会是代表和顺民众的，它负着和顺的一切责任；它应努力的去谋乡的进化、乡的文明。"③

同陈独秀、胡适等新文化干将主导的新文化运动一样，和顺乡新文化运动的开展首先也是建立在对乡村传统旧社会的全面批判上的。李祖华主持编辑的《和顺崇新会五周特刊》的卷首语写道："土耳其妇女已揭开了黑暗的黑幕，俄罗斯已毁灭了迷信的宗教偶像，就是未开化的南美和非洲的土人也都努力的挣扎着趋入进化的途径。和顺，多么腐败的和顺！青年们在埋头的大吸大赌，去消磨他黄金般的光阴；大人先生们在开起倒车，把人们向坟墓里送；妇女们一面蒙昧的追求他们幻想的仙境，一面却把极刑加到她疼爱的子女身上。我看看土耳其、非洲、南美，再看看我们这样腐败的和顺。真的，我惶悚万分了。"④ 村树在《崇新会周年纪念刊的意义和我对于崇新会将来的希望》一文中指出，"崇新会的产生，形式上是由

① 村树：《崇新会周年纪念刊的意义和我对于崇新将来的希望》，载和顺崇新会编辑《和顺崇新会五周特刊》，明明印务有限公司，1931，第 2 页。
② 秋农：《本馆概略》，载和顺图书馆编辑委员会编《和顺图书馆十周年纪念刊》，明明印务有限公司，1939，第 30H 页。
③ 半囚：《崇新会五年的回顾》，载和顺崇新会编辑《和顺崇新会五周特刊》，明明印务有限公司，1931，第 15 页。
④ 《卷首语》，载和顺崇新会编辑《和顺崇新会五周特刊》，明明印务有限公司，1931。

和顺青年会及促进会合并而来，但是崇新会的实质上的产生，那就不是简单的事，也不是简单的话可以说完了。崇新会绝不是仅仅由会的发起人的主观的意志而成立，发起人的意志不过是表现着和顺乡的社会生活中的矛盾已达到不能不破裂的程度了，就是说和顺乡的一切风俗习惯、制度、经济生活、精神生活诸方面都已由发展而成熟，由成熟而达到腐坏的地步了。客观的社会生活既是如此，那么迟早促进腐坏的运动是必然的要发生的"①。在和顺崇新会的一项提议案中，这样阐述落后退化的和顺："滇西村落的经济、教育、社会，在十四五年前那时，和顺也许得到最高的记录。现在呢，现在可不行了。经济已跟着世界的不景气，早起恐慌了；教育已经窳败了；社会已充满了灰色的暮气了。我们处到这种环境，再抬头看看人家，看看世界，真会万分的警惕。所以，我们不论是站在私或公的立场上，都不得不努力来整顿这退化的和顺！"②

在和顺崇新会看来，和顺乡村传统社会的方方面面已经全面腐坏、退化，在《吾乡社会状况》中"愚"详细列举了和顺乡存在的吸食鸦片、赌博、迷信、奢侈等种种不良现状。③ L 也在《家乡来的一封信》中写道："旧的威严地面孔完全存在，新的灰色渐次的笼罩了全乡。于是，家乡的一切，也仍是以前的漆黑的一团。看吧！家乡的真面目：烟馆遍地，赌窟林立，偶像扩充了地盘，僧巫增长恶胆。当堕落的声音，冲破了早晚的寂静——大仙人的格外来得响些——身在囹圄的玉秀，也不减她的蛊惑的活动与自由；愚妇们的物质，也不住的还在向那无底壑去塞。消费的奢侈，十倍于以前；缠足的恶习，也未见得绝迹……说到教育，那更比你我在缅所猜疑的失望得多了。"④

很显然，和顺崇新会对乡村社会的批判受到了社会达尔文主义的进化

---

① 村树：《崇新会周年纪念刊的意义和我对于崇新将来的希望》，载和顺崇新会编辑《和顺崇新会五周特刊》，明明印务有限公司，1931，第 1 页。

② 提议人：《本会通告·关于第五周年大会议决案之建议书者》，载和顺崇新会编辑《和顺崇新会五周特刊》，明明印务有限公司，1931，第 35 页。

③ 愚：《吾乡社会状况》，载和顺崇新会编辑《和顺崇新会五周特刊》，明明印务有限公司，1931，第 23～26 页。

④ L：《家乡来的一封信》，载和顺崇新会编辑《和顺崇新会五周特刊》，明明印务有限公司，1931，第 93 页。

论的影响，这也是全国五四运动轰轰烈烈开展时主要凭借的社会理论。和顺崇新会在猛烈抨击传统旧社会的腐化后，并没有只停留在"破坏"层面，而是"努力的去谋乡的进化、乡的文明"，在乡村建设层面更是不忘初心、砥砺前行，进行了种种改造社会、建设家乡的举措。按照和顺崇新会的宗旨和任务，和顺五四新文化运动和乡村建设主要在三个面向展开：改良风俗、革新教育、公益建设。这三个面向涉及和顺乡的政治、社会、经济、文化、生态等各领域，所以和顺乡的五四新文化运动是一场全面深化的乡村改革。

和顺崇新会一开始就认识到乡村改造必须先改革乡议事会，实行乡村自治，做到"乡人办乡事"。"吾乡的改造，必须先由解造议事会着手然后可以改造全乡，重新建设'新'的乡村社会。"① 于是和顺崇新会改组了本乡议事会。之前和顺议事会的组织太简单、太不完密，"人才的不济，精神的缺乏，随处都可看到。至于教育、农林、风纪、卫生，他们都不想办理。就办，也不过粉饰一下罢了，决不求它的进步，它的成功"②。和顺议事会的改组主要是推翻集权的会长制度，而代以均权的委员制；解散旧有的腐化分子，而代以有才识、有人格之俊秀分子。和顺乡政委员会的组织系统分为农业科（指导人民垦种、造林、挑水、作物、饲畜等常识及改进生产之方法，公共森林归其管理）、经济科（管理全乡度支，调查全乡经济，指导人民组织各种消费协社）、统计科（办理人口统计、土地统计、生产统计及其他项统计，以为施行乡治之标准）、法制科（编纂乡村自治法规，改良礼仪习俗，指导人民实行自治）、教育科（指导家庭、学校、社会等教育，提倡各种教育运动）、卫生科（指导人民个人卫生、公共卫生及预防治疗等常识，提倡公民卫生运动），委员会共 25 人，执行委员 7人（其中 4 人为崇新会会员）。③ 改组后的和顺乡政委员会与和顺崇新会一

---

① 愚：《吾乡社会状况》，载和顺崇新会编辑《和顺崇新会五周特刊》，明明印务有限公司，1931，第 26 页。

② 提议人：《关于第五周年大会议决案之建议书者·改组本乡议事会》，载和顺崇新会编辑《和顺崇新会五周特刊》，明明印务有限公司，1931，第 35 页。

③ 提议人：《关于第五周年大会议决案之建议书者·改组本乡议事会》，载和顺崇新会编辑《和顺崇新会五周特刊》，明明印务有限公司，1931，第 36 页。

道共同致力于和顺乡村社会改造。

改良风俗是和顺崇新会最先提出的乡村改革事项，最初甚至是崇新会的唯一宗旨。面对和顺乡村存在的种种旧社会遗存的不良行为，和顺崇新会进行了一系列的社会改造，开展了天足运动、从俭运动、铲除迷信运动等移风易俗的斗争，试图促进家乡"文明的进化"。但是改良风俗工作遇到了巨大的阻力，乡村传统的"恶腐势力"过于浓厚。"本会的同志们，本会是不是以改良风俗为宗旨，改造本乡为己任，并且实行提倡过的吗？但是我们提倡天足，而可怜的姊妹们，仍呻吟于小脚的极刑之下；我们提倡从俭，而奢风日炽，比昔更甚；我们要破除迷信，那些信神奉鬼诵经礼佛的愚夫愚妇们，还高唱入云的吃斋过会诵经保境，寺里的泥巴，又重新塑满了，什么吕祖殿也建筑起来了——无一不是使我们怨愤发指。这样的结果，虽是我们的不努力，却也由本乡的恶腐势力太浓厚了！他们整天的在迷恋着枯骨残渣，眼光里见不到新的潮流，开着倒车的在全乡横冲直撞。所有新的萌芽，几被他们摧残殆尽。这种社会现状的凶恶，多么的可怕呀！改造，改进，谈何容易。"[1] 因此，面对乡村传统势力的阻挠，和顺崇新会在向旧社会"开战"时，要求每个会员"正人先正己，革新先革心"，"和顺崇新会的会友们，都是中国的青年了"，[2] 并尝试了各种新的举措推进家乡风俗改良。为促进天足运动，和顺崇新会专门成立了天足会，首先要求会员做到身体力行，其次联络和顺乡政委员会法制科、教育科共同宣传，并制定了制裁方法：一是女子在解放年龄而违反本运动的，不论何学校都不许收容进校肄业，如若转入他地学校，亦应函请该校勿收；二是违反解放的女子，如果已同男子订婚，即责令男家出来主持解放，如男家不能如愿，而不遂与女家取消婚约时，亦如上述之剥夺该男子在任何地方之求学机会。[3] 在和顺崇新会的不断努力下，和顺乡的天足

---

① 中：《和本会同志们谈谈改造应有的准备》，载和顺崇新会编辑《和顺崇新会五周特刊》，明明印务有限公司，1931，第33页。

② 半因：《本会会友们心理上几个应改的弱点》，载和顺崇新会编辑《和顺崇新会五周特刊》，明明印务有限公司，1931，第20～21页。

③ 提议人：《女子天足运动继续努力》，载和顺崇新会编辑《和顺崇新会五周特刊》，明明印务有限公司，1931，第56～57页。

运动取得了明显的进步，"以前之固执者，亦多悟缠足之为害，而自动实行天足，其大势已将造成"①。

与天足运动相比，从俭运动与铲除迷信运动遇到的阻力更大，推行的效果也不甚理想。和顺存在浮华奢靡、相互效尤而使许多人倾家荡产的婚丧礼仪，和顺崇新会提倡婚丧俭约，反对繁文缛节、暴殄天物。和顺崇新会还专门设立有从俭会，以期改良风化，从俭办法多着重于婚嫁方面，将以前婚嫁宴客三日之期减作两日，并废除一切无谓虚耗之俗礼。但是，婚丧嫁娶被视为一个家庭中最为重要的时刻，有着悠久的传统礼仪历史，"盖吾乡习俗相沿，对于崇拜旧礼教之观念，已牢不可破。且一般富者心理，多以婚丧嫁娶为其挥霍金钱大出风头之目的地。'有钱就是要在这些地方用'此种观念，积习已深，欲图急进彻底改良，实非易易"②。和顺崇新会会员也很清楚婚嫁从俭需渐进地推行，力举现代新式文明婚礼，反对包办买卖婚姻，并鼓励乡中望族做出表率，引导乡人实施。虽然新式文明婚礼在旅缅华侨中有实行，但乡中仍然以传统婚礼为主。对于铲除迷信运动，和顺崇新会实施了一系列办法，如实行推倒偶像，各寺观改建公益场所或工厂；取缔一切关于迷信的公开的或秘密的集会结社；禁止僧尼入乡，并禁止本乡妇女参加他乡迷信活动；取缔一切关于迷信的投机营业；男女学校，以"破除迷信"列入校训，竭力宣传，并取缔一切带有迷信色彩之课本及言论。③ 和顺乡中传统的保境、朝斗、过会和念佛、讲圣谕等活动，以及"同善社"都在和顺崇新会破除迷信之列。和顺崇新会将迷信活动与公益建设相对立，指出，"公益建设者何？兴学校以培植人材，设图书馆书报社以输入文化，修道路以利交通，改良农业以裕民食，造森林以植木材，谋求公共卫生以防疾疫，以及其他有益于社会人群之设施皆公益建设也。修寺观塑泥人以耗公款，保境朝斗迎神赛会以填僧尼欲壑，及

① 心光南村人：《本会之过去及将来之应努力》，载和顺崇新会编辑《和顺崇新会五周特刊》，明明印务有限公司，1931，第13页。
② 嗣徽：《说从俭》，载和顺崇新会编辑《和顺崇新会五周特刊》，明明印务有限公司，1931，第87页。
③ 锄强：《迷信——打到》，载和顺崇新会编辑《和顺崇新会五周特刊》，明明印务有限公司，1931，第92页。

招揽游民以酿祸端及其他一切浪掷金钱求神祷鬼之事，皆迷信事业也。吾乡迷信事业之腐气掀天，与公益事业之日益退步，适成一反比例"①。为发展和顺乡的文化教育事业，和顺崇新会将文昌宫内包括文昌帝君在内的佛像一一推倒，在乡中老一辈人的劝阻下才保留了孔子的牌位，出现了震动社会的"拉偶潮"。和顺崇新会这种激进的所谓铲除迷信的运动，也受到了乡人的诸多抵制，很难实施。在这个过程中，和顺崇新会也逐渐改良方法，实施有所"保存的发展"。例如对于和顺乡最为传统的保境民俗活动，和顺崇新会建议化迎神迷信的保境活动为乡中纪念节。"保境也是农村社会内的一种习惯，也是农村社会内一年中唯一的娱乐日……这些几百年来习惯，和社会生活有关系的习惯，要完全的消灭他不特是不能，而且是不必要。现在我们只要将其中的属于迷信的部分除去，其他如吃两三天素，妆台阁，奏中国音乐，都应当保存发展他。诵经转经妆中魁，四帅可以改成提灯游行或有趣的化装游行。其他如各家到那时都把自己家的古董古书陈列出来，或捧着巡回都是一种很好的习惯。"② 时至今日，"打保境"依然是和顺乡一年一度的盛大庙会，更是一次争奇斗艳的民间文艺展演，其中的洞经音乐更是成为非物质文化遗产。

和顺崇新会的风俗改良涉及面较广，触及许多家庭、许多人的实际，更是触及人们的社会生活习惯，在改造、改良的过程中不可避免地遇到许多阻力。和顺崇新会也对改良风俗工作进行过反思总结，"盖本会之最大问题：'改良风化'一条，至今实无所着手，而任彼妖孽横行，一乡堕落。其原因虽由于恶腐空气之浓厚，而本会大多数同志，多漠视会务，甚至不知所谓会务，以尽会员一份子之职责。凡本会一切措施，多由外部提倡之，而由内部实行之。其外部为旅缅甸之部，凡事鞭长莫及，惟有尽提倡领导之责；而实行之权，则操之于家乡之内部，内部因恶劣空气之包围，

---

① 锄强：《公益建设与迷信事业》，载和顺崇新会编辑《和顺崇新会周年纪念刊》（第六周），明明印务有限公司，1932，第18页。
② 村树：《崇新会周年纪念刊的意义和我对于崇新将来的希望》，载和顺崇新会编辑《和顺崇新会五周特刊》，明明印务有限公司，1931，第8页。

凡外部提倡之事，多不能以革命之精神，以坚持奋斗而实行之"①。和顺崇新会将风俗改良成效不佳的原因归于传统氛围浓厚与会务组织工作不力，这或许是其重要原因，但是其根本原因或许是对新与旧、现代与传统简单的两分法、一刀切。和顺崇新会一味强调，"我们是廿世纪的人，是新世界的人，是'新'的创造者。我们的一切，都要站在新的立场上，干那铲除一切'旧'的工作"②。这种社会达尔文主义的进化论对于乡村社会传统进行的简单粗暴的新旧切割，完全忽视了人们早已形成的社会生活习惯。和顺崇新会在改良风俗的过程中也逐渐认识到这一点，并改善态度，改进了工作方法，对"传统"并不是一味铲除，也认识到"传统"的力量，并借助"传统"的地方知识来完善改良风俗系列运动。

在改良风俗的过程中，和顺崇新会意识到改良风俗需要与振兴教育结合起来，才能起到长久的效果。村树在《崇新会周年纪念刊的意义和我对于崇新将来的希望》中指出，"现在会章上所规定着的宗旨只是改良风俗一项，但是实际会所办着的事并不限于改良风俗一项，也不应当限于改良风俗一项。有许多恶风陋俗是由于国家政治法律紊乱的结果，有许多是文化落后，科学不发达，交通闭塞的所致。根本的改良风俗，也应当从振兴教育（学校教育、家庭教育、社会教育），澄清政治，修明法律（和顺乡的地方自治、乡议会的问题）上着手。用乡议会的权力去振兴教育，用教育的手段去破除恶风陋俗，并普及地方自治的知识，政教结合起来，不用说恶风陋俗不成问题，积极的还可以将全乡的文化高扬，可以增进全乡人民的幸福呢。"他还指出和顺崇新会的宗旨应该定为，"促进和顺乡自治制度，振兴乡内文化，增进乡人福祉"③。因此，经过和顺崇新会组织讨论，"教育之革新与普及"也逐渐成为和顺崇新会的首要会务工作。

和顺崇新会非常重视乡内教育，会务支出中经常可以见到对贫寒学童

---

① 心光南村人：《本会之过去及将来之应努力》，载和顺崇新会编辑《和顺崇新会五周特刊》，明明印务有限公司，1931，第13～14页。

② 中：《和本会同志们谈谈改造应有的准备》，载和顺崇新会编辑《和顺崇新会五周特刊》，明明印务有限公司，1931，第34页。

③ 村树：《崇新会周年纪念刊的意义和我对于崇新将来的希望》，载和顺崇新会编辑《和顺崇新会五周特刊》，明明印务有限公司，1931，第4～5页。

的津贴、对考试优秀学生的奖励以及资送学生升学。更为先进的是，和顺崇新会很早就认识到学校教育、社会教育与家庭教育协同的重要性，并专门在乡内成立了教育委员会，负责整顿、改革、振兴乡内的教育文化事业。其中，和顺崇新会整合创建的"两校一图"模式功绩巨大，意义深远，至今一直滋养着和顺的学子。

　　清末新政废科举兴学堂后，和顺便设置了两等小学堂，而且创办了女校，各区组也纷纷设立自己的私塾，但经过十几年的发展后，"学校退化了"，存在"地址教材不集中""设备不完善""课本陈旧""教职员腐化"等问题，"在这新的时代，竞争的时代，关系民族文野存亡的教育，还充满了这宗法的、传统的、腐化的景象。我们和顺，毕竟是落伍了，要遭淘汰了！然而，谁甘落伍，谁愿遭淘汰？我们须努力的去整顿它，去赶上时代，去站在时代的前头"①。于是和顺崇新会提出教材地址集中化、设备完善化、课本时代化、教职员严格高上化、经费扩充化的整顿建议。和顺崇新会也积极采取行动，增加教育经费，增加教员薪水，购置仪器标本、运动器材、乐器等寄赠男女学校。在这个过程中，和顺崇新会认识到，"本乡的种种腐化黑暗，其解决办法，惟有改良教育，为惟一的出路。改良教育，又必以打破旧思想，适应新潮流为惟一方针。所以本会不办学校则已，若欲办新时代新社会的新式学校，必须具有独立的精神，不受任何方面的牵制。经济问题，自然是由本会完全负担。教育设施，也完全由本会负责"②。在和顺崇新会第六周年大会上，教育委员会决议全面接办和顺中心小学，在文昌宫设总校，各村巷、各宗祠办分校，统一招生管理，在经费投入、教职员的聘任和设备器材的购置方面保障了小学的健康有序发展，使小学在20世纪30～40年代蓬勃发展，基本在全乡实现了小学教育普及。

　　和顺崇新会接办和顺小学取得良好成效后，便有会员提议建立一所中

---

① 原案提议人：《整顿本乡教育》，载和顺崇新会编辑《和顺崇新会五周特刊》，明明印务有限公司，1931，第53～55页。

② 原案提议人：《本会同志对于本乡教育应有的预备》，载和顺崇新会编辑《和顺崇新会五周特刊》，明明印务有限公司，1931，第49页。

学，满足和顺乡读书人的需求。"和顺乡，很应设一个初中学校的，为什么？因为，和顺虽是一个小乡村，而读书的人数却很不少。所以单有一所初小两级学校，是很不够满足儿童求知欲的……来创办一个初中学校，供给本乡的男女学生们就地升学，使他们不致中途废学，而得到基本的普通知识，来为社会服务，那就不只是全乡教育的光荣，也是青年学生们一点小小的出路，和实现教育救国的基础。"① 而此时腾冲仅有一所位于县城的"腾冲县立中学"，即腾冲五属联合中学。和顺乡每年小学毕业生约 70 名，能升入县立中学的不过四五人，且每一名学生赴县立中学每年至少需要花费滇币 5000 元，绝非每一名学生的家庭所能负担。和顺乡人希望能在乡中设中学，这样小升初的概率会增大，学生家庭也负担得起，学生在学校、乡中、家庭三方面配合下，可保持乡村学生的本色。因此和顺乡人均极力赞成筹设中学。李启慈在《和顺益群中学缘起》中记载道："吾邑中学，在昔仅一腾冲五属联合中学校，即今省立中学也。每年招收新生，名额有限，报考而未被录取之学子极多，如吾乡历年毕业高小之人数，亦属不少，能入城投考入中学肄业者，实寥若晨星，余则辍学，殊为可惜。己卯岁，余与乡人研议，宜于吾乡筹设一初级中学，使有志升学者，不致抱向偶之感而辍学。乡人均极赞成，议定校址暂设于文昌宫，克期于来年春开学。"② 学校的筹办经费开始在和顺乡人中募捐，得到钏文辉（字玉阶）五兄弟首捐新币 2 万元，用作建校基金。学校筹备工作，分组进行，李秋农、李致卿、寸仲恒、李虞农、李润园、张月洲、寸佩九、李如春、段镜秋在乡内负筹备及修理教室之责任，李启慈与钏文辉赴缅甸向华侨募捐。在向缅甸曼德勒和顺旅缅崇新会报告后，他们极其赞成，李镜泉、寸仲猷、张子云、张良丞、寸相卿、李槐生、寸纯真、李清园、李子舒、寸春谷大力赞助，并将校名定为益群中学，取有益于群众之意，规定来入学者不限地域。李启慈一行在缅甸各埠共募得新币 8 万余元。李启慈返乡后向家乡父

---

① 言方：《和顺乡应设初中学校么？》，载和顺崇新会编辑《和顺乡》，华丰印刷铸字所，1937，第 42~43 页。

② 李启慈：《和顺益群中学缘起》，载杨发恩主编《中国历史文化名镇和顺：民风卷》，云南民族出版社，2014，第 280 页。

老募捐，又募集新币 2 万元，综合前后所募与在缅甸所募者，共有 13 万余元，全部存入永利商号、文瑞记、永生源，作为学校永久基金。益群中学成立了校董事会，聘请民国元勋李根源先生任董事长，李根源又推举曾留学日本九州帝国大学，曾任北平大学、西北联大教授回乡的寸树声任校长。经过稠密的准备，1940 年 3 月 1 日学制为三年的"腾冲县和顺乡私立益群初级中学"正式开课。益群中学的课程设置除与一般中学相同外，还根据乡情增设有缅文课。益群中学的创办为青年"建设了一所智慧的果园"，形成了"严实勤奋、艰苦朴素、自培自发、自力自强"的良好学风，得到社会的广泛赞誉。

除学校教育外，和顺崇新会重视社会教育，开办了平民夜校。尤其是为了配合学校教育的发展，满足乡人的求知欲望，开设了和顺书报社，后发展为和顺图书馆，这将在下一章中详细论述。

和顺崇新会在生产、生活、生态方面也开展了广泛的社会革新事业，如办合作社、办共同养猪场、打井、修路筑桥、安装路灯和防火水龙、施种牛痘、植树造林等，将和顺乡改造成了一个崭新的地域，环境优美、文化悠扬。

总之，和顺乡的五四新文化运动涉及乡村社会各个层面，并很好地动用了乡内外一切有利资源支持建设，将五四的精神与乡村建设运动统一起来，改变了乡村形象，使和顺乡成为"腾冲诸乡之冠"。因此，和顺乡的五四新文化运动，对和顺乡村社会有形塑的作用，对于和顺乡的发展有奠基的意义。

小结　文化潮流的跨境传播与地方创造

"和顺的一半在缅甸。"著名教育学家和顺乡人寸树声曾说："缅甸是他们的商业事务所，而和顺乡则是他们的住宅区……长期的商业上的积蓄，使他们建筑了整齐的住宅、寺院、街道、桥梁，发达了他们的文化。"如前所述，乡中所有的寺观、宗祠、学校、月台、洗衣亭等公共建筑，经费大都来自旅缅华侨。晚清至民国时期中缅贸易的兴旺为腾冲和顺侨乡文化的发展创造了前提条件。勇于"走夷方""赶洋脚"的和顺乡人具有艰苦创业、开拓进取、崇文尚教、讲究礼仪、爱国爱乡、团结进步的精神，形成了"亦儒亦商亦农"浑然一体高度融合的现象，呈现一种多元复合的开放型文化生态。

从清末维新运动、辛亥革命到五四新文化运动，处于中国西南边地的和顺乡人都能立刻觉醒，积极迎接新文化，投身世界文化潮流的激荡中。在这些关键时代的潮流节点，和顺乡人先后成立了咸新社、振汉社（同盟会外围组织）、崇新会等先进组织，传播新知识、新思想，倡导社会革新事业，并积极运用新思想指导改造社会、建设家乡。特别是五四新文化运动带来的民主与科学思潮，使和顺乡的社会面貌焕然一新，使和顺乡的生产生活生态格局基本定型，延续至今。

和顺乡的文化潮流的生发具有很明显的跨境传播与地方创造的特征。跨境传播是由其地理环境决定的，但也与和顺兼容并包的文化心态密切相关。和顺是"汉文化的一块飞地"，是明清时期汉移民戍边、屯田开发的阵地，是腾冲十八练之一，民国时期腾冲人士还经常以和顺练称之。汉移民的文化身份决定了和顺乡人既能秉持儒家文化传统，又具有包容开放的胸怀，并不拒绝新文化及外来文化。所以，和顺旅缅的经商者、出国留学的人员，长期行走于国内外的商业中心、工业中心、文化中心，能够吸收国内外先进的文化潮流，使其融入和顺乡村社会建设实践中。和顺乡文化潮流的跨境传播主要有两条线路，一是旅缅经商的贸易线，二是留学日本的知识线。其中留学日本的知识线也是由旅缅经商的贸易线所支撑的，显示出"绕西往东"的特征。这是因为和顺地处中国西南内陆边疆，与缅甸接壤相邻。因此在地理上，和顺距离中国中央统治的政治经济文化中心较远，交通十分不便，而与缅甸各开放商埠距离较近，且历史传统上形成的贸易往来通道使和顺与缅甸的关系更为紧密，受缅甸政治经济文化的影响更为频繁。19世纪末缅甸沦为英国殖民地后，和顺乡人即通过滇缅的贸易线路驮来西洋的"器"与"道"，所以和顺人接触了解西洋文化并不比中国腹地的城镇晚。加之，清末新政后，和顺还有清政府第一批官派留日学生寸辅清，清末民初和顺留日学生也有10多人，其中更是诞生了著名教育家寸树声、著名马克思主义哲学家艾思奇。这些留日学生的出洋路线也是由和顺至缅甸的曼德勒，经仰光出海，至中国的香港、广州、上海（这条线路也是中缅之间贸易的陆路与海路），然后再至日本。留洋归乡的和顺学子返程时依然走的是这条环线，而且和顺旅缅侨商还不断支持资助这条知识线。例如，云南留日学生在东京创办的同盟会刊物《云南》杂志，张成清、徐赞周、庄银安等云南同盟会会员在缅甸仰光创办的《光华日报》都得到了寸海亭、李任卿等和顺崇新会会员的经费支持。和顺崇新会编辑的会刊《和顺崇新会周年纪念刊》与《和顺乡》的印刷出版就先后在缅甸仰光河边街的明明印务有限公司与国内北平荣华印书局、上海浙江路华丰印刷铸字所。贸易线与知识线的重合，使和顺乡人更能深刻认识世界文化潮流的跌宕起伏，在学习借鉴、吸收接纳西洋文化与东洋文化的同时，能够始终坚持中华优秀传统儒家文化，不忘本来、吸收外来、面向未来。

在文化潮流跨境传播的影响下，和顺侨乡文化也有着鲜明的地方创造特色。一座小乡村里，有着寸氏、尹氏、李氏、刘氏、贾氏、杨氏、张氏、钏氏八大宗祠，节寿、百岁、节孝等九大牌坊，还有元龙阁、文昌宫、三元宫、土主庙、魁星阁、中天寺、三官殿、观音寺、山神庙、关庙等十处寺观庙宇，加之"四合五天井"与"走马串角楼"等千余的传统民居，双虹桥、捷报桥、凉亭、湖心亭、洗衣亭等桥亭错落分布。这些公私建筑大多始建于清朝中期，完成于20世纪30年代，显示出儒释道文化的完美融合。而和顺乡的五四新文化运动所形塑的"两校一图"模式（中心小学、益群中学、和顺图书馆）成为和顺乡教育文化革新的标志成果，成为不断坚守中华优秀传统文化与吸收外来先进文化的活水源泉，为和顺乡村社会发展提供了不竭的文化动力。文化潮流的跨境传播与地方创造成就了和顺。

第二章　创生：中国乡村文化界堪称第一
（1928～1941年）

经清末维新运动、辛亥革命、五四新文化运动的激荡，和顺地方教育与文化焕然一新。乡人们对于现代知识的求知欲普遍的增强起来，"文化知识的供给"不足成为和顺乡亟待解决的一个重要问题。在和顺崇新会的支持与组织下，和顺图书馆应运而生。和顺崇新会的青年骨干、和顺图书馆的主要创办者李秋农指出："二十世纪的文化运动，激荡了大地的每一个部落。于是，人们都觉到他们的民智的闭塞、文化的低弱，而群向文化的运动上努力去了。图书馆，是文化的媒介，是文化的中心，这是世界的学者都极承认，而且很努力提倡的。看看近日图书馆的发达，便可以证明上说的不谬。先进的东西各国不用说了，就事事落后的中国，都产生了几多的省立、县立、市立、校立图书馆，甚而像我们这微小的和顺，也居然成立了乡村图书馆来，对未来的文化的增进，实予我们无限的乐观……图书馆是为民智闭塞文化低弱的需要而设的，它并不是地方建筑物上的点缀品，也不是表现地方富裕的工具，而是启发民智、普及教育的机关。"①1928年，和顺图书馆正式成立，经"十载辛勤"，和顺图书馆的设备日益完善、规模逐渐扩大，并于1938年建成一栋中西合璧气宇轩昂的新馆屋，扬名于海内外，有着"在中国乡村文化界堪称第一"的美誉。时任云南省教育厅厅长的龚自知在和顺图书馆十周年纪念题词中写道："贡山之阳，和顺有乡。十载辛勤，精神聚粮。蕴二酉秘，耀石室光。香飘芸带，亦琳亦琅。启蒙益智，人文孔昌。"和顺图书馆是和顺乡民群策群力的一大壮

---

① 农：《和顺图书馆几个急需的设备》，载和顺崇新会编辑《和顺崇新会五周特刊》，明明印务有限公司，1931，第83～84页。

举，成为近现代中国乡村社会公共文化建设的一个标志性事件。和顺图书馆的建设是地方创生的结果，和顺青年通过自发性思考、合理有效运用民间力量，创造了在地的自主性和永续性。本章将主要论述和顺图书馆的创建过程，重点分析和顺图书馆创建的社会网络及其如何发挥"启发民智、普及教育"的功能参与乡村社会建设，以为现代公共文化空间扎根乡村社会提供相关反思。

一　和顺图书馆创建的历程

和顺图书馆的创建经历了书报社—改组为图书馆—筹建新馆屋的历程。这也是和顺图书馆不断发展完备的过程，以下将分别详细论述。

1924 年，寸仲猷、李清园、贾铸生在家乡和顺组织成立"青年会"（和顺崇新会的前身），首要工作就是成立和顺书报社于十字街，以给乡人阅览的机会，满足他们的求知欲。这帮和顺青年初生牛犊不怕虎，先挂起"书报社"的招牌，才着手进行由本乡基金募捐。在家乡经济困难和募捐者人微言轻的环境里，募捐工作实属不易。募捐由 2 毫起码，乡间名人阔佬最多不过 5 元，最终全乡募捐得到 200 余元。书报社草创，凡事只能因陋就简，俭约朴实。书报社社址是在十字街租的小小一间铺子，常年经费除社址租金 30 元和庶务津贴费每月 5 元外，几无其他支出，而图书报章，多由各方捐赠，书报费可谓毫无支出。热心的同志将所藏新旧书籍或借或赠，陈列社内，并函请驻缅崇新会捐赠仰光各种日报和自定本省日报一份，就这样暂时维持现状。书报社的经营管理，都由当时热心赞助的各位同志寸仲猷、李清园、李镜天、李润珍、李舜初、寸杰生、李生园、段镜秋、李镜泉、刘悃含等，轮值负责，每 2 人共同义务经理一星期，并举乡中德高望重的教育家李仁杰为社长。

为解决经费问题，1925 年和顺"青年会"派李镜天同志前往缅甸腊戌进行募捐，募得 170 余盾，这是书报社在缅的第一次募捐。1925 年 5 月，和顺旅缅"青年会"接受书报社的请求，公推寸以庄、贾铸生二人，自费出发全缅募捐，共募得 800 余盾放存生息。这时上海商务印书馆出版的《四部丛刊》发售预约，寸贾二人又和驻缅会员发起募捐《四部丛刊》全部书费，结果共募得 300 余盾。后该丛书由寸海亭先生全部捐赠，所募得的款项仍交付寸以庄同志赴上海购办其他图书。寸海亭先生此时已 70 岁，但事事适应潮流，捐赠给书报社的整部图书，以为首倡。在《和顺图书馆十周年纪念刊》上第一位肖像纪念的同志即为寸海亭先生，并写道："先生捐赠本馆四部丛刊全部，对于现代维新运动及文化事业多所赞助。"① 1925 年 11 月"青年会"和"促进会"合并为和顺崇新会后，和顺崇新会就成了和顺书报社的创办负责机构，对书报社的继续运营给予了更为有力的组织与经费支持。

通过查看和顺崇新会历届收支表，可以发现和顺崇新会对书报社的支持力度每年都在增加：第一届捐赠书报社报费 63 盾、还书报社存项（杨春礼捐）20 盾；第二届捐赠书报社报费 51 盾 12 安、还书报社存项 32 盾 5 安；第三届无；第四届代书报社汇交内部 100 盾、退还书报社 1500 本息 87 盾 12 安、退还书报社存项 1728 盾 4 安；第五届代书报社暂垫 556 盾 5 安、捐赠书报社报费 78 盾 3 安。② 至 1928 年书报社的基金有 1500 余盾，书报社的经费已经较为充裕，组织也日趋健全，社务也渐次地扩充开展。署名心光南村人的崇新会会员在《本会之过去及将来之应努力》中介绍了书报社发展的状况："书报社成立之初，其经费实不足支持一年。书籍报章，已无甚可观者。彼时，不过以倡办者之毅力勇气成立之，然后由内外热心同乡，捐助书报经费，该社之基础得以日固。经费，以在缅甸捐得者为多；图书，则以寸如东先生之四库丛刊、李子畅先生之集珍丛刊，为各书之冠。其余捐赠者，种类繁多，不可备载。盈匣累甲，蔚然可观。本会于每届周年大会时，又为该社劝捐一次，经费既足以维持。而认捐书报者，尤络绎不绝。以至于今，社内对于书报之费，几全无支出。而报章寄送敏捷，堪称消息灵通。此本会足自慰者。"③

---

① 《热心赞助本馆诸君肖像》，载和顺图书馆编辑委员会编《和顺图书馆十周年纪念刊》，明明印务有限公司，1939，第 11 页。
② 《经济报告》，载和顺崇新会编辑《和顺崇新会五周特刊》，明明印务有限公司，1931，第 63～67 页。
③ 心光南村人：《本会之过去及将来之应努力》，载和顺崇新会编辑《和顺崇新会五周特刊》，明明印务有限公司，1931，第 12～13 页。

　　和顺乡远处滇西大山，与中国腹地交通十分不便，书报的寄运每每要两三月时间才能到达，各地新闻到书报社后已成为明日黄花，失去其时间性。而且，对外的捐收和书报价款的汇寄也很不便。为此，1926年书报社特在仰光设驻缅经理处，负责书报的订购。驻缅经理职务先后由李祖华先生、尹以忠先生、寸仲猷先生担任。驻缅经理处的设置极大提高了书报寄运的效率。因为水上交通的便利，将京沪各地订购的书报经由缅甸转寄腾冲，这么一来，书报到社较之由国内陆路交通运来的减短了一半以上的时间，消息的灵通也较腾冲的任何报社早了一倍。因此，"城乡知识阶级也就闻风而至地来社阅览"，人们多把书报社看作采取消息与研求新知识的唯一对象，社务也便飞腾猛进了。①

　　书报社社务的"飞腾猛进"使得旧有社所不敷应用和不适合需要。书报社的社址只有三四方丈的面积，这么小小的地方，容纳不了这么多的图书，更容纳不了大量的阅者，实有扩充和改组的必要。但是，和顺崇新会对于是否将书报社扩充改组为图书馆一时间内部意见并不统一。例如署名为"村树"的就指出，"图书馆一时可以不必建设，扩张书报社，并力求其民众化。图书馆建设费钱太多，而对于实际上并不有多大利益。因为家乡的文化程度，还不到需要图书馆的地步。书报社只要能够十分办理，充实内容，比较建造巨大的图书馆，买些人家不看的古书古籍来堆积着要好得多。腾越现在好像是被图书馆热袭击着，现在家乡所需要的是通俗的书籍报章杂志，古经古典只是供少数人的玩赏而已。书报社能做得到应当各单去巡回着借人看书，尤其是对于妇女应当为她们特别设一阅览所，或定出借妇女书报的办法"②。李祖华则力举建设为图书馆。在和顺崇新会第四周年大会上"议决实行继续前案办理"通过了李祖华提交的《建筑图书馆于双虹桥继续进行案》，而此案于三周年大会就已通过并组织了图书馆筹备委员会，"各热心同志已认捐年捐。至此继续募捐，各会员多存心观望，

---

① 秋农：《本馆概略》，载和顺图书馆编辑委员会编《和顺图书馆十周年纪念刊》，明明印务有限公司，1939，第30G～30N页。

② 村树：《崇新会周年纪念刊的意义和我对于崇新将来的希望》，载和顺崇新会编辑《和顺崇新会五周特刊》，明明印务有限公司，1931，第6页。

赞成议案而反对捐款。此案遂致推翻并将各捐款退还"①。经过一番波折，1928 年和顺崇新会决定将书报社改组为和顺图书馆，馆址迁入咸新社原址，一般定期刊物，一部分仍陈设在十字街的社里，让乡人随时于上市购物时，乘便阅读。

和顺图书馆组建后，和顺崇新会对于其内部的组织、馆务的经营和图书的管理提出了更严密与合理化的要求。《和顺崇新会第五周年大会议事录》上关于和顺图书馆的议案多达 8 项，其中有寸嗣徽提交的《图书馆预算案》（议决每年 230 元）、《图书馆经费问题》（每年由本会津贴 100 盾，赵毓智君认捐年捐 50 元 10 年期）、《图书馆此后购书之标准》（现在基金薄弱，暂停购一切古籍，对新文化书籍由经理处视经济力量所及择要购置，以不动摇基金为原则）、《公举图书馆募捐员》（举定李清园、尹以中二君负责募捐）。和顺崇新会通过大会议案决议的形式对和顺图书馆的运营经费进行了规范化的确定，使经费来源相对稳定与固定。和顺图书馆在内部组织上也更加健全。1931 年，为应对"馆务已臻纷繁"的局面，和顺图书馆成立了馆务委员会以办理全馆事务，选举李启慈、李祖华、李曰选、李湛春、寸品芳、李泽春、段玉勋为馆务执行委员，并设置了编目科、参考科、装订科。馆务的经营职责，由各科馆务经理来负责，而馆长一职则聘请李生庄先生担任。这一时期，和顺图书馆的职员人数基本维持在 15 人左右。1937 年，和顺图书馆的职员一览表显示：馆长为李生庄、缅甸经理为寸嗣徽、馆务主任为寸树琼、会计主任为寸性怡，馆务委员有寸树琼、李沛春、李祖华、刘振梁、李生园、寸品璋、刘振权、李生义、李泽春、刘玉瑞、寸守静、张岑达、尹大典、李生珊、李生崎，候补馆务委员有贾学富、尹家荣。全馆职员多达 20 人，职员人数比当时的县立图书馆都多，甚至可与大多数省立图书馆媲美。在图书馆规章制度方面，和顺图书馆制定发布了《和顺图书馆章程》《和顺图书馆阅览规则》《和顺图书馆出纳规则》《和顺图书馆奖励条例》。尤其是李祖华悉心研究图书馆学知识，图书的选择、图书的订购、图书的收受、图书的分类、图书的登

---

① 《和顺崇新会第四周年大会议事录》，载和顺崇新会编辑《和顺崇新会五周特刊》，明明印务有限公司，1931，第 59 页。

记、图书的排列法、图书的编目、图书的典藏、图书的阅览、儿童图书的分类排列编目等都是采用当时国内新图书馆运动所倡导的最新的方法与理念。例如，对于图书的阅览，和顺图书馆规定："本馆图书杂志，不分性别，不分畛域，凡是来阅览的一概欢迎。来馆阅览时也不用入门券，只是进馆时到签名处签一个名字就可以了。"① 当时和顺人就认识到图书馆是推进社会教育文化的中心，为了提升图书馆促进地方教育文化的效用，和顺图书馆还设置了推广股，负责办理增设分馆、巡回展览与馆务宣传事项。为了让乡内外人都得到阅读上的便利，20 世纪 30 年代和顺图书馆先后设置了蕉溪分馆（1933 年）、明光天宝乡分馆（1935 年）、大石巷分馆（1936 年）与尹家坡分馆（1937 年）。和顺图书馆为打破空间的阻碍，还设置了巡回展览，把馆内一部分的图书，分散到各区、各校，分期去举行展览，使不论远近的民众都有阅览的机会。

随着改组后的和顺图书馆馆务的发展以及图书的日益增多，扩充书架甚至建筑新馆屋的谋划也渐渐被提上议事日程。"关于图书馆之整理事项因该馆图书日渐增多，书架当事扩充方能敷用。特发起向各同乡同志募捐。经寸纯真君认捐玻璃片六箱，李槐三、贾仲能、寸玉佩、寸尊岑四同志各认捐书架一架，李受天同志认捐书架二架。其馆屋内容之改革则议决照李秋农同志所拟图案即行修整。"② 其实，对于筹建新馆屋，和顺崇新会一直都有谋划。早在 1928 年，和顺崇新会就曾经在缅甸着手募集款项，拟在大碑外面填田新建一间范围很大的馆屋，但因为在乡同人又主张建在十字街，意见没有统一。争论还没有结果，却因筹款困难，这件事就被搁浅下来了。这事虽然一时不能成功，但和顺图书馆无日不在想方设法把它实现。当时国际局势危急，德国、日本分别在欧洲、亚洲策划战争，日本更是对中国步步紧逼，社会经济也不景气，物价飞涨，想要募集大量的建筑费已是万分困难。和顺图书馆便举办奖券募捐建筑费活动，

---

① 《和顺图书馆阅览规则》，载和顺图书馆编辑委员会编《和顺图书馆十周年纪念刊》，明明印务有限公司，1939，第 24 页。
② 《内部会务最后报告》，载和顺崇新会编辑《和顺崇新会五周特刊》，明明印务有限公司，1931，第 103～104 页。

于 1935 年秋发售第一期奖券。推销的区域是本省和缅甸。在本省的，由殷实商号和热心教育的职官、团体、学校代销；在缅甸的，由驻缅经理处及崇新会负责推销。第一期奖券结束，筹得款项 3000 元。1936 年秋，和顺图书馆得到乡公所的支持，用公款 2000 元购得位于咸新社旁的一块地皮，连同咸新社的旧址，总共 700 多平方米的面积。要在这么点地皮上建一座独立的图书馆显然有些狭小，但周围已没有更合适的地皮。只好把咸新社馆舍拆除，将图书先搬至文昌宫大成殿暂时存放，以便统一设计施工。①

和顺图书馆为推进新馆屋建设，于 1936 年 12 月 10 日召开馆务会议决定成立馆屋建筑委员会负责监工、设计、经济收支、收料、总务等事项。和顺图书馆新馆屋的建设是一面筹款一面动工，"款项还没有筹好，工程就已三下五除二的动作起来，中间曾感到经济上万分的困难，困难到几乎梁柱竖起来了没有瓦片来遮蔽风雨。到后来算是得崇新会内外部热心同志替本馆筹款有方，本馆这一间馆屋才有今日的结果"②。和顺图书馆新馆屋于 1937 年春破土动工，到 1938 年春末全部建成，前后历时一年，总共耗去建筑费新滇币 22708 元。和顺图书馆新馆屋简朴而美观，中西合璧，建成了土木结构的五开间二层楼房一座，主楼内部设有三个书库、两个书籍阅览室、一个杂志阅览室、两个报纸阅览室、一个儿童阅览室。主楼的鲜明特色在于二楼左右前檐各突出半个六角亭，还在顶部各加宝顶一个，这样使整个馆舍既庄重大方而又不失灵动变幻，窗户全部采用英式玻璃窗，不仅让室内透明敞亮，也使整栋建筑大方气派，让中西合璧的风格一览无余。主楼前还辟有一个长方形的花园，花园外建有一座三孔式西式二门，形式仿照东吴大学校门，而大门仍沿用汉景殿旧有的宫殿式大门。

1938 年 12 月 18 日，和顺图书馆举行新馆屋落成典礼，到场嘉宾有县

① 佩九：《本馆建筑新馆屋的经过》，载和顺图书馆编辑委员会编《和顺图书馆十周年纪念刊》，明明印务有限公司，1939，第 36~40 页。

② 佩九：《本馆建筑新馆屋的经过》，载和顺图书馆编辑委员会编《和顺图书馆十周年纪念刊》，明明印务有限公司，1939，第 36~40 页。

属各机关长官及乡间绅老约百人。和顺图书馆新馆屋成立开幕的消息还得到了《中华图书馆协会会报》的专门报道："筹备已久之和顺图书馆，已于十二月十八日举行开幕仪式，各机关长官均到场参加，馆内书报收藏颇多，对于抗战建国之图书杂志亦相当丰富，预料今后迤西边地，文化水准必将与日俱进。"① 馆长李生庄做报告说："从今日起，吾人更当加倍努力，将馆务扩充发展。吾人当使吾人在工作之表现，不仅影响于和顺乡，更当影响于全腾；如有可能，当使之影响于全省或全国。"嘉宾中赴美留学归来腾冲的熊怡琴（腾冲绮罗乡人）讲道："兄弟离去家乡十八载，此次省亲归来，复得于今日参加和顺图书馆之落成典礼，深为荣幸。兄弟在美国四年，在国内亦跑过好几年，在国内国外，凡经过之各地乡村间，从未见过有如此壮丽周备之图书馆，此则万不能伟为不是地方志光荣，此岂仅是和顺一乡之光荣，抑我邻乡亦有无限荣施。此种创造精神，使吾人，不能不对各当事先生表示廿四万分之敬佩。"② 可见，和顺图书馆新馆屋建筑大功告成后，成了每一个和顺人、腾冲人都引以为豪的标志性建筑。和顺图书馆新馆屋一直沿用至今，成为和顺乡的文化源泉，不断发挥着"启智化愚"的作用。

二　和顺图书馆创建的社会网络

和顺图书馆属于私立图书馆，由和顺乡人自筹经费、自我管理运营。在20 世纪 30 年代国民政府已初步建立起国立—省立—市立—县立的公共图书馆体系，几乎每个县市政府所在地都设有图书馆。1936 年教育部公布的《全国公私立图书馆一览表》统计全国共有图书馆 4032 所，其中普通图书馆 573 所，专门图书馆 11 所，学校图书馆 1963 所，民众图书馆 1255 所，流通图书馆 37 所，机关图书馆 173 所，私家图书馆 20 所。③ 当时腾冲县就

---

① 《图界：国内消息：腾冲成立图》，载《中华图书馆协会会报》1938 年第十三卷第四期，第 21 页。

② 《本馆新厦落成典礼誌盛》，载和顺图书馆编辑委员会编《和顺图书馆十周年纪念刊》，明明印务有限公司，1939，第 8～9 页。

③ 教育部社会教育司制《全国公私立图书馆一览表》，1930。

有凤山图书馆、腾冲县立图书馆、木欣图书馆、教育局临时图书馆、绮罗图书馆、和顺图书馆。其中和顺图书馆的规模与影响力是首屈一指的。经过 10 年的发展，截至 1938 年和顺图书馆有藏书 2 万余册、报纸 10 余种、杂志 30 余种、馆屋建筑价值 2 万元、常年经费达 1250 元滇币，"在云南可算是难能可贵，即在全国的乡村图书馆中，恐怕也无疑地可列入头等了"①。在国内，和顺图书馆的藏书规模甚至可与"通都大邑"的武汉大学、北平中法大学、厦门大学、上海沪江大学媲美。当时世界各国都普遍设置图书馆以推进社会文明，根据国际图书馆协会联合会在马德里和巴塞罗那开会时苏联代表的报告，1934 年苏联有民众图书馆 12846 所，每所平均藏书 6226 本。而"和顺图书馆藏书有二万册，置之世界乡村图书馆之林，可称毫无愧色"。所以，1938 年和顺图书馆 10 周年纪念时，社会各界人士都表示惊讶和赞佩。李根源有"文化麟蘖"、丁兆冠有"文教覃敷"、张邦翰有"文化溯源"、王云五有"文化源泉"、周钟岳有"馆媲谟觞"、熊庆来有"明智泉源"、李曰垓有"知识之门"、徐绳祖有"文化津梁"、熊怡琴有"启智化愚"、张天放更有"在中国乡村文化界堪称第一"等题词。和顺图书馆能在中国西南边地乡村创建并发展成"在中国乡村文化界堪称第一"是社会多重力量共同作用的结果。

和顺图书馆在"西南一角那块荒僻的土地上"能够创生成为"在中国乡村文化界堪称第一"，得益于和顺乡人勇于"走夷方"去勤劳致富，发展了乡村社会经济；更得益于和顺乡人群策群力地建设乡村教育文化事业，为社会服务的伟大精神。其中，和顺崇新会的组织运营助力颇多，是和顺图书馆创建的主体，和顺图书馆的馆员也都是和顺崇新会的骨干成员。从谋划、设计、筹集资金、馆屋建设、组织构架到日常馆务，和顺崇新会都为之提供了坚强的组织保障。例如寸仲猷（字嗣徽）不仅是和顺崇新会的灵魂人物，还是和顺图书馆的"养育者"。寸仲猷是和顺崇新会的主要发起人，1926 年被推举为崇新会驻缅总经理，还是《和顺崇新会年刊》、《和顺乡》以及《和顺图书馆十周年纪念刊》的主编。他极力推动

---

① 张若鲁：《为和顺图书馆十周年纪念刊拉杂地说几句话》，载和顺崇新会编辑《和顺崇新会周年纪念刊》（第六周），明明印务有限公司，1932，第 30A～30G 页。

家乡教育文化建设，号召旅缅同乡、社会各界人士为书报社及后来的和顺图书馆募捐经费、书刊、物品。在他的倡议与支持下，书报社发展壮大后改组为和顺图书馆。寸仲猷从 1930 年起在仰光担任和顺图书馆驻缅经理，负责对外捐收、订购书报及汇寄价款等繁杂事务。从书报社到和顺图书馆新馆屋建成使用后的 10 多年间，经费、物资除和顺崇新会每年的津贴外，更多的还是靠各界乡人捐助。但具体操作运筹、不间断地募捐，寸仲猷为之鞠躬尽瘁，功不可没。和顺图书馆第二任馆长李生庄对此赞道："先生对于馆务，热心不遗余力。""本馆建筑馆屋，先生与诸热心人士在缅甸奔走募捐，成绩斐然，其功至伟。先生对馆捐输甚多……""物质精神，贡献既多，厥为本馆唯一之柱石也。"①

私立图书馆得以持续运营的关键在于源源不断的经济资金支持，这也是最为困难的。为此，和顺图书馆在组织构架上还专门设置了国内募捐股与国外募捐股，有专门人员负责募捐建筑物、募捐经费、募捐图书、募捐器物等具体募捐工作，并专门制订了《和顺图书馆奖励条例》，对捐助和顺图书馆经费及一切物质帮助者通过刊物鸣谢、照片留名纪念等文化精神象征性褒奖。通过各种举措，和顺图书馆的运营经费得以基本维持。根据统计（见表 2－1），1929～1938 年和顺图书馆的收入，最低为 1929 年的 480 盾 23 安，最高为 1937 年的 7236 盾 68 安 5，其中 1937 年的收入筹集主要为建筑和顺图书馆新馆屋。和顺图书馆基本上达到了收支平衡，每年还略有结余。

表 2－1　1929～1938 年和顺图书馆收支情况

年份	收入	支出	结存
1929	480 盾 23 安	287 盾 04 安	193 盾 19 安
1930	620 盾 69 安	511 盾 69 安	109 盾
1931	1535 盾 10 安	1393 盾 86 安	141 盾 24 安
1932	1284 盾 04 安	947 盾 23 安	336 盾 81 安
1933	759 盾 69 安	723 盾 14 安	36 盾 55 安

---

① 寸爱卿：《心中的祖父——寸仲猷先生》，载杨发恩主编《和顺：华侨卷》，云南教育出版社，2005，第 83 页。

年份	收入	支出	结存
1934	937 盾 02 安 5	760 盾 78 安	176 盾 24 安 5
1935	748 盾 74 安 5	580 盾 95 安	167 盾 79 安 5
1936	2048 盾 44 安 5	593 盾 80 安	1454 盾 64 安 5
1937	7236 盾 68 安 5	7221 盾 83 安	14 盾 85 安 5
1938	1687 盾 60 安 5	1610 盾 28 安	77 盾 32 安 5

资料来源：和顺图书馆编辑委员会编《和顺图书馆十周年纪念刊》，明明印务有限公司，1939，第 113~118 页。

和顺图书馆的经济运营管理非常具有特色，这在寸仲猷撰写的《本馆经济史略》中有较为详细的说明。其中最为鲜明的特色在于以下三点。一是将通过在缅同乡及社会各界募捐的资金整合，设立基金，交给专业商业信托公司管理，每年滚动放款收取基金利息，和顺图书馆基金最高时达到2000盾，基金利息收入每年在75~270盾。当时缅甸在英国殖民统治下商业贸易较为发达，商业信托公司业务已相当成熟，和顺乡人在缅甸经营的商号就有百余家，其中文瑞记就代理信托业务。和顺崇新会、和顺图书馆都设有专门的基金，以商业的方式保障其能够持续运营。二是和顺图书馆的常年经费由和顺崇新会给予津贴维持。三是不断发起募捐，尽量扩充馆务经费。例如为筹建和顺图书馆新馆屋，和顺崇新会骨干李镜泉、刘柱臣、寸仲猷于1937年7月奔走缅甸各埠进行募捐。其中缅京曼德勒募得720盾，果岭564盾，八莫459盾，恰井429盾，抹允及南渡各220盾，皎脉140盾，昔波68盾，腊戌86盾，果洞波110盾，贺奔91盾，抹港143盾，密支那87盾，仰光107盾，等等。他们跑遍了缅甸40余个城镇，最终共募得4237盾125安，除去张茂生认捐50盾限期一年交款外，实收4187盾125安（见表2-2）。其中在缅同乡捐助款有3538盾125安，外界捐助款有699盾。可见这次缅甸募捐不仅得到了各同乡同志的踊跃捐输，还得到了外界人士的热心赞助。这次缅甸募捐除去三人三次往返旅费261盾375安，实际存银3925盾75安，向和顺乡汇款3784盾25安，其中和顺图书馆基金2000盾，建筑补助费1500盾，本乡大成殿装修费284盾25安，向缅甸经理处拨交了141盾5安用于购料费。

表 2 - 2　1937 年和顺图书馆建筑馆屋在缅募捐收支情况

收入摘要	款数	支出摘要	款数
外界捐助款	699 盾	本乡支汇款	3784 盾 25 安
在缅同乡捐助款	3538 盾 125 安	拨交缅甸经理处	141 盾 5 安
收入共计	4187 盾 125 安	支三人出发全缅旅费	261 盾 375 安

资料来源：《本馆建筑馆屋在缅募捐收入表（民廿六年）》，载和顺图书馆编辑委员会编《和顺图书馆十周年纪念刊》，明明印务有限公司，1939，第 127 页。

1937 年，和顺图书馆建筑新馆屋的经费除了在缅募捐外，还得到了社会各界的支持与帮助（见表 2 - 3）。例如，和顺乡公所共出资 2400 元，其中 2000 元用于向刘姓购得与和顺图书馆馆址毗连之园地一方，与旧馆合并扩充新馆建筑，400 元用于津贴染刷费；平民学校出资 1492.80 元；农林处出资 211.85 元；旅缅和顺崇新会（外部）还津贴了建筑费 1344.15 元；崇新会内部出资 395.61 元；等等。另外，和顺图书馆建筑委员会为更灵活地筹集新馆屋建筑款，还创新性地仿效英国统治缅甸时期定期发行彩票的集资方式，通过发行奖券来激发更多的人参与筹集资金的积极性。为此，和顺图书馆还专门出台公布了《办理奖券募捐组织简章》《奖金数目和奖金的分配办法》《开奖方法》等条例，以保障彩票顺利发行。为争取同时在腾冲和缅甸发售彩票奖券，和顺崇新会通过各种渠道，获得了缅甸最高当局的批准。国内的彩票主要由腾冲殷实商号和热心教育的职官、团体和学校代销，缅甸的彩票由驻缅经理处及崇新会负责推销。和顺图书馆共发行了两期彩票奖券，每期发行三万三千张，其中三万张为正额，三千张为劝捐人的报酬。每张售大洋一元、印洋半盾。根据和顺图书馆的开奖结果，第一期在缅甸售得 2191 盾（4383 元），在腾冲售得 8081 元，总计 12464 元，奖金兑换了 8308 元，除去各种开支，第一期奖券盈余 2411.78 元（另有 550 元拨交作为第二期经费）；第二期在缅甸售得 2045 盾（4499 元），在腾冲售得 3416 元，总计 8465 元（加第一期拨来 550 元），除去兑奖与各种开支，第二期奖券盈余 1654.50 元（另有 1673.257 元交在缅经理处买料）。虽然两次彩票发行的售卖与预期的效果相去甚远，但是和顺图书馆通过这种新鲜的方式还是筹集了一定的资金。实际上，通过两期彩票的发行售卖，和顺图书馆营利收入了 4066.28 元，另外还有 1673.257 元交由驻缅经理处购买建筑材料，实际上共营利了 5739.537 元，算是和顺图书馆筹集新馆屋建筑资金中最大的一笔收入。

表 2－3　和顺图书馆建筑新馆屋决算

单位：元

收入摘要	金额	支出摘要	金额
乡公所津贴地价	2000.00	买木料	6171.11
乡公所津贴染刷费	400.00	买石头	796.07
第一期奖券盈余	2411.78	买砖瓦	1195.05
平民学校存款拨用	1492.80	买土基	348.35
农林处存款拨用	211.85	买石灰	289.15
崇新会内部拨来	395.61	买砖石（石版飞檐石）	776.01
各种收入及捐款	964.24	买纸巾	143.10
在缅捐款	3784.40	买钉子四件	349.005
崇新会外部津贴	1344.15	由仰瓦街买货	1524.625
捐款利息收入	50.00	开木工	3630.44
在缅奖券盈余	701.80	开石工	1670.80
驻缅经理处拨来	89.40	开泥水小工	1936.90
缅甸方面共收入 5972.15 盾	12582.85	开关税脚力	932.01
第二期奖券盈余	1654.50	开什费	728.88
什款收入	594.52	津贴电刊	200.185
		津贴新光音乐社	77.00
		差额结存	5.015
		买地皮	2000.00
收入总计	22708.15	支出总计	22708.15

资料来源：《建筑馆屋决算表》，载和顺图书馆编辑委员会编《和顺图书馆十周年纪念刊》，明明印务有限公司，1939，第130页。
注：原表总计数据有误，此处尊重原始数据不做修改。

除了经费得到了地方政府、社会机关、民间社团以及个人的捐赠外，和顺图书馆的图书也大多是由社会各界捐赠而来的。自和顺图书馆改组成立后，得到国内外社会各界人士赠予的图书越来越多，除上文提到的寸海亭先生捐赠的《四部丛刊》、李子畅先生捐赠的《武英殿聚珍版丛书》外，大部头的还有张子耕先生捐赠的百衲本《二十四史》和《古逸丛书》，张治才、张溶才昆玉捐赠的《万有文库》，缅甸曼德勒、恰井、果岭、果洞波、恩多、贺奔、干木鲁、缅巫各埠同乡合资购赠的《丛书集成》全部、《小学生文库》，钏尽安捐赠的《自然科学小丛书》全部，李生庄捐赠的开明本《二十五史》及《补遗》全部，李朝卿捐赠《佛藏经》全部，咸新社及钏铸山捐赠《九通全书》，寸少元先生捐赠《云南通志》全部，腾冲县县长张槐三先生捐赠《汉魏丛书》及《佩文韵府》，等等。还有张泽生（国币 300 元）、张琼楼（缅币 300 盾）、尹玉山（缅币 200 盾）、寸子群（缅币 100 盾）、李子谦（缅币 50 盾）、寸秀芳女士（国币 250 元）、赵毓金（国币 400 元）、钏文瑞（国币 200 元）等国内外乡人捐赠图书费，或滇币、国币或缅币。这些在和顺图书馆《本馆历年募捐征信录》上都有志谢记载。另外，在和顺崇新会的支持下，和顺图书馆每年都有固定的图书购置费。当时，和顺图书馆书报的购置都是由设置在缅甸商业中心的仰光驻缅经理处负责，书报由上海等中心城市海运至仰光，再由仰光经陆路通道转运至腾冲。所以至今和顺图书馆仍珍藏有当时的一副木刻对联："书自云边通契阔，报来海外起群黎。"据统计，1928～1938 年，和顺图书馆驻缅经理处总计支出 7884 盾 12 安购置书报（见表 2－4）。所以，当时和顺图书馆的书报量已经较为可观，超过 2 万册了。

表 2－4 1928～1938 年和顺图书馆驻缅经理处图书费支出统计

年份	支出	金额
1928	书报费	300 盾
1929	书报费	200 盾
1930	书报费	429 盾 8 安
1931	书报费	622 盾
1932	书报费	707 盾 6 安
1933	书报费	1084 盾 11 安
1934	书报费	550 盾 5 安
1935	书报费	1139 盾 15 安
1936	书报费	1321 盾 13 安

续表

年份	支出	金额
1937	书报费	1451 盾 5 安
1938	书报费	77 盾 13 安
总计	书报费	7884 盾 12 安

资料来源：《本馆驻缅经理处历年图书费支出统计表》，载和顺图书馆编辑委员会编《和顺图书馆十周年纪念刊》，明明印务有限公司，1939，第 129 页。

注：原表总计数据有误，此外尊重原始数据不做修改。

其中，在购置新书上，和顺图书馆与上海商务印书馆的联系非常密切。商务印书馆是当时中国最有影响力的图书出版公司之一，各大图书馆的图书大多购置于商务印书馆。和顺图书馆的《丛书集成》《万有文库》《小学生文库》等系列新书都采购自商务印书馆。商务印书馆在上海发行的《同行月刊》记载："腾越和顺图书馆，创立已久，输送边陲文化颇具成绩。顾滇省交通不便，函件货物率皆取道缅甸。若遇大宗物品，又须转运机关为之经纪。该馆谋便利运书计，特于前数年在仰光设立和顺图书馆，缅甸经理处。从此该馆办货汇款等等，皆由仰光办理，便捷不少。该馆对于国内新出刊物，类皆罗致，悉由本馆为之代办。自去年复业后，因人手减少，而代办之件，又甚繁消，恐办理不周，有负该馆嘱托，曾经去函婉谢。最近接其来函略谓，'前蒙贵馆代为订购外版图书刊物，十分便利，自来函命托他局代办后即觉他局办事迟缓，不如贵馆之敏速，于敝馆大有不便。以后虽不敢完全托贵馆办理，但于可能范围内，尚祈代办一部分'。云云本馆以该馆志在传播文明，未便固却，现已复函久为照办矣。"[1]后又有记载，"腾越和顺图书馆为腾邑唯一藏书楼。和顺系该地乡村名也。规模完备，为购书便利起见，特设经理处于仰光。上海方面出版图书，皆由本馆代办。每年添购书籍为数颇多。本馆大部书籍亦多预定。此次发售预约之丛书集成，经本馆介绍后，亦已预定。闻该馆所有购书之资均系劝募中得来。热心文化，殊为难得。本馆代办图书，多不取手续费，藉尽绵

---

[1] 《同行消息》，《同行月刊》1933 年第 9 期，第 22 页。

力。故该馆对于本馆服务，甚表感谢。彼此交谊，极为融洽"①。可见，和顺图书馆与商务印书馆之间的交往十分融洽，商务印书馆对于和顺图书馆输送边陲文化传播文明的成绩十分认可，对于和顺乡人热心文化建设的举动十分赞赏，因此对于代办的图书也多不收取手续费，以支持和顺图书馆建设。

三　和顺图书馆与乡村社会文化的互构

和顺图书馆作为一个乡村图书馆，在其创建发展过程中与乡村社会文化的互构情形非常值得关注，这也是作为现代公共文化空间的图书馆得以在乡村社会土壤中扎根生长的重要面向。乡村图书馆在民国时期的发展非常薄弱，创建有现代图书馆的乡村为数不多，且大都还是利用乡村的神庙、祠堂、僧舍等建筑，设备与管理都相当落后，图书也很陈旧，能有一套商务印书馆出版发行的《万有文库》就已属难能可贵。1929年1月28日至2月1日中华图书馆协会在南京金陵大学举行了第一届年会，并发表了《中华图书馆协会第一次年会宣言》，强调图书馆"功在致用"，由"以藏为主"到"以用为主"，突出现代图书馆以人为本、公平无障碍的精神，社会教育成为现代图书馆最为重要的属性与职责，图书馆成为"活的教育中心"②。在中华图书馆协会第一次年会上通过了"设立乡村图书馆以为乡村社会之中心案"的决议，其中设立理由有如下几点："一是我国近年以来，颇知图书馆为社会重要之机关，渐有趋向发展之势。惟关于乡村图书馆，尚未有若何之设施，似应积极提倡。二是训政期间，地方自治机关重要。然欲施行自治，非改造社会环境不可。图书馆为改良社会环境最适宜之机关，似不可不推行于乡村，以期健全之发展。三是乡村生活极为简陋，而于精神生活为尤甚，所有读物，大都以三国志演义等类为最普遍，此外多为一种粗鄙之小说，所悬的壁画，亦多俗陋不堪，毫

---

① 《同行消息》，《同行月刊》1935年第7、8期合刊，第31~32页。
② 翟桂荣：《新图书馆运动的新纪元——中华图书馆协会第一次年会及其〈宣言〉的历史意义》，《图书情报工作》2010年第7期。

无美术的观感。所以我国乡村民众思想，多固守传说，知识之简陋不可思议。似应有一种乡村图书馆之设立以资灌输新知。四是乡村民众终日劳苦，毫无高上娱乐，势必流于赌博以及各种不正甚行为，其影响于社会者甚大。似应设立乡村图书馆及种种娱乐之设备，以代替各种不正当之消遣。"① 因此，在当时的知识分子和精英群体看来，设立乡村图书馆对于改造乡村社会环境、促进乡村自治、丰富村民精神生活、灌输新知、改良娱乐等都大有裨益，是"改造乡村之最善办法"。

和顺图书馆作为民国时期创办时间最早、建筑规模最大、图书数量最多、管理制度最完善的乡村图书馆，"在中国乡村文化界堪称第一"。和顺图书馆的创生得益于与和顺乡村社会文化的互相型构。一方面，是和顺乡的社会环境催生了和顺图书馆；另一方面，和顺图书馆也促进了和顺乡村社会教育文化的发展。和顺图书馆成为和顺乡的"文化源泉"与"乡村瑰宝"，深深地融入了和顺乡民的社会生活之中，和顺图书馆遂成为和顺乡的精神象征与文化符号。《和顺图书馆十周年纪念祝词》中写道："我祝你，我祝你搭上文化的利箭，射到边陲的人间，提高知识水准，创造'新生'的乐园；我祝你，我祝你拔出智慧的锋剑，斩除障碍——封建与神权，拿起锄头和铁锤，开辟活命的路线；我祝你，我祝你燃起光明的烈焰，沸腾了被压者的心田，起来！冲锋！为了民族解放，奋勇向前；这丰功，这伟绩，宇宙的一切，除了你谁能实现？伟大的文化的母亲！祝你永远康健；这利箭，这锋剑，与这烈焰，宇宙的一切，有甚堪比拟？除了是太阳的光线。伟大的文化的母亲哟！祝你与日永年。"②

在前一章内容中提到过和顺图书馆的创生是和顺乡五四新文化运动的硕果。20 世纪 20 年代和顺乡新青年在全球化、现代化的时代潮流的激荡下，组织国内外和顺乡民成立了和顺崇新会，竭力进行家乡教育之革新与普及、风俗之改良、社会新事业之建设诸方面，以使"家乡达于

① 《议决案汇录：A、通过案：100、图书馆行政组：138 设立乡村图书馆以为乡村社会之中心案》，载《中华图书馆协会第一次年会报告》，第 138 ~ 139 页。
② 寒光：《和顺图书馆十周年纪念祝词》，载和顺图书馆编辑委员会编《和顺图书馆十周年纪念刊》，明明印务有限公司，1939。

现代社会化之域"。当时，和顺崇新会对于家乡教育之革新与普及尤为重视，和顺图书馆即在这一建设运动中应运而生。然而，和顺图书馆的创生并非一路坦途，在这期间也遭遇了各种困难与障碍，其中现代"新文化"与传统"旧文化"的对峙与交锋也在和顺图书馆的创生过程中得以展现。

1937 年，和顺崇新会在筹建和顺图书馆新馆屋时与乡村社会"旧势力"发生了纠纷，此事一直闹到云南省政府主席龙云那里，云南省政府还向腾冲县政府发布《令为腾冲和顺乡图书馆建筑纪念堂纠纷情形仰即彻查办理》的训令。具体事件经过在云南腾冲县和顺乡图书馆缅甸经理处经理寸嗣徽的函件中介绍的较为清楚："敝馆成立于云南腾冲县和顺乡，为和顺崇新会所创办，该和顺崇新会之组织，以推进地方社会文化及服务社会为宗旨，对于地方社会公益建设，无不努力推行，兴利除弊不遗余力。如和顺乡立男女两级小学校亦为该会负责办理，力加刷新整顿。敝馆之常年经费，亦由该会完全负责，而对于馆务之进行，亦皆由该会会员以义务性质担负职责。是则该会对于地方一切措施无不以大众福利为前提，凡稍有现代常识及以地方社会公益为重者，对于该会之一切措施皆常加以援助赞同，而不应阻挠摧残者也。乃敝馆所在地志腾冲县和顺乡社会为腐化空气所笼罩，一般腐化份子，脑筋陈旧，迷信神权不可理喻，对于崇新社会之一切措施，不时加以摧残阻挠。缘因敝图书馆日渐增加，原有房屋不敷储藏，特由崇新会负责向各方募捐款项增建馆屋，惟建筑期间，图书须移置储藏，敝馆馆屋与旧时之文昌宫（即现在之两级小学校）相连，敝馆为经理及保管便利计，特择定文昌宫大殿为临时装修楼板储藏图书之地点。惟对于装修楼板时，发生障碍之文昌宫土偶及神台，际兹科学昌明政府提倡拉偶之秋。为一举而两全之计，不能不将其捣毁，盖以公共场所而为公共文化机关之应用，且又借此拉倒偶像以破除迷信，在稍有现代思想者，无不称快，惟敝乡腐化份子以迷信神权之观念太深，对于崇新会及敝馆适新潮流之措施，竟出而反对，并指使张德溶李曰良等控告崇新会会员李生义赵秀发刘振权等三人于腾冲县政府，要求恢复原状。查推倒偶像既为政府法令所许可，且为敝乡文化机关而使用公共场所，并经崇新会及敝馆公意之议决在案，然后施行拉偶工作，并非李生义赵秀发刘振权等之私人行动。而该腐化份子竟指名控告李赵刘三人，一方面可知其假公寻私别有用意，他方面利以彼等借土偶为其护符（该腐化份子多属同善社社员，现仍在敝乡暗中活动煽惑人心，为害实甚）以为煽惑乡愚之利器。今土偶倒则则失其护符，而不惜倒行逆施并不知政府提倡拉偶运动之公令为何物，致作此违反时代之捣乱行为，而只知迷信神权摧残新政，此种开倒车之行为，实为现代潮流所不容者也，幸腾冲县邱县长思想维新，对于该腐化份子违反潮流之主张，自不能袒护，故已亲临敝乡乡公所口头判决，对于该原告等恢复原状之要求不能照准，惟因该腐化份子对于乡里事务具有相当潜势力，而须为彼等稍留余地，故于敝馆装修楼校建立中山纪念堂与孔圣并祀之请求亦不准许，夫凡事理无二是，邱县长既以该原告等恢复原状之请求为不合法理而加拒绝，则崇新会及敝馆之主张建设中山纪念堂与孔圣并祀即为合法，且敝馆因增建馆屋而捣毁土偶及神台，邱县长对于此种破坏工作既已承认为合法，则对于敝馆之建设工作尤刻不容缓，而中山纪念之设尤为举国一致纪念总理之诚心之表现，乃邱县长不允所请，将使敝馆建筑馆屋之工程半途而废，其影响于地方文化者甚巨，对于尊崇总理及提倡地方文化之意义未免稍有出入，故特函呈贵会，恳祈转请云南省政府饬令腾冲县邱县长对于敝馆装修楼校建立中山纪念堂之请求，勿加阻挠，而准予施行，则不惟敝馆之幸，亦敝乡社会文化之幸也。"[①]

因为和顺图书馆建设事关地方文化教育发展，云南省政府在接收寸嗣徽的函件后饬令腾冲县政府"秉公办理共维文化教育"，要求腾冲县县长彻查事情原委，为何"绅民反对"，"建筑纪念堂于该学校有无妨碍"。1937年5月6日，和顺图书馆还通过旅缅和顺崇新会总部和驻仰光领事呈请侨务委员会，向云南省政府反映情况，要求准予建设和顺图书馆新馆："案据驻仰光领事蔡咸章呈，为据旅缅和顺崇新会总部呈，以腾出县政府阻扰建筑图书馆及中山纪念堂工事，恳予转请中央政府，令饬该县，准该

① 《云南省政府训令：秘一民字第五〇八号（中华民国二十六年四月六日）：令腾冲县政府：令为腾冲和顺乡图书馆建筑纪念堂纠纷情形仰即彻查办理》，《云南省政府公报（命令）》第九卷第三十六期，第10～12页。

会继续建筑，转呈鉴核等情，据此，查所称各节，究竟实情如何，相应抄附原呈函请贵省政府，令饬腾冲县政府查明秉公处理为荷。"①

　　这次事件之所以能够引发这么大的纠纷，是因为事件爆发的中心在文昌宫与图书馆——两座建筑毗连在一起，是和顺乡的文化中心。文昌宫是和顺乡传统的公共文化空间。"文昌"又称"文曲星"，是中国宗教神话中主宰功名禄位的神，元朝时加封为"辅文开化文昌司禄宏仁帝君"，后称"文昌帝君"，旧时多为读书人所崇祀。文昌宫在中国城乡分布较多，和顺文昌宫的始建年代没有确切记载，现在的文昌宫大殿正梁上书有"咸丰三年重建"字样。文昌宫大殿前有两厢阁楼，一为魁星阁，二为朱衣阁。这二阁面壁上共镶嵌有名为"和顺乡两朝科甲题名录"的六块石碑，记载了明清两朝和顺乡科举题名者 414 名。② 和顺文昌宫建筑规模较大，是重檐歇山顶的标准宫殿建筑，由大殿、后殿、魁星阁、朱衣阁、过厅、左右两厢楼、腾蛟起凤坊（大门）以及前面的大月台组成。当时这一片还有三元宫、土神庙、汉景殿（图书馆馆址）互相毗连，是和顺乡民宗教信仰祭祀空间的中心地带。20 世纪初，中国社会处在新文化的启蒙时代，教育事业从私塾教育向学校教育过渡。和顺乡民利用这一组规模宏大的场所，先后办起了小学、中学。民国时期，文昌宫大成殿是专门供奉孔子神位的所在。根据民国时期的办学制度，孔子圣人，在有条件的学校是一定要供奉的，而且每年要举行一次祭孔活动。和顺绅老便制作一块"大成至圣先师孔子神位"的牌位，以及亚圣孟子、复圣颜子、宗圣曾子、述圣子思子的四块小牌位，一同供在大神台上。原先祭祀的文昌爷偶像就被这些偶像遮住了。和顺乡人张孝仲先生记叙，当时学校的祭孔活动相当隆重豪华，祭品丰盛高档、祭祀仪式有 10 多项，还会一起享受"八大碗"的宴席。五四

---

① 《云南省政府训令：秘二教总字第五四七号（中华民国二十六年六月二十九日）：令腾冲县：令为准侨务委员会函据驻仰光领事呈请转令腾冲县准建图书馆》，《云南省政府公报（命令）》第九卷第五十七期，第 25 页。

② 《和顺乡两朝科甲题名录序》为明经进士尹祖澜（1809～1867 年）字观其，号小海，道光二十九年（1849）篆刻镶于文昌宫。道光以降续有增添。李根源《和顺乡居吟》注解计有举人 8 人、拔贡 3 人、秀才 403 人。碑刻毁于"文革"，幸有李根源拓片，翻修文昌宫时得以恢复。杨发恩主编《和顺：人文卷》，云南教育出版社，2005，第 277～288 页。

新文化运动时"尊孔读经"受到了新派知识分子猛烈的抨击，"打倒孔家店"的呼声高涨，把孔子从神权思想中解放出来无疑是一场思想革命。但是，五四新文化运动所宣传的破除封建迷信、打倒神权思想在具体的实践中却阻碍重重，新旧势力的交锋也很激烈。和顺崇新会所倡导的改良风俗运动便在乡中屡屡受挫。1936年，和顺图书馆为准备建筑新馆屋，便将所有图书迁至与图书馆馆址相毗连的文昌宫大成殿储藏。和顺崇新会计划将大成殿神台取消后，装修楼板，楼下辟做中山纪念堂，平时仍然作为教室，楼上装置图书，因其光线充足，地方干燥，并且易于管理，很适合当作图书馆，为和顺图书馆临时馆舍。经过和顺崇新会内部大会讨论后，和顺崇新会成员"以为铲草除根，将孔圣牌位迎贡至圣宫后，除两根龙抱柱外，余下一齐同着文昌老爷拉倒"[①]。和顺崇新会的拉偶行为遭到和顺乡老的不满，称"非加严办不可"，并将李生义、赵秀发、刘振权三人控告于政府。轰动全腾的"拉文昌"而被诬为"拉孔圣"的拉偶控案，即由此开幕。

拉偶事件受到乡老们的控告后，和顺崇新会一面向党政机关申述拉偶经过及目的，证明此事完全为图书馆发动，与李赵刘三人无涉，得到了邱县长的同情；另一面派人向乡老认错，并申明此事与李赵刘三人无涉，若乡老见责，则和顺图书馆及崇新会执委愿于乡公所开会时到场谢罪。后又请刘瑞元老先生出面调解，"作为孔子与中山并祀于文昌殿，对本馆及崇新会之妄自拉偶，处以当众道歉"，但是乡老并不买账，依然不满意。可见和顺崇新会在面对拉偶控告时，为了保护李赵刘三人，已经对乡老"顽固旧势力"表现出了妥协，甚至退让。后来，邱县长亲自下乡调解，也无济于事，无奈将此事报告给督办李曰垓。但李曰垓因公务在省城，导致此事一时没有着落。乡老们不肯罢休，乃赴省上控。据报告："某先生到省时，并不向省政府控告，只是请求督办，电令邱县长严办。最初督办因为取消文昌神台，辟为中山礼堂，题目正大，不便干涉。后某先生因为在家时夸下海口，若无一点表现，未免有失面子，所以就无中生有的说我们把文昌殿捣毁了，孔子及四配的神位也破坏了，危言耸听的说许多青年的不

---

① 少才：《拉偶纪实》，载和顺图书馆编辑委员会编《和顺图书馆十周年纪念刊》，明明印务有限公司，1939，第67页。

是，因此督办才有择尤严惩的手谕给邱县长。"① 邱县长接到手谕后，便发差提人，将李生义带回县城。和顺图书馆馆务委员及崇新会执委得讯，连同李生义一同赴腾冲县城，向邱县长申诉，后李生义被释放回乡。和顺图书馆恐再发生意外，特拍电报给崇新会驻缅总会，崇新会驻缅总会除驻缅经理处分别电报督办及腾冲县县长，恳求秉公办理外，还一面申请中央侨务委员会咨云南省政府秉公办理，一面在缅甸组织拉偶后援会专门负责办理这件事。但是，和顺崇新会所开展的一切活动"都不过是一种防御工作，丝毫不敢存向乡老们进攻的心理，并且随时随地我们在准备着向乡老认错，使父老们痛快的大骂一顿，只要不要使私人受屈"②。此次拉偶事件最后在督办李曰垓及其夫人回乡时，经和顺崇新会的陈明后才最终和解。后来文昌宫大成殿悬挂上了孙中山的遗像和遗嘱，挂上民国国旗，布置成大礼堂，每年的开学典礼、结业典礼、节日盛会、大员来临都在这里举行和接待。

"这件事，在和顺乡的演进史上，可说是空前的一个巨浪，他自有他不可磨灭的价值；而其起因，又由于本馆，所以对本馆馆史，也占有很重要的一页。"③ 通过梳理此次拉偶事件的经过，我们可以看到和顺崇新会发起的拉偶运动，体现了和顺崇新会"意在誓除旧染、崇尚新生"所开展的革新普及教育、改良风俗与建设社会新事业的活动宗旨。"这完全是针对迷信的事件，而这一次拉偶的主要目的，却不是在破除迷信而是为推进文化事业。"④ 拉偶事件所产生的"新旧纠纷"是和顺崇新会新青年与和顺旧乡老两派乡村社会势力的交锋。和顺崇新会在乡村旧派势力面前依然不得不妥协。但是这种妥协，以历史发展的眼光视之，则为和顺乡村社会之幸。因为新旧之间的和解，不仅促成了和顺图书馆新馆屋的落成，还基本保留了传

---

① 少才：《拉偶纪实》，载和顺图书馆编辑委员会编《和顺图书馆十周年纪念刊》，明明印务有限公司，1939，第68页。

② 少才：《拉偶纪实》，载和顺图书馆编辑委员会编《和顺图书馆十周年纪念刊》，明明印务有限公司，1939，第69页。

③ 少才：《拉偶纪实》，载和顺图书馆编辑委员会编《和顺图书馆十周年纪念刊》，明明印务有限公司，1939，第66页。

④ 少才：《拉偶纪实》，载和顺图书馆编辑委员会编《和顺图书馆十周年纪念刊》，明明印务有限公司，1939，第66页。

统的文昌宫，使和顺乡"现代"与"传统"的公共文化空间充分融合，推进了和顺乡村建设的发展步伐，因此才有如今和谐融洽的乡村风貌。

20世纪30年代是中国乡村建设运动开展的高潮期，南京国民政府行政院还专门设立了农村复兴委员会，"到农村去""复兴农村"的宣传遍布各种报刊。当时出现了高阳的无锡模式、梁漱溟的邹平模式、晏阳初的定县模式、黄炎培的徐公桥模式、陶行知的晓庄模式、卢作孚的北碚模式等乡村建设模式。发展乡村教育文化，推行乡村自治是当时乡村改造的基本路径。① 和顺崇新会为推进乡村建设，1934年2月21～22日，派张天放前往山东邹平县考察了乡村建设工作，并在其文章中对山东乡村建设研究院的内容和研究院农场的状况进行了较为详细的介绍。他指出，"综观该院的工作，即在重新建立中国自身所适用之一种新组织构造。此种新组织构造，必由乡村培植苗芽，而后吸取近代进步的生产技术、生产组织，乃能开展成长。而促进此种生机，必须启发训导，培起乡村的经济力量，乡村的政治力量。此培起乡村力量的功夫，即是乡村建设。此种建设之研究试验，又非短期所能决其成功也"。和顺崇新会编辑在"编者按"中强调，"河北的定县和山东的邹平，是中国试验乡村建设农村复兴的最初而且是最有成绩的地方。天放君此文，在比较不大长的字数内，将邹平乡村建设工作的概况，告诉我们，崇新会的工作，若多少有走向与邹平同一方向的倾向，那么天放君这文章给我们的指示就不小了"②。以后见之明而论，和顺乡村建设可能最经得起历史的考验，其创生的硕果一直保存延续至今，而且依然焕发着时代的强大生命力，为和顺乡村建设不断赋予新的势能。

和顺乡村建设是典型的文化路向。以和顺图书馆创建为代表的乡村文化事业建设起到了润物无声的涵化与培育作用。和顺图书馆的成立具有促进地方文化普及与社会教育的任务和使命。当时和顺乡人就评价和顺崇新会在家乡最大的成绩就是创建了和顺图书馆。"设立书报社及图书馆，这

---

① 耿达：《近代中国"乡村改造"的两条路向》，《华南农业大学学报》（社会科学版）2016年第2期。

② 张天放：《参观山东邹平县乡村建设工作记》，载和顺崇新会编辑《和顺崇新会第九周年纪念刊》，荣华印书局，1935，第15～16页。

是崇新会所施设的事业中最有成绩的。这事业的有成绩是因为事业本身的性质不会受任何人的反对。因为书籍报章的种类比较多，能够给主张主义不相同的各种人以满足。"①　根据统计，1939年和顺图书馆拥有社会科学、自然科学、应用技术、文学、史地、儿童图书等各类书籍共21867册，其中新式普通读物的种类已大大超过古籍的种类（见表2－5）。为恩在《从读死书的苦闷说到和顺图书馆给予我的帮助》中记载，"小学时代渴慕的稀世珍宝——少年杂志，在图书馆里俯拾即得。像这一类的儿童杂志，尚有二十种上下。供给成人阅读的杂志，如关于普通杂组，国际外交，社会，经济，政治，法律，自然科学，医药卫生，妇女家庭教育，体育，文艺，书报，学术，史地之类不下数十种。还有各地的日报，总在十份以上。我由这些报章杂志里面，获得少许现代国民所应知的普通常识"②。可见，当时和顺图书馆的普通读物特别是报章杂志特别受读者欢迎。

表2－5　1939年和顺图书馆图书分类统计

单位：册

名称	数量	备注
总类	5763	未经分类之丛书集成在内
哲学	402	
宗教	868	
社会科学	1306	
语文学	150	
自然科学	562	
应用技术	659	
算术	316	
文学	3408	
史地	2263	

---

① 稚人：《崇新会在家乡的成绩是什么?》，载和顺崇新会编辑《和顺崇新会周年纪念刊》（第七周），明明印务有限公司，1933，第2页。

② 为恩：《从读死书的苦闷说到和顺图书馆给予我的帮助》，载和顺崇新会编辑《和顺崇新会周年纪念刊》（第七周），明明印务有限公司，1933，第31～36页。

续表

名称	数量	备注
儿童图书	3538	藏于儿童阅览室者
什志画刊	2632	因数量零星未曾分类
总计	21867	

资料来源：《图书分类统计表》（截至廿八年二月一日止），载和顺图书馆编辑委员会编《和顺图书馆十周年纪念刊》，明明印务有限公司，1939，第133页。

艾思奇在给和顺图书馆十周年纪念写的信中说："图书馆事业在发展文化的工作上是最重要的，家乡人能热心及此，我非常地高兴。"并提出图书馆要"大众化""普遍化""多购备社会科学的新出版物""衙门式的图书馆，只图表面的堂皇美观，那是没有用的"。[①] 和顺图书馆谨记艾思奇的建议，积极推动图书馆大众化与普遍化，还专门成立了推广部门负责增设分馆、巡回展览、馆务宣传事项。通过宣传，和顺图书馆与乡民日益亲近，"先前由畏惧而嫉妒，由嫉妒而反对的心理，也渐渐的被事实攻破而与图书馆发生兴趣了"，"几年中，以每日入馆阅览的签名册上的人数统计，看来，可以知道人数的不断增加着，不论任何时候，一跨进馆门，宽广的阅览室中，一排排地坐着无数的阅者，在静心的探求着他们所追求的知识"。[②] 根据统计，1939年和顺图书馆进馆人数一月有583人，二月有371人，平均每天进馆阅览人数为13~19人，最高一天可达41人（见表2-6）。

表2-6 1939年和顺图书馆进馆人数统计

单位：人

日期	一月	二月
一日	14	6
二日	9	17
三日	22	8

---

① 艾思奇：《一封家信：为和顺图书馆纪念刊写》，载和顺图书馆编辑委员会编《和顺图书馆十周年纪念刊》，明明印务有限公司，1939，第3页。

② 东园：《本馆十年来服务社会的优点与缺点》，载和顺图书馆编辑委员会编《和顺图书馆十周年纪念刊》，明明印务有限公司，1939，第70页。

续表

日 期	一月	二月
四日	41	13
五日	19	12
六日	30	7
七日	24	19
八日	21	13
九日	40	12
十日	26	8
十一日	13	11
十二日	27	17
十三日	25	13
十四日	15	9
十五日	13	19
十六日	15	8
十七日	25	15
十八日	20	23
十九日	11	15
二十日	23	11
廿一	16	8
廿二	12	7
廿三	7	18
廿四	8	7
廿五	11	18
廿六	13	15
廿七	17	24
廿八	19	18
廿九	18	
三十日	15	
卅一日	14	
总 计	583	371
备 注	尚有进馆未曾签名者无法统计	

资料来源：《进馆阅览人数统计表》（二十八年），载和顺图书馆编辑委员会编《和顺图书馆十周年纪念刊》，明明印务有限公司，1939，第 132 页。

除了馆内馆外阅览者的人数逐渐增加外，和顺图书馆的图书借出是不分地域、不分性别的，这在当时也是非常先进的理念，很多县立、省立图书馆都无法做到这一点。"到和顺图书馆去"成为当时腾冲城乡青年的口头禅，和顺图书馆成为他们寻求知识的乐园，是社会人士的精神食粮，"边地上的灯塔"。1935年前后，白平阶（1915年生，回族，腾冲县人）每个星期天都要领着学生到和顺图书馆读报借书。回城后，逢"街子天"，就把缅甸《仰光日报》、香港《大公报》、《云南日报》上的救国要闻，向老乡宣传。白平阶在1938年写作的《和顺图书馆给我的印象与帮助》中记述道："一个礼拜天，雨若和我，还约了树华，同向和顺图书馆进发，顾不得望一望馆额，顺簧墙就转入和顺小学校内。经校役指点，才由侧门入馆：豁然开朗，雅洁宜人，馆舍布置虽无今日之宏伟丽都，但已园庭清秀，窗门适宜，桌位光线均合度。一玻璃之隔，橱中藏书整齐在望；签名处有一年逾五十之光头老人与三四青年滔滔论时事，言谈精彩而正确；处处使人看出此地有秩序，有精神。我们信手翻阅许多新鲜杂志与日报，但没有敢提出借书的请求。""没有敢提出借书的请求"是因为之前他们曾去腾冲县图书馆借书"遭白眼""碰了钉子""主管人大为麻烦，遂以整理及重编号码为理由，一律拒绝"。但"进入和顺图书馆，我们没有看过一张施主的脸嘴，没有受过一次员外的架子与刁难。虽然这是属于一乡的私产，看报、读书或游憩的，见了我们都打招呼，或同作一个某项问题的谈话，但其间没有寒暄与客套！"于是，"和顺图书馆简直成了我们的学校，家庭。不论雨天、晴天，每礼拜天总去一次，其间仅因我外出服务，间断若干时期。不久，城上的许多小同学都到他们儿童图书室来了。青年朋友托我代介绍去借读的，范围扩大到西练北练；外省外县的，也有专程要介绍去参观"[①]。根据和顺图书馆统计，1938年和顺图书馆全年共借出4750本图书，平均每日借出13本，借出图书以新文艺和旧小说居多，儿童图书借阅是主力军。其中五月、六月是图书借出的旺季，最高达到790本，十二月、一月是图书借出的淡季，最少为163本（见表2-7）。

---

① 白平阶：《和顺图书馆给我的印象与帮助》，载和顺图书馆编辑委员会编《和顺图书馆十周年纪念刊》，明明印务有限公司，1939，第4~5页。

表 2 - 7　1938 年和顺图书馆图书借出统计

单位：本

月份	普通图书	儿童图书	月统计	备注
一月	46	145	191	
二月	46	256	302	
三月	106	284	390	
四月	167	179	346	
五月	169	621	790	全年总计借出 4750 本；
六月	197	546	743	一日平均 13 本；
七月	83	278	361	借出图书以新文艺和旧小说居多
八月	155	308	463	
九月	111	390	501	
十月	83	72	155	
十一月	127	218	345	
十二月	30	133	163	

资料来源：《图书借出统计表（廿七年份）》，载和顺图书馆编辑委员会编《和顺图书馆十周年纪念刊》，明明印务有限公司，1939，第 131 页。

　　和顺图书馆不仅是读者的知识乐园，还是当时腾冲的信息服务中心。一是通过在十字街设置壁报宣传时事。例如 1931 年"九一八"事变发生后，和顺图书馆为使消息灵通，便通过照录云南省第一殖边督办公署的官电与缅甸报，制作壁报张贴在十字街，当时和顺妇女儿童都会喊"打倒日本帝国主义"。二是装设收音机及出版无线电刊。1934 年，归侨尹大典先生赠予和顺图书馆无线电收音机一台，在馆内播音，公开欢迎乡人往听，开腾冲人民和无线电收音机接触的新纪元。和顺图书馆为普及消息，决定刊印所得新闻，便创办《和顺图书馆无线电三日刊》以专门介绍时事。每期都及时分送全县各机关、各学校、各乡公所、各商号，以资扩大宣传。外县来函索取者，亦甚踊跃。"宣传范围，已由和顺而扩大到全腾，甚至达永、龙邻郡了。"[1] 1934～1936 年，《和顺图书馆无线电三日刊》都是义

---

① 少才：《本馆宣传工作概况及对于本乡教育之效率》，载和顺图书馆编辑委员会编《和顺图书馆十周年纪念刊》，明明印务有限公司，1939，第 52 页。

务赠阅，外埠则收点邮寄费而已。后因索阅的人太多，纸张油墨和电池等的消耗陡增，每月大量的支出已超出和顺图书馆经济所能胜任，于是才不得已向阅者酌情收取纸费，并雇佣专人逐日上城分送（订户曾增至300户）。1937年"七七事变"后，全面抗日战争爆发，中华民族危机更加深重，民众系念着国家的存亡，对每日新闻都急欲洞悉，天天都有很多人来询问消息。和顺图书馆为满足民众愿望，服务地方，宣传全民抗战的思想，提高大家同仇敌忾的精神，将收音机所得新闻连夜赶印，日出一张至二三张不等，把三日刊改为日刊，称为《和顺图书馆无线电刊》。在本乡范围里，托热心分子极早在通衢张贴，让人们随地可以就阅；在县城方面，也有专人迅速派送。于是，前一日战事怎样、世界动态怎样，第二日很早便传遍全乡乃至全县了。① 和顺图书馆在很长时间内，成为腾冲和邻近各县发布、宣传抗日新闻的中心。因此，和顺乡人对国家民族观念和抗战建国意义的认识程度逐渐加深，抗战必胜、建国必成的自信心也日益坚定。和顺图书馆刊行的无线电新闻刊，不仅开了云南图书馆界信息服务的先河，可能也是中国乡村图书馆中最早开发大众信息服务项目的图书馆。它在拓展民众视野、提高民众觉悟、引发民众激情、团结民众抗日等方面，均发挥了不可估量的作用。② 三是设立图书代办部和邮政代办所。为方便腾冲民众购买时代新书，和顺图书馆特设图书代办部，专代大众义务订购图书，不取任何报酬。图书代办部设立以来，社会人士乐于相托，因而各种图书刊物，亦得以大量流入社会、深入民间了。和顺图书馆为了便利侨乡人民，本着为和顺乡人谋福利的宗旨，特别是为了方便海外华侨的书信往来和汇兑，特向旅缅同乡募集筹办和顺乡邮政代办所的资金及长期雇佣邮差的雇佣金，倡办服务乡人的和顺邮政代办所。于是，1935年前后，云南省邮政管理局委托和顺图书馆代办邮政业务，并下发和顺乡邮政代办所木牌和石质日戳。当时邮政业务由和顺图书馆馆员刘玉璞代理，每日按照收件人住址亲自投递，保障了通信畅

① 尹大典：《本馆装设收音机及出版无线电刊经过》，载和顺图书馆编辑委员会编《和顺图书馆十周年纪念刊》，明明印务有限公司，1939，第49~51页。
② 鲁兴勇：《全国最大的乡村图书馆：和顺图书馆》，云南人民出版社，2019，第62页。

通与通信质量，深受乡人的赞赏。

和顺图书馆给"本乡现代文化增高了相当的功能"，张德稷在《图书馆对社会的贡献》中提出和顺图书馆对社会的贡献在于提高文化程度、增进社会教育与促成学术进步。① 当时和顺乡的新青年就充分认识到家庭教育、学校教育与社会教育之间的关联，并指出，"图书馆是为社会而设的，完全以改进社会，普及教育，灌输文化为目的，希望每一个社会分子，都有接受知识的机会，把图书馆尽量地利用，饱受时代科学知识的熏陶和洗礼，方不辜负这艰难创造的知识的宝藏"②。和顺图书馆与和顺小学、益群中学形成了"三位一体"的格局。当时寸树声在担任益群中学首任校长与和顺小学校长的同时，还兼任了和顺图书馆馆长。寸树声在《两年半的乡村工作》中记述道："当时广大的师生除了课堂就进图书馆，出了图书馆就进课堂，学生们如饥似渴地从图书馆中吸取各种新知识和新思想，所以那个时代和顺培养出来的学生质量都非常高。"

和顺图书馆对于地方社会文化的增进作用是不言而喻的，对于塑造和顺乡人的文化性格、精神气质都发挥着潜移默化的作用。"我觉得和顺方面的青年，每个人的心中有一点特征，那就是扑人眉宇的朝气，胜过别处的青年，每个人的心中，都燃烧着一把求新的火焰……这不是全由这个刚满十岁的图书馆所赐予吗？""我对于和顺图书馆印象最好的便是里面都充实着青年们所急需的新书新报。这十年来的成绩，已经产生了一批有生气有认识的青年，而且还正在继续制造着。将来建设新腾冲的工作，只有望从里面再造出一批人材来。"③ 和顺图书馆为和顺乡村建设与地方社会发展提供了源源不断的知识源泉与智力支撑，和顺乡也在这一批批一代代新人才的建设中更加进步、文明、和谐。

---

① 张德稷：《图书馆对社会的贡献》，载和顺图书馆编辑委员会编《和顺图书馆十周年纪念刊》，明明印务有限公司，1939，第 79～80 页。
② 张德稷：《图书馆对社会的贡献》，载和顺图书馆编辑委员会编《和顺图书馆十周年纪念刊》，明明印务有限公司，1939，第 80 页。
③ 周禾书：《题外文章》，载和顺图书馆编辑委员会编《和顺图书馆十周年纪念刊》，明明印务有限公司，1939，第 6～7 页。

小结　现代图书馆如何扎根乡土社会

和顺图书馆能够在"西南一角那块荒僻的土地上"创生成为"边地的灯塔"①，乃至"在中国乡村文化界堪称第一"确实是个奇迹，令时人和后人都赞叹不已。"在我们这交通不便，地处边陲，人口不满八千，人力物力都极度困难的小乡村里，要完成一个完善的现代化的图书馆，事实上本来是不容易的。"② 那么，和顺图书馆到底是如何扎根乡土社会，从小到大越办越昌盛，使这块园地根深叶茂果实累累的呢？从本章的叙述中，我们可以总结以下三点。

第一，将群众组织起来，创建社群，有计划有步骤地推进工作。和顺崇新会是由和顺在乡与旅缅的有识青年共同组建的社会革新团体，会员最多时达到千人，这为和顺图书馆的创建发展提供了组织保障。在经费筹集、馆址选择、筹建方案、日常管理、馆务运营等方面，组织大会决议通过后，和顺崇新会新青年群体都尽心尽力、亲力亲为。其中寸仲猷、李秋农、尹以忠三人在和顺崇新会中有领袖群英的作用和地位，这三人加上李润珍、李清园、寸佩玖、赵国珍、寸性怡共八人是和顺崇新会的领导核心，这八人又加寸幼仁、刘振仕、李耀北、李生庄、李仁杰、李生园、李润园、寸性诚、刘振梁、李本仁、寸晓帆、李文龙、李燮丞、李受天、张月洲等20人是崇新会的重要骨干，又包括李曰翰、寸时玖、李沛春、刘悃含、李子舒、寸育林等在内的上百人为和顺崇新会的骨干。③ 和顺崇新会会员为和顺图书馆建设殚精竭虑、筚路蓝缕，其中大部分都直接为和顺图书馆义务服务过。"以我在仰光目击和顺崇新会会员对于它的热心努力，和由和顺崇新会会刊里看到该会对于该馆的工作情形，并且由朋友间的传

---

① 杨正芳：《边地的灯塔》，载和顺图书馆编辑委员会编《和顺图书馆十周年纪念刊》，明明印务有限公司，1939，第9～10页。

② 东园：《本馆十年来服务社会的优点与缺点》，载和顺图书馆编辑委员会编《和顺图书馆十周年纪念刊》，明明印务有限公司，1939，第69页。

③ 杨发熹：《咸新社与崇新会》，载杨发恩主编《和顺：乡土卷》，云南教育出版社，2005，第279页。

说，知道它已具有适合当地环境的充实设备，而为迤西甚至云南全省里较为现代化合理化的组织。以乡村的立场而有这样的成功，我不禁为和顺乡的青年幸福表示羡慕。我并希望和顺青年人人都能够认识它的组织意义而向它追求自己所需要的精神粮食，而不辜负热心创办者的原旨。"① 和顺崇新会还通过编辑出版会刊、馆刊等途径来宣传社群文化。办刊的宗旨是宣传文明进步思想，传播科学文化知识，揭露乡人落后陋习，谋划乡村建设前景，其核心就是树立和传播"和顺精神"。从书报社到驻缅经理处到改组为图书馆到新建馆屋，和顺崇新会都根据社会状况与乡村需要的环境积极谋划筹办。"崇新会的灵魂"与"和顺图书馆的柱石"寸仲猷先生曾说："在本乡的经济现状和乡村环境里，只能在可能范围内由这小规模开始做起，我们不能存着满足的心理，尤须继续努力，将这小规模的基础弄得坚实稳固，然后由有计划的道路前进，逐渐扩大本馆的范围，使它与现代的图书馆并驾齐驱才算达到我们的最后的目的。"② 和顺崇新会正是通过将群众组织起来，创建社群，有计划有步骤地推进工作，才使和顺图书馆能够适应乡村社会需要而日益发展壮大。

第二，找准定位，激发群众主体性建设活力，参与社区营造。其实，和顺图书馆在创建初期曾经饱尝过社会上与乡里人的冷嘲热讽，甚至遭到乡村社会旧派势力的反对与阻挠，还产生过"新旧纠纷"。但是和顺图书馆秉持"辅助教育增进地方文化"的宗旨，积极推进图书馆大众化、普遍化。和顺崇新会新青年深刻认识到图书馆是增进人类文化的天然齿轮，是绝对公开的供给知识的园地。经过不断的努力，由于办馆理念的科学合理，和顺图书馆契合乡村建设的需要，在惠民利民上收获了很好的效果，这更加激发了和顺上上下下办图书馆的热情。"若不是它自身的脚跟立得坚定，恐怕早已像一间倒运的商店封门大吉了。"③ 最终，现代化的图书馆

---

① 黄子腾：《我对于图书馆的感想》，载和顺图书馆编辑委员会编《和顺图书馆十周年纪念刊》，明明印务有限公司，1939，第 10～11 页。

② 仲猷：《本馆经济史略》，载和顺图书馆编辑委员会编《和顺图书馆十周年纪念刊》，明明印务有限公司，1939，第 17 页。

③ 德良：《和顺图书馆的小小收获》，载和顺图书馆编辑委员会编《和顺图书馆十周年纪念刊》，明明印务有限公司，1939，第 75 页。

得到了和顺乡民群策群力的支持。"本馆是全乡人士努力社会文化事业的结晶。大众抱了有钱出钱，有力尽力的决心，在这十年中将它滋养培植起来，到了现在大多数群众对它已有了深刻的认识，除上面说的有财者竭力捐赠赞助外，一般劳动阶层的人们，也都乐于为本馆出力。"① 和顺乡民积极捐款、捐书、捐物，据不完全统计，和顺图书馆的馆藏图书及其他文化实物 70% 以上来自捐赠。和顺图书馆是靠着群众建馆、扶持、管理、扩大的。广大群众视图书馆为自己的家园，爱之护之。见馆屋"寒"，于是"衣之"；见藏书"饥"，则给"食之"，积极进行修整、充实。② 在群众的爱护下，藏书遗失或有意破坏的情况极为罕见。同时，和顺图书馆也积极参与社区营造，为乡民创造丰富的文化生活。和顺图书馆附设有星光音乐社，由和顺崇新会从国外买来一套完整的西洋管弦乐器，李生庄还赠送了一架德国钢琴，请和顺中小学各级音乐教员指导，组织举办星光音乐会，演奏西洋音乐，演出新剧，这在腾冲也是首创。此外，和顺图书馆还代设结婚礼堂，提倡新式文明婚礼，反对讨亲嫁女铺张浪费，星光音乐社担任义务乐队。抗日战争胜利后，和顺图书馆又组织崇新会会员、益群中学校友演出话剧《孔雀胆》《李秀成之死》，宣传抗战戏剧，训练培养了一批话剧人才。和顺图书馆与乡村社会互动互构，共同型构了乡村公共文化空间，和顺图书馆遂成为和顺人的生活乐园与精神家园。

第三，积极拓展功能，服务社会，寻求更多力量更广泛的支持。李生庄在《和顺图书馆十周年纪念刊》发刊词中说："我们的工作区域说起来不过是一个很小很小的乡村。这就一方面说，凡事都应从小处着手，小处做得好，则大处当然也有办法做得好，我们不贪多，不骛远，一点一滴，从切实处做去，希望藉此得告无罪于社会。再就他方面说，我们的工作所能发生的效力，当然不使它局限于和顺乡这一区区的小范围内，我们要让它去影响到它的能力所可达到的宽泛地方去。因之，我们希望各方面的人士能同情我们，并且能帮助我们，使我们的工作能达到我们所希望达到的

---

① 东园：《本馆十年来服务社会的优点与缺点》，载和顺图书馆编辑委员会编《和顺图书馆十周年纪念刊》，明明印务有限公司，1939，第 70 页。

② 尹文和：《云南和顺侨乡史概述》，云南美术出版社，2003，第 150 页。

那目的。"① 和顺图书馆不仅仅是一个供藏书、借书和阅读的固定而单一的图书服务窗口，创办者从成立伊始就试图通过图书馆这个平台广泛开展各种惠及民生的社会服务，进而把图书馆当作社会教育和文化事业的中心来加以建设，进而不断地拓展它的服务功能。和顺图书馆与和顺小学、益群中学形成了"三位一体"的综合联动服务格局，和顺图书馆附设的展览动植物和卫生等方面标本的博物室，也为中小学师生提供了学习咨询服务。为打破空间的限制，方便乡民就近得到图书馆的服务，和顺图书馆除了在蕉溪、尹家坡、大石巷以及明光天宝乡开设分馆外，还通过设置巡回文库的方式提供流动服务。和顺图书馆还利用信息资源优势，为民众开展专题的信息与咨询服务。1934年，和顺图书馆利用收音机接收信息并制作出版《和顺图书馆无线电三日刊》（后改为日刊），分发给全县各机关、各学校、各乡公所、各商号，以资扩大宣传。和顺图书馆一度成为全腾冲的新闻中心。和顺图书馆还通过设立邮政代办所，为群众提供信件收发与汇兑等便民服务。这些惠及民生的服务感染了民众与社会各界人士，和顺图书馆也因此得到社会各界更广泛的支持。各级政府、机关、社会团体乃至民众个人都愿意参与到和顺图书馆的建设中来。和顺图书馆所拥有的文化势能不断惠泽社会民众，社会力量参与赋予和顺图书馆的能量也不断蓄积壮大，在如此良性循环下，和顺图书馆得以融入乡村社会生活的情境之中。

---

① 李生庄：《发刊词》，载和顺图书馆编辑委员会编《和顺图书馆十周年纪念刊》，明明印务有限公司，1939，第1页。

第三章 守护：时代大变局中的守望者
（1942～1979年）

在经历 10 余年的辉煌后，和顺图书馆滑入历史的大洪流中沉浮。1942～1979 年，世界格局先后在"大战"与"冷战"的笼罩中风云变幻，中国也在抗日战争、解放战争、新中国成立、社会主义改造、"文化大革命"等一系列政治社会变革中砥砺前行。《扫荡报》记者潘世征记述道："我很高兴地知道，在滇西边陲，会有这样的一个图书馆。但愿它光大发扬起来。"和顺图书馆虽然地处中国西南边陲，但仍然深受时代环境的影响，甚至遭受两次劫难。一次发生于 1942～1944 年的滇西抗战中，一次发生于 1966～1976 年的"文化大革命"中。两次劫难差一点使和顺图书馆灰飞烟灭、毁于一旦，但幸好有和顺乡民与图书馆管理者的守护，才使"在中国乡村文化界堪称第一"的和顺图书馆得以延续传奇。其中有许多可歌可泣、可悲可叹的历史事迹值得铭记、感恩与反思。

一 滇西抗战中的和顺图书馆

从 1928 年改组成立到 1938 年新馆屋落成之后的几年，和顺图书馆在和顺崇新会领导下全乡群策群力创造了"创建即辉煌"的壮举，获得了"极边灯塔""文化之津""民智泉源""在中国乡村文化界堪称第一"等许多赞美之词。但是世界风云突变，国内方面，日本侵略军步步紧逼，中国东北、华北、华东、华中等地相继沦陷；国际方面，1941 年 12 月 7 日，日本偷袭美国珍珠港，太平洋战争爆发，第二次世界大战进入空前规模。日本帝国主义采取"南下"战略，同时向东南亚诸国及中国滇西等地发起攻势，妄图切断中国与西方联系的唯一交通线——滇缅公路，断绝英美战略物资，孤立中国，以促使中日战争早日结束。

从1931年"九一八"事变后，和顺乡民与旅缅华侨就一直关心关注着中国抗日战争的局势，和顺图书馆更是成为腾冲抗日新闻发布的中心。和顺图书馆商得云南省第一殖边督办公署的同意，由那里带给和顺图书馆官电一份，让图书馆以一寸见方的行书照录出来，张布在和顺十字街上。和顺孩童们会喊"打倒日本帝国主义"，老婆婆们会骂"挨千刀的日本人"，中国十九路军血战淞沪深得人心。1932年6月出版的《和顺崇新会周年纪念刊》（第六周），刊首发表了《国难！救国！》的文章，和顺崇新会就"九一八"事变表达共同救国抗敌的决心："夫皮之不存毛将焉附，国之不幸本会亦何能存荣于时耶？是则本会同人作此六周年纪念之意义，亦即视为本会同人纪念国难可也。虽然，吾人对于国难，非仅纪念其惨痛已也，并当抱牺牲一切之心，振一往无前之志，以挽救时艰，国事方可有为也。"并发出号召："（一）速戒除亡国行动之大烟、奢侈……（二）速振起奋斗之精神，共作救国运动，人人尽救国之责任。"[1] 1934年，李沛春、李秋农利用尹大典从缅甸带回捐赠给和顺图书馆的收音机，接收编辑新闻讯息，油印出版《和顺图书馆无线电三日刊》，分送县城和附近各乡村、机关、学校、商号。1937年"七七事变"后，为满足民众的愿望，《和顺图书馆无线电三日刊》改成日刊，迅速准确地传递抗日消息。于是，前一日战事怎样，世界动态怎样，第二日很早便传遍全乡乃至全县了。后来，和顺图书馆馆长李生庄创办了《腾越日报》、《边铎》和《晨曦》等报刊，刊发的抗战消息更多，发表的民众抗日诗文更广泛。有诗曰："前线遥遥未及参，徒将书报忆天南。缅中极望通车后，和顺多传抗战谈。"1938年7月7日，为纪念抗战，同时追悼阵亡将士及死难同胞，和顺乡在双虹桥畔、游泳池边树立"七七抗敌阵亡将士纪念碑"，举行抗日周年纪念活动。和顺乡在腾冲率先成立"反日会"，发表《和顺乡反日会宣言》："倭奴之欲宰割我吞吃我者，已非一日……我国民无不发竖目眦，椎心泣

---

① 杞生：《国难！救国！》，载和顺崇新会编辑《和顺崇新会周年纪念刊》（第六周），明明印务有限公司，1932，第1页。

血！呜呼，国家兴亡，匹夫有责。故我乡人特组织此反日大会，与倭奴经济断交，誓不购买仇货，以为政府后盾。并愿吾乡如是，他乡亦如是，全国凡有血气者莫不如是！"① 旅缅和顺侨胞也积极开展爱国抗日活动。"和顺崇新会的灵魂""和顺图书馆的柱石"寸仲猷先生是著名的旅居仰光的文化人、侨领，他积极参与组织"缅甸华侨抗日会""仰光救灾总会""中国航空协会仰光支会"，担任常务理事，动员华侨捐献大量救灾费、飞机费汇寄祖国。

1942年初，日本侵略军攻入缅甸，仰光、腊戌、密支那等地相继被日军占领。和顺华侨以侨居曼德勒、腊戌等缅北地区最多，敌人侵入，他们的房屋财产全部损失，亲人被杀被捕者颇多。其中，爱国侨领寸仲猷在逃难途中被奸细暗杀，老华侨寸相一因一贯爱国抗日也被杀害。

杨润生是生活在缅甸贺奔的华侨，自1858年其曾祖父杨根荣旅缅经商开始，至祖父杨耀庭，父亲杨绍三，几代人均在缅甸商场上拼搏并取得成就。他在《缅甸沦陷逃难记》中详细记录了日本侵略者攻占缅甸后的逃难生活。

> 1942年初日本侵略军的铁蹄踏进缅甸的土地，3月8日攻占仰光之后，4月29日攻下腊戌，又于5月8日占领密支那，由此华侨自密支那一线返回家乡的归路被切断。我们全家因此滞留缅甸，为躲避日军残害，一家人以及一批类似我家情况的华侨，为了保住性命，不得不在缅甸北部山野孤村中东躲西藏，经历两年多常人无法想象的九死一生的流亡生涯，而后再转移回到贺奔故居地。
>
> 寸相一老先生，和顺乡人，老华侨也。为人勤劳、淳朴、厚道，是永茂和商号股份制时期的股东之一，一度和先祖父耀庭在永茂和同商共事，也和父亲有忘年交谊。他脱离永茂和后，在猛拱经营碾米厂和豆腐加工厂。我家自1942年9月3日移居老先生家，至1943年9月4日离开，整整一年时间。当我家离开他家后不久，噩耗传来，他

---

① 《爱国、团结、抗战、斗争、牺牲——和顺华侨的爱国抗战事迹》，载尹文和《云南和顺侨乡史概述》，云南美术出版社，2003，第160页。

们全家（除次子寸时向参加远征军第五军外）以及寄居他家的华侨亲友，男女老少四十六口人，由于缅奸诬陷，全部被杀害。[①]

日本侵略军攻占缅甸后，广大华侨无家可归，纷纷随军逃难回国。和顺乡民在乡公所、中天寺、学校、广场、道路两旁，为从缅甸败退的中国士兵、伤病员和流离失所的福建、广东难侨，设茶水站、饮食站、住宿站、医疗站，每天接待成百上千人。

1942 年 5 月 10 日，日本侵略军攻占腾冲县城，腾冲沦陷。益群中学校长兼和顺图书馆馆长寸树声在《沦陷的前夕》中记述了沦陷前夕和顺乡的真实情景。

> 我们决定从 8 日起停止上课。集合在礼堂上的学生，已经不像纪念周开始前那样有说有笑了。每一个人都一样的是在突发的巨大灾难之前茫然自失而用言语的针刺一戳破时就会变成狂呼痛哭的那种无表情。国歌和校歌的音调是那样的凄哀沉郁，这也算是我们的《最后一课》了罢！看着就要离散，就要担负一切耻辱的这些青年，我勉强走上了讲台去对他们说："时局的情形你们都已知道了，我们以为不能来到腾冲的敌人已经只离我们三四十里了，我只恨我们没有自卫的力量，恨我不能保护你们，领导你们！学校从今天起只有停课。将来总有一天学校又能开学上课，但是那时在这里上课讲授的人是不是我，是不是你们就不知道了……平时对你们所说的话希望你们不要忘记，你们要在艰苦的环境里磨炼你们的精神，在斗争里发展你们的力量……我相信每一个黄帝的子孙，是不会当顺民的，不甘心做奴隶的……"[②]

---

① 杨润生：《缅甸沦陷逃难记》，载杨发恩主编《和顺：华侨卷》，云南教育出版社，2005，第 218~228 页。

② 寸树声：《沦陷的前夕》，载杨发恩主编《和顺：人文卷》，云南教育出版社，2005，第 325~328 页。

在腾冲沦陷前夕，益群中学校长、和顺图书馆馆长寸树声于 1942 年 5 月 8 日，给学生上了"不当顺民，不做奴隶"的《最后一课》。此后，益群中学与和顺图书馆都关门。和顺图书馆的重要图书，由寸守纲老师和刘玉璞先生负责，在益群中学学生帮助下，疏散到石头山的魁阁里藏起来。尽管如此，馆内仍留有不少书报、财物及益群中学教学仪器。为了看守维护，由寸守纲与刘玉璞两人在馆内与魁阁两处来回照料，还冒险在馆内住宿守护以防止偷盗。和顺乡人张良丞在《逃难记》中记载了 1942 年 5 月 9 日益群中学的同学们转移和顺图书馆图书的情形。

> 走近桥畔，看见一群女学生穿着灰衣蓝裙校服，先先后后，零零落落，两人肩一挑，两人肩一挑地走来。碰见我，不觉得大吃一惊，有一位先问："先生，你早呀！准备到什么地方去？""你们早，我到少元先生处。"她们愈集愈多，七嘴八舌："是不是逃难？先生。""是，我想逃昆明。""我们怎么办？"一个天真地问。"有办法还是走！""走到哪里去？"她这天真的问话，使我难于回复，只好转过话题："你们挑什么呀？""挑书。""什么书？""图书馆的。""挑到哪里？""××处的石洞里。""你们都吃过饭吗？""没有。"她们齐声答。这教我深深感动了。学生们在这临难的紧急关头，还能丢下自家私事，抢运馆里的书籍。这美德，在人类中极其难得。可见图书馆这十多年来的潜移默化，是如何的伟大。我虽是介文化人，比起她们真惭愧死了。我只好汗颜地说："你们爱护图书馆，并不下于你们的生命。是的，人应该如此。""先生，再会吧，馆中还有书要搬呢。""再会，再会。"我沿着弯曲的田埂走，田里一碧稻禾，河岸野薇清香，家乡的晨是何等清新啊！①

腾冲沦陷后，因和顺离县城较近，乡人纷纷逃往外乡，男女青年多无敢滞留者。日寇烧杀抢掠，奸淫妇女，无恶不作。村旁杨家坡被日寇占

---

① 张良丞：《逃难记》，载杨发恩主编《和顺：人文卷》，云南教育出版社，2005，第 329 ~ 335 页。

领，大庄庙门前一带日寇巡逻兵经常出没，每天用旗语同来凤山日军联络。东山脚村与营盘坡相连，日寇每天都要从山上到村里抓人、抢掠。一次，不能外逃的五个老妇，聚在杨新国家后花园，被日寇不由分说地活活捅死。《民国三十四年（1945 年）腾冲县沦陷后灾情调查表》记载，和顺被害 64 人。① 腾冲沦陷期间，日寇经常抢劫骚扰周边乡村。"说起这个图书馆也真有点传奇色彩。沦陷期间，它本是关门闭户的，只有老馆员刘玉璞通过间壁人家的小门，七弯八拐串进去照顾一下，看看有无异常情况发生。可是日寇驻腾行政班本部长田岛来下令开放图书馆，以表示地方升平。有人大胆说，门开了，怕皇军来造事，请部长给一手本张贴，以杜绝干扰。那田岛也就慷慨写了一手本张贴，其后也果真安然无事。"②

　　1944 年 7 月 2 日（农历五月十二日）是和顺最为惊险的一天。此时国民革命军二十集团军总司令霍揆彰将军所率领的 53 军、54 军重炮团、山炮营等部队已渡过怒江，越过高黎贡山进入腾冲境内，节节推进，而日军节节败退。在大军压境、包围下，日军已成强弩之末，无力支持，龟缩在腾冲城内，依据来凤山负隅顽抗。和顺乡为腾冲最富有之乡，日军既败入城，自不愿以该乡之资源为国民革命军所用，决定先抢掠而后焚毁。农历五月十二日这天，日军出动 300 余人，骡马 100 余匹，携带汽油，分乘多辆卡车到后头坡，分散进入各村巷摆放好汽油桶后，进入人家抢掠财物和粮食。"1944 年阴历五月十二日，日军突然包围了和顺，随即分散抢劫。挨家挨户去开仓取粮、捉鸡、捉猪，每个巷子只听到铁蹄声，鸡飞狗跳声，敲门砸户声，鬼子兵的嚎叫声。因为是突然受包围，村人已来不及逃散，只有在各家各户寻找蔽身之所，年轻妇女们只好面涂黑灰，套上老式服装，暂避一时，幸好这次来的目的主要是抢粮食及各类食品，所以不曾发生过杀人事件，老年人多数是强作镇静支撑自家门户，相机维护家人。口中念'阿弥陀佛'，祈求菩萨保佑，谁也猜不透，将是个什么样的下场。"③ 在这千钧一发之际，奉命在

① 杨发恩主编《中国历史文化名镇和顺：民风卷》，云南民族出版社，2014，第 30 页。
② 张孝仲：《和顺文化的摇篮——文昌宫与图书馆》，载杨发恩主编《和顺：乡土卷》，云南教育出版社，2005，第 125～126 页。
③ 寸浩鸿：《骆营长千钧一发救和顺》，载杨发恩主编《和顺：乡土卷》，云南教育出版社，2005，第 89～92 页。

腾冲开展游击的预备二师四团二营的营长骆鹏在接到和顺乡民的求援信息后，果断带领士兵赶来，为尽快救急，当机立断，命令发射"六〇"炮20余颗，派出部队在帅头坡与日军哨兵交火（牺牲一班长），机枪、步枪一时响个不停，日军不知虚实，以为遭受包围，仓皇逃离。抢掠的财物丢得满地都是，日军在乡公所抓到的一批乡人得以解脱，摆放在各村巷的汽油桶来不及引爆。古老侨乡和顺得以保存，和顺图书馆也逃过一劫。

骆营长保卫和顺乡免遭日军焚烧，受到了和顺乡民的爱戴和敬佩。当天晚上以李秋农老师为首的几位乡人带着慰问品到芭蕉关慰劳第二营的战士。后来腾冲光复后，骆营长还娶了和顺乡人寸恬静为妻，成为和顺乡的乘龙快婿。为了纪念"五一二"这一天，和顺旅缅侨胞每年到了这一天都要聚集在缅甸曼德勒的云南会馆中开会纪念，并将这一天定为"和顺遇难纪念日"①。

被完整无损保存下来的和顺乡，众多宽敞的民居、宗祠、庙宇，为进驻的预备二师、一九八师、三十六师数万士兵及五十四军军部、二十集团军总司令部提供了足够的住房，乡公所和民众为军队提供了数量巨大的粮草及军需品，并有不少热血青年争着上前线送饭送水，抢运伤员，输送弹药，组织女子慰劳队慰问士兵、伤员。和顺图书馆珍藏的一本《和顺乡军需捐款簿》，就是当年军民合作抗日的实证。这个方圆不到10里，国内常住人口不足5000的小乡，在抗日战争中捐赠的钱物、在光复腾冲的战役中所供应的军需物资，都居腾冲之首。

1944年7月，二十集团军总部进驻和顺图书馆，总司令霍揆彰在这里指挥攻克腾冲城的战斗。在这个阶段，各军长、师长等高级军官常到和顺图书馆来参加军事会议。他们对这个图书馆非常感兴趣，纷纷题词留念。如总司令霍揆彰题"文化津梁"，第五十四军军长阙汉骞题"在中国乡间，图书馆称第一位"，预备第二师师长顾葆裕题"一览无余"，副师长彭劢题"国力之源"。在围攻腾冲城阶段，有大量抗日军队进驻和顺。他们看到图书馆高大宽敞，很想进驻。刘玉璞先生讲述道："炊事班人员挑着锅缸水桶，以及人夫马匹，闯进来了。经过阻挡劝说，说明这是图书馆重地，不得举火，才挡住了。为了杜绝今后的干扰，有关人员要求长官们写一手本张贴。于是阙军长口授，顾师长执笔书写：按奉陆军五十四军军长阙面谕，图书馆内不得驻军。"和顺图书馆在烽火狼烟的两年时间内，除了被汉奸强行拿走，破坏了少量图书外，绝大部分书报、财物均完好无损。

1944 年 9 月 14 日，腾冲光复。在中国军队反攻来凤山和围城巷战期间，和顺乡的青壮年上前线冒死为军队运送弹药，抬担架救护伤员，充当向导，一些乡亲还献出了宝贵的生命。女教师、女学生也组织起来到临时野战医院慰问伤员。预备二师六团团长、参谋部主任方诚在《八年抗战小史》中如此描述："该县最富足之乡首称和顺，办有男女中学各一所，并有规模甚大之图书馆一所，全乡房屋建筑辉煌，整齐清洁，比大理之喜洲更胜一筹……1944 年 7 月 26 日 12 时，本师开始攻击之际，白发苍颜之老先生，西装革履之少爷公子，男女学生，乡镇保甲长和民众等，均相争驮沙袋，挑子弹，送茶饭；并有许多太太小姐，成群结队的跟着部队后面观战，好像赶会看戏似的。此时官兵精神振奋，几不自知是在打仗。当天下午，经过几小时的激战，该师第四团，歼灭了享有天时地利绝对优势的敌人之大半数，一举冲入营盘坡。次日，全师攻占战略要地来凤山。消息传出后，世界为之震动……"① 和顺乡人在敌占时期遭受了空前的苦难，在国民革命军反攻期间人人同仇敌忾，不惜流血牺牲配合敌人光复国土。小小一个边远乡村，为中华民族抗击侵略者的历史，增添了光辉的一页。所以，拯救预备二师四团二营的营长骆鹏在《六十年后的贺词》中说："腾冲抗日之战，中国是完全胜利，日本是彻底失败，在八年抗日战史上，开创歼灭战的记录。然胜负最大关键，不在战力优势而在军民合作，可说滇西抗日胜利，全赖军民相互间的协调和谐，团结合作。"②

腾冲光复后，和顺乡又逐渐恢复了往日的和谐宁静，和顺图书馆也正常开馆服务。此时，中国抗日战争及世界反法西斯战争进入最后的反攻阶

---

① 杨发熹：《和顺的抗日新闻刊物》，载杨发恩主编《和顺：乡土卷》，云南民族出版社，2005，第 175 页。
② 骆鹏：《六十年后的贺词》，载杨发恩主编《中国历史文化名镇和顺：民风卷》，云南民族出版社，2014，第 96 页。

段。和顺图书馆为给乡民报道讯息，重新启用收音机，复刊《和顺图书馆无线电刊》，并于 1945 年 7 月更名为《每日要讯》。高峰时期，《每日要讯》每天要印 1500 多份，才能满足全县读者的需要。李沛春老师编辑的《一声霹雳天下响》将美国在日本投放原子弹的新闻告知民众。1945 年 9 月 3 日，《每日要讯》的头条新闻是《日本降书已签订完毕》，"昆明九月二日广播：日本降书于东京时间今日上午十点三十分，已经在美国密苏里号主力舰上，于庄严肃穆空气中签订完毕"。并将《日本降书原文》刊布在后，最后是一则标语："和平重临世界，正义永葆无失！"高度概括了中国抗日战争及世界反法西斯战争胜利的伟大意义。

滇西抗战中的和顺图书馆虽饱受灾难，但和顺图书馆在益群中学师生与和顺图书馆馆员以及和顺乡民、中国抗日军队的守护中得以保存延续。李根源先生用"曾历兵火劫，倭儿不奈何"的诗句表达了和顺图书馆与和顺乡民不惧危险苦难的无畏精神。和顺图书馆见证并报道了滇西抗战的历史，用文化的力量宣传了抗战爱国的精神，还用文化的力量弥合了战后中日两国人民的情感创伤。1997 年，一名叫古贺甚吾的日本人来到和顺图书馆，讲述了滇西抗战时他曾来过和顺图书馆，为和顺图书馆的规模与图书所折服，并到书库借走了一本孙中山先生的著作，这次再踏进和顺图书馆，是为感激这里，并向和顺图书馆赠送了一尊观音铜像，还捐赠了 500 元钱，回日本后又寄赠了《世界美术》、《日本国宝》精装本共 14 册。1998 年，古贺甚吾又一次到访和顺图书馆，再捐 500 元钱，并赠送了《佐贺县之淡水鱼》《佐贺县之树木》《世界遗产之大成》等书。① 这说明当年侵华日军中的一些老兵，对日本侵略中国发起的战争是有反思的，特别是对中国文化的强大力量深感认同，希望通过文化交流来缔结中日一衣带水、风月同天的友好情谊。

二　新中国成立前后的和顺图书馆

为取得抗日战争及世界反法西斯战争的最终胜利，中华民族付出了

---

① 寸宇：《和顺图书馆的昨世今生》，载和顺镇归国华侨联合会、和顺镇文化站主办《和顺乡》，2015，内部刊物，第 29 页。

巨大的牺牲和代价。战后腾冲的社会面貌千疮百孔、满目疮痍。李生龙的抗日组歌这样描述腾冲战后的惨状："巍峨城楼变石堆，四门炸碎无完璧。通街大道残碉堡，闹市一片破瓦砾。"和顺乡人张孝仲先生收藏的《腾冲抗日纪实照片》再现了战后腾冲废墟一片、瓦砾遍地的苍凉残破景象，这与战前房屋商店鳞次栉比、街市热闹繁华的场景形成鲜明的反差，令人痛心不已。战争给腾冲带来的最大影响，是使中缅贸易动荡不已停滞不前，众多的商号纷纷倒闭，尤其是造成腾冲边境商贸之城"势"的转移。抗日战争时期，虽然腾冲一度成为军事战略物资的集散中心，加上 1945 年中印公路通车，大多数的商号以及银行相继而来。这一时期美国百货、美国军用物资大量由印度经雷多、密支那流进腾冲，而国产的棉纱、棉布、黄丝、土副食品则大量运往缅甸。日本无条件投降后，中印公路的价值随着抗日战争的全面胜利而减少，中缅物资交流均取道滇缅公路。由此，腾冲的一些大商号也随之将经营中心转移到滇缅公路干线上。比如，腾冲最大的商号茂恒，不但撤销了在腾冲的机构，而且在昆明创办了云茂纱厂；万通则将资金大部分转移到香港。1946 年后，国民党的"中央银行"、"中国银行"、交通银行、"中国农民银行"四大银行也都撤走了，大批发商全部转移到县外、国外。① 加之抗日战争刚刚结束，蒋介石发动的反人民内战又起，物价飞涨，钱币贬值，人民生活复陷于水深火热之中。

　　和顺乡虽然在中国军民的合力守护下保存了昔日整体的面貌，但是其活力与精神气明显不如战前。和顺乡的一半在缅甸，但是第二次世界大战期间，缅甸全部、中国滇西相继被日本侵略军侵占，和顺乡的活力动脉被切断，和顺乡所有做滇缅贸易的商家们无一幸免地均遭受致命的打击和惨重的损失。其中旅缅侨领、"和顺崇新会的灵魂"、"和顺图书馆的柱石"寸仲猷先生更是在战争期间被歹人杀害，时年 45 岁。和顺旅缅崇新会、和顺图书馆驻缅经理处已无法活动，而且簿记基金也全部丢失。和顺图书馆

----

① 朱红久：《中华人民共和国成立前的腾冲商业发展漫谈》，载中国人民政治协商会议云南省腾冲市委员会、《腾冲历史上的商号》编纂委员会编《腾冲历史上的商号》，云南民族出版社，2016，第 109 页。

创办者崇新会停办，使和顺图书馆在组织上、经济上、人力资源上都缺乏有效的支持。1947年，益群中学校长兼和顺图书馆馆长寸树声提议举行"和顺图书馆筹募经费游艺会"，上演郭沫若编剧的云南历史名剧《孔雀胆》，专门为和顺图书馆筹募经费。《孔雀胆》讲述的是元代大理总管段功与梁王女儿阿盖相爱的悲剧，系郭沫若先生于1942年9月在中国抗日大后方重庆创作的。1947年"双十节"，该剧在腾冲首次被和顺益群中学搬上舞台，为处于战后困难时期的和顺图书馆筹集馆务资金。为演好该剧，益群中学校长寸树声、国文教师陈茂耘担任导演，集中全校师生及乡间校友中的艺术人才，组成精干的演职员队伍，用了一个多月的时间进行准备与排练。《孔雀胆》的演出，舞美、灯光、艺术表现等相当精细，演出空前成功，在腾冲社会上引起很大反响。《腾越日报》于10月13日、18日、22日连续追踪报道了这一盛况，其中10月22日以《〈孔雀胆〉圆满结束续演成功更博得热烈之赞誉》为题的报道称："本县和顺乡图书馆为筹募经费，于'双十'国庆日起开始公演云南历史名剧《孔雀胆》。其上演惊人的成功，正博得观众赞不绝口，已使远在数十里之外者闻风而至。惟十三日以后因连日风雨，该剧势必停演，一般未得一睹为快者均深引为憾。自十七日始云消雨霁，该剧又继续上演，技艺较前尤为进步，观众亦较前拥挤。续演四日后，已于二十日晚圆满结束。《孔雀胆》之在腾冲演出此为首次，但成功亦为空前也。"与此同时，旅缅益群校友尹文琴先生根据母校来信，也在仰光《中国日报》、《新仰光报》上同时进行了报道，向海外侨胞介绍了《孔雀胆》在家乡演出的盛况，并披露了义演总收入款数："该剧对话明朗，极得社会人士赞誉。每当金乌西坠，双虹桥畔车辆辐辏，观众扶老携幼，争先恐后咸往观光，惟恐'座荒'之患。是以连演五日，每场均告满座，向隅者亦大有人在。当事者为酬社会人士雅爱起见，又重演三天，戏迷尚有未饱眼福之概，实为滇西戏剧界空前未有之盛况！闻该剧团已将售票所得国币二千万元，捐作和顺图书馆基金云。"① 这次义演筹募的票款收入为2000万元，全部捐作和顺图书馆基金，大大缓解了和顺图

---

① 尹文和、马有樊：《〈孔雀胆〉演出史料》，载杨发恩主编《和顺：乡土卷》，云南教育出版社，2005，第182~185页。

书馆经费短缺的燃眉之急。

1949 年 10 月 1 日，新中国成立。1949 年 12 月 9 日，云南和平解放，14 日，中国人民解放军滇桂黔边区纵队第七支队第三十六团开进腾冲，腾冲和平解放。第三十六团团长李岳嵩对和顺进行了考察，听取了贾铸贤与寸树声的介绍，李岳嵩说："和顺是华侨之乡，文化之乡，党和人民军队一定按约法八章的精神，保护侨乡，保护学校和一切文化教育机关，希望侨乡人民发扬爱国主义精神拥护共产党和人民政府，建设新腾冲。"[①] 和顺图书馆得到了保护，一切都如既往，照样开门服务，职守人员基本上是以刘玉璞先生为主力，经费是用原先捐得的基金维持。

1951 年 6 月，腾冲县私营商号及小手工业作坊共 227 家，其中珠宝玉器业 58 家、土杂业 123 家、布匹花纱业 23 家、制皂业 15 家、酿酒作坊 6 家、印刷业 2 家。这些商号到 1956 年上半年国家对私营工商业进行社会主义改造，实行公私合营后撤销。[②] 而缅甸 1964 年又将华侨商店收归国有，中缅之间的民间贸易往来基本被堵塞断绝。和顺也由之前以外贸商业经营为主转向以农业生产为主，和顺的公共教育文化机关之前由华侨负责运营的机制在国家改造后缺乏运转的活力。因此，政府在 1952 年接管了和顺小学，1953 年接管了益群中学，但是和顺图书馆仍维持原先的体制未变。从20 世纪 50 年代到 60 年代中期为止，和顺图书馆成了乡政府、县侨务科组织归侨、侨眷学习讨论的场所，定期不定期学习侨务政策、大政方针。

三 "文化大革命"中的和顺图书馆

1966 年 5 月至 1976 年 10 月，十年"文化大革命"使整个国家元气大伤、人民筋疲力尽，中国西南极边之地的和顺乡也未能幸免，和顺图书馆也经历了建馆以来的最大磨难。

---

① 董平：《和顺风雨六百年》，云南人民出版社，2003，第 156 页。
② 杨祖甲：《1951 年腾冲县政府对私营商号的登记》，载中国人民政治协商会议云南省腾冲市委员会、《腾冲历史上的商号》编纂委员会编《腾冲历史上的商号》，云南民族出版社，2016，第 375 页。

和顺乡规模宏大，巷道纵横；青石路面，亭台错落；粉墙黛瓦，比肩而立；阔门深院，影疏而音稀。说它像城镇，却没有城镇的功能与设施，更少了人流的匆忙与互动；说它是农村，也不像我插队的农村，那里树环泉绕，田舍交错；人畜一院，百味杂陈；生产生活，共熔于一炉，是典型的农作生计格局。和顺的特殊，就在于它处在两者之间。但，和顺给人最深的印象，还是透过那些村头寨尾赫然醒目的"文革"标语，提醒着人们：这里物情汹汹、暗流湍急。特别是"里通外国"的含义被严重曲解和肆意扩大的语境下，"海外关系"就成了侨乡人民心头驱之不散的梦魇。①

"文化大革命"期间，和顺乡文物古迹遭到的破坏和毁灭是前所未有的。仅古牌坊一项就遭到彻底毁灭。和顺乡的古牌坊分为"百岁坊"和"节孝坊"两种，共计九道。大部分建于清道光、光绪年间，少数建于民国早期。这些牌坊大都用火山石雕成，建筑规模宏大，雕梁画栋，坚固凝重，堂皇富丽，辅以石砌标注、石狮等附属建筑，形成肃穆超然的气氛。它们既是古代传统建筑艺术成就的展示，也是和顺乡显著的人文景观之一。从1967年3月开始，从水碓村到张家坡的八个牌坊相继被拆毁，12月后拆毁中天寺等多个寺观，成百上千的坟墓碑石被拆毁铺路、镶晒场、垫沟渠乃至搭建私人墙基、猪圈、牛厩。和顺图书馆虽是五四新文化运动和顺崇新会革新社会的公共教育文化场所，但是由于有众多民国时期社会名流的题词匾额、有种类众多的图书，且其早期创建主要由旅缅华侨捐助，具有"封资修"的属性，也遭到"文革"的严重威胁。为了保护和顺图书馆的文物、典籍、图书，和顺图书馆的老职员刘玉璞先生苦心孤诣、竭尽全力。

刘玉璞，1923年生，1940年进入和顺图书馆工作，负责图书借阅管理，还兼庭院卫生和花木修整以及邮政代办业务。刘老进馆工作的时期正好遭遇时代大变局，抗日战争、政治变革与动荡先后发生，但刘老一直悉心呵护着和顺图书馆。在腾冲沦陷时期，刘老就与寸守纲老师发动益群中

---

① 李巨涛：《序》，载杨发恩主编《和顺：华侨卷》，云南教育出版社，2005，第1页。

学学生，共同把图书馆的图书疏散到石头山藏起来，他本人则搬进馆内住宿，守护馆舍设备直到腾冲光复。"文革"开始后，红卫兵"破四旧"，他深知保护地方历史文物的重要，因为文物毁坏后不能再生，赶紧请工匠用石灰浆掩盖了名人李石曾题匾额"文化之津"，又把大门、二门上张砺、胡适书刻的匾额取下，连同书库里的重要典籍统统藏起来，对外宣称："图书馆的四旧已经破掉了。"但因在馆内发现一部华侨捐赠的美造老式收音机、孙中山等的旧塑像，"造反派"就说搜到"特务电台"和"企图变天"的"罪证"，并于1969年3月把刘老关进监狱，刘老遭受牢狱之灾达22个月，蒙冤多年，身心受到极大伤害，直到1978年9月才被平反并恢复图书馆工作。① 在此期间，和顺图书馆的藏书损失有7000多册，许多老报纸被拉去写大字报用，桌柜等用具大量被偷盗、拉用，损失之重前所未有。对和顺图书馆有功的人如送收音机的尹大典（1962年去世）的夫人及李致卿等老者，被拉到图书馆二门前的高台上进行批斗。

刘玉璞先生在和顺图书馆工作了一辈子，但却没有正式编制，也无职称，一直都是一名最普通的"临时工"，拿的是最少的薪金，许多时候甚至连薪金都领不到，但他对和顺图书馆的爱是如此执着和深厚，虽遭受了太多不公正的待遇和无数的惊涛与险情，可他从未有过怨气和悔意。1989年5月，中华人民共和国文化部向他颁发了荣誉证书，证书上写道："刘玉璞同志，您从事图书馆工作三十年以上，为图书馆事业的建设和发展做出了有益贡献，特颁发荣誉证书。"1997年11月24日，刘玉璞先生因病逝世，享年74岁。他在和顺图书馆职员这个平凡的工作岗位上无私无畏地奉献了他全部的光和热，为守护和顺图书馆付出了一切。

小结 守土守文：和顺乡民的文化自觉

1942~1979年，和顺图书馆在时代大变局的洪流中艰难行进，世界大战、资本主义与社会主义阵营的对垒，国内政治变革、政治动员不断。政

---

① 吴棠：《和顺图书馆的"三老"》，载杨发恩主编《和顺：乡土卷》，云南教育出版社，2005，第140页。

治局势不稳定，社会秩序混乱，社会文化教育事业很难有效开展，和顺图书馆在这一阶段基本处于停滞状态，更是遭遇了两次大的劫难。幸运的是，在和顺乡民与和顺图书馆人的悉心守护下，和顺图书馆得以有惊无险地渡过劫难。和顺乡民守土有责、守文有责的决心和信心，是在面对民族危难、国家灾难的时候，高尚情操与文化品格的最好诠释，表现出了高度的文化自觉与文化自信。和顺乡民不仅是文化勇敢的守护者，也是文化忠实的传承者，更是文化积极的传播者。那个时代虽已经过去，但是如果没有这种文化自觉与文化自信，历史悲剧还会重复上演。

抗战时期，在亡国灭种的危难关头，不愿做奴隶的和顺乡民奋起反抗，和顺图书馆用自己特有的方式担当起民族血脉的存续者、人民精神家园的捍卫者的责任。"战火燎空赤血霏，连年寇焰孰云低。全民协力尤今日，祖国重光最近期。前敌奋扬施荡扫，后方建设尽机宜。精神改造为何若，资尔图书遍及之。"① 和顺图书馆积极推行文化抗战，在"九一八"事变后就提出"国难！救国！"通过壁报等方式宣传全民抗战思想，并购买抗战书籍、国防书籍，宣传防卫知识；在"七七事变"后，还在云南省最早使用收音机接收、编辑、发布新闻消息，发送至腾冲各处，使和顺图书馆成为滇西抗战新闻发布中心。"和顺图书馆的柱石"寸仲猷先生还在缅甸参与组织侨界抗日救亡运动和救灾工作，被选为陈嘉庚任会长的"南洋华侨赈济会"缅甸分会负责人，并出任"中国航空协会仰光分会"常务理事，为抗战救国捐资捐物。在滇西抗战中，和顺图书馆的管理员刘玉璞、寸守纲与益群中学的同学们将馆内的珍贵藏书分批转运至安全地带收藏，最大限度降低了馆藏损毁风险。"文革"时期，面对国家政治灾难、社会危害，和顺图书馆的管理员刘玉璞为保存优秀文化，将名人匾额与珍贵书籍掩藏起来，机智无畏地应对着"破坏分子"，和顺图书馆的主体建筑与宝贵文物虽得以保存，但是刘玉璞自己却惨遭"破坏分子"的诬陷，遭受牢狱之灾，身心都受到极大伤害。历史是公平的，正义会迟到但不会缺席，刘玉璞等人为守护和顺图书馆所做出的贡献会永远得到后人的铭记。

---

① 杨采侯：《和顺图书馆十周年纪念祝词（诗其一）》，载和顺图书馆编辑委员会编《和顺图书馆十周年纪念刊》，明明印务有限公司，1939，第2页。

第四章　转轨：纳入国家公共图书馆建制
（1980～2011年）

战争与政治运动严重破坏了和顺乡村社会文化生态，使和顺图书馆各种业务服务处于停顿和半停顿的状态，尤其是和顺图书馆与乡村社会网络之间的融洽状态已被动荡的社会变革所割裂，原先支持和顺图书馆的乡村民间力量自组织供给系统已经不复存在，和顺图书馆的独立自主发展举步维艰。1979年，和顺图书馆馆长赵秀发作为归国华侨的优秀代表在参加云南省政协会议期间，带着全乡父老的希冀，联合在昆明的和顺籍委员李镜天、刘国生等，联名提交了"请将和顺图书馆纳入国家编制，以便在现有基础上继续扩充，更好地为四化建设服务"的提案。提案引起了省政协、省政府的重视，经当时云南省文化厅同意批准，1980年和顺图书馆被正式纳入国家公共图书馆建制，与腾冲县图书馆并列为腾冲县文化局的二级事业单位，配给人员编制并逐年核拨经费。这意味着和顺图书馆至此开始由民间私立图书馆转变为国家公共图书馆，这一性质的变化使和顺图书馆进入了新的发展时期。本章将对被纳入国家公共图书馆建制的和顺图书馆进行考察，重点分析政府行政嵌入对和顺图书馆公共文化空间建构的双重影响，并提出在乡村公共文化空间建构中如何处理好国家治理体系与地方知识系统的关系。

一　事业单位体制与文化格式供给

在乡村公共文化空间由传统形态向现代形态发展转型的过程中，政府扮演的角色越发重要，它推动着乡村公共文化空间的现代化。1980年政府将和顺图书馆纳入公共图书馆建制，从此，和顺图书馆由民间私立图书馆转变为国家公立图书馆。在这一转变过程中，政府通过行政权力全面嵌入和顺图书馆的管理和运营等事务中来。这一时期，和顺图书馆经历了从乡村内生型公共文化空间到行政嵌入型公共文化空间的转变。政府行为的嵌入主要表现在建立事业单位的管理体制和实施行政供给的分配机制。

为加强对社会文化资源的支配能力，政府通过高度组织化的方式建立了文化事业单位体制，文化机构和人员成为国家文化机构中的单元网格。公共图书馆是国家文化事业的重要构成部分，其人事编制、人事任免、薪酬分配等方面都由政府主管部门决定，图书馆本身没有自主权。和顺图书馆1980年被纳入国家公共图书馆建制后，其管理运行经费被纳入政府财政预算。其实，当时正处于"以经济建设为中心"的高潮期，政府对公共文化建设的投入非常有限。政府还一度提出了"以文补文""以文养文"的举措，即公共图书馆利用人员、馆藏、设备等优势，在业务工作中开展一些有偿服务，如信息提供与交流、人才培训、文献检索、文献复印、视听服务、参考咨询等服务性经营项目，通过项目经营创收来弥补图书馆经费不足的问题。1987年，文化部、财政部、国家工商行政管理局联合发布了《文化事业单位开展有偿服务和经营活动的暂行办法》，在政策上对图书馆开展经营活动予以鼓励支持。当时，沿海经济比较发达地区的图书馆经济收入由业务延伸性质的"以文补文""以文养文"发展到多业并举的"以副养文"大开发，"公共图书馆下海"竟成时髦潮流。但是，"以文补文"得不偿失，数据显示，1986~2007年，全国公共图书馆系统年购书总数比上一年平均逐年递减100万册，平均下降幅度为10%，图书馆专业人才流失严重，公共图书馆的公益属性缺失。① 对于地处西南边疆作为县级乡村公共图书馆的和顺图书馆来说，开展有偿服务既违背和顺图书馆"藏书为民""免费开放"的传统，又没有市场条件，当时和顺乡村经济发展相当滞后，也没有开展经营活动的空间。因此，在当时"以文补

---

① 陈涓：《县级图书馆开展"以文补文"活动反思》，《图书馆》2008年第1期。

文"的大潮下，和顺图书馆依然坚持免费开放，并且借阅也是全免费。为了维持和顺图书馆正常运转，时任馆长的寸茂鸿（1982～1990 年在任）不得不紧紧盯住主管政府官员，"跑政府要经费"成为常态。寸茂鸿在《魂系图书馆》一文中描述了当时跑政府要经费的情形："以后不要诺个（这样）搞，哪个兴闯进会议室来要钱。以后这种'跑步前（钱）进'的事时有发生。"①

政府行政部门掌握着财权、事权，作为文化事业单位的图书馆，要想争取事业经费与人员编制，必须多"跑政府"。和顺图书馆的人员编制此时较少，在馆工作大半辈子的刘玉璞的编制问题就一直没有解决，和顺图书馆虽多次向有关政府部门反映情况，但直到他逝世都未能解决其公职待遇问题。在事业单位体制内，编制是一种身份的象征，它既是一份"铁饭碗"和基本生活保障的凭借，又是基层人员开展事业的牵引动力。在基层社会，有无编制，甚至直接影响到一个人的身份地位。

2005 年后，国家对公共文化设施建设的财政投入逐年增加，还通过中央转移支付的方式予以项目补贴支持。例如 2009 年，中央政府拨款 350 万元在和顺图书馆东侧的景山园内建成一幢一正两厢仿古木结构的建筑，用于存放中宣部捐赠的 9211 册中华再造善本古籍，并为开展公共文化服务活动提供场所。政府财政投入有力促进了基层公共文化服务基础设施建设，最大限度地满足了农村居民对公共文化的基本需求。这种文化惠民工程的建设，体现了国家行政主导的社会公平原则。但是这种以公平为导向的事业单位管理机制在很大程度上也制约了公共文化服务的效能。在行政管理"一刀切"的简单化、绝对化模式下，事业单位管理制度将社会力量和乡村资源排斥在外。管办不分、政事一体的内部管理考核机制缺乏清晰透明的财务账目，也没有建立切合地方实际的目标管理体系与基于当地居民满意度评价的绩效考核制度，这些都导致事业单位管理机制的运行效率低下。

---

① 腾冲市文化广播电视体育局、腾冲市和顺图书馆编《侨乡文化记忆——云南腾冲和顺图书馆建馆 90 周年纪念集》，2018，第 36 页，内部刊物。

以前（私立时期）村里人人都可以是图书馆的管理人员，自愿捐书捐款，一起参与到图书收藏整理中来，不拿一分钱，但感到幸福，是一份光荣。现在（公立时期）馆员都是政府编制，每年也有政府经费，开馆闭馆有一套自己的规定。我们已经不能随便进去管理和阅读了。馆员专注自己的事，他们在干什么我们也不清楚，缺乏服务热情。感觉图书馆好像变了味，从庭院变成了衙门。以前的亲切感变成了一种疏离感。（村民访谈，2016 年 7 月 10 日）

同时为了保障意识形态与文化领导权的集中统一，政府实行自上而下的文化生产配给模式。在国家行政供给的模式下，公共图书馆事业由国家包办，公共图书馆成为政府的延伸，其独立性和自主经营权在很大程度上缺失。虽然这种模式基本保障了公共图书馆的图书来源，但是格式化的行政供给具有很强的"议程强制"、"形式强制"与"渠道强制"色彩，是一种整体性的文化表达机制，对于个体化、差异性的文化需求很难兼顾，农村居民无法根据自己的文化偏好进行选择。

图书馆的图书主要是由新闻广电出版局统一配送，图书馆没有选择权。现在书倒是很多了，已不再接收村民个人的捐赠。图书馆也不了解村民的文化需求，不知道现在人的口味，毕竟众口难调。也没有专门的经费去开展其他的一些公益文化活动。（馆员访谈，2016 年 7 月 11 日）

这种政府行政主导的文化供给是广覆盖和福利化的，对公共文化服务的民间供给和市场供给形成了挤出效应，影响了公共文化服务供给的多元优化选择。高度行政化加深了公共图书馆对政府的依赖和依附关系，公共图书馆没有自主权，一切依照政府计划指令行事，缺乏活力。这些都导致和顺图书馆与农村居民的文化需求错位脱节，乡村公共文化资源的配置效率大大降低。

总之，通过政府行为的嵌入，和顺图书馆作为文化事业单位立足于

"计划配置、干部任命、专业技术"这三大基础之上，形成了"资源体制内循环、身份刚性约束、行业壁垒"三大特征。[①] 这种模式虽然在一定程度上保障了和顺图书馆的人员配置和经费来源，有利于建立结构完整、功能强大的公共文化动员体系，但是也在一定程度上导致公共投入的效率低下，社会整体文化福利水平不高。事业单位的管理机制和行政供给的分配机制导致和顺图书馆这一乡村公共文化空间形成了一种"内向封闭型体制"，显得秩序有余而活力不足。"由于存在权力身份与服务身份混存、公共利益与机构利益混杂、履约职责与就业职责混置的制度特征，业已形成一种凝固和僵滞的官僚制结构。"[②] 这种封闭型空间和官僚制结构与市场经济时代人们的个性化、差异性文化需求脱节，也容易造成政府职能错位、越位等一系列政府失灵的问题。[③]

　　和顺图书馆从乡村内生型公共文化空间转变到行政嵌入型公共文化空间，这一阶段和顺图书馆的文化参与主体较为单一，呈现政府力量主导的"唱独角戏"局面。政府行政力量强有力的介入在很大程度上保障了和顺图书馆的基本管理运营，提供了较为稳定统一的资金来源，也提供了固定格式化的文化供给，在一定程度上满足了和顺图书馆的基本运行和农村居民的基本文化需求。但同时，文化资源的体制性垄断导致和顺图书馆对民间力量的排斥。民间文化力量成长不足，政府长期"唱独角戏"的结果是，精英文化与大众文化逐渐分裂，大众文化的"去意义化"倾向日益明显，精英文化越来越失去对大众文化的引导力，从而导致乡村公共文化空间"悬浮"于乡土社会，乡村文化治理反而陷入内生权威缺乏和外生权威弱化的双重困境。因此，如何重新定位政府的角色，激发乡村公共文化空间的内生活力，使乡村公共文化空间能够扎根乡土，成为亟须解决的问题。

---

① 傅才武：《中国文化管理体制：性质变迁与政策意义》，《武汉大学学报》（人文科学版）2013年第1期。

② 傅才武：《当代公共文化服务体系建设与传统文化事业体系的转型》，《江汉论坛》2012年第1期。

③ 肖容梅、吴晞、汤旭岩、万群华、梁奋东、肖永钐、刘杰民、邱维民：《公共图书馆管理体制研究》，《中国图书馆学报》2010年第3期。

二 体制嵌入与服务内卷化

1944 年，英国学者卡尔·波兰尼在《巨变：当代政治与经济的起源》中首先提出嵌入性理论来解释存续繁荣于 19 世纪的欧洲文明体系为何在进入 20 世纪之后却走向衰落。波兰尼指出工业革命之前市场是嵌入社会制度及非经济制度之中，市场自觉适应社会制度，并随社会制度的变迁做出主动调整，而工业革命之后则要求社会制度要围绕市场，社会制度的建立和变迁要以市场为指向，市场体系与社会系统二者的位置关系被颠覆，形成了本末倒置的态势，也就是市场经济与社会系统发生了脱嵌。[①] 20 世纪 90年代后，美国学者沙龙·祖金和保罗·迪马乔对嵌入性理论进行了系统阐述，将嵌入分为结构嵌入、认知嵌入、文化嵌入和政治嵌入四种不同类型。中国学者大多运用嵌入性理论来分析国家与社会之间的关系问题。在"强国家、弱社会"的特殊体制下，社会组织与政府之间是一种非对称依赖关系，政府倾向于通过一定的制度安排发展并介入社会组织，进而提高对社会的掌控能力。[②] 通过运用组合政策工具，地方政府从多层面嵌入社会组织发展，将自身经济逻辑和政治逻辑渗透到社会组织中，进而把社会组织纳入自己的行动逻辑。[③]

以嵌入性理论来观察和顺图书馆这一乡村公共文化空间中的政府与社会之间的关系，可以发现，民国时期和顺图书馆的运行主要是靠民间社会组织和顺崇新会的经营管理与乡间民众群策群力的大力支持，这一时期，地方政府对和顺图书馆的行政嵌入相当有限，虽然乡公所在和顺图书馆的组建与馆屋新建过程中曾给予土地与经费支持，但基本不过问和顺图书馆的日常管理与事务开展情况，和顺图书馆的业务活动开展具有自主性。20

---

① 卡尔·波兰尼：《巨变：当代政治与经济的起源》，黄树民译，社会科学文献出版社，2013，第 113 页。

② 汪锦军：《从行政侵蚀到吸纳增效：农村社会管理创新中的政府角色》，《马克思主义与现实》2011 年第 5 期。

③ 吴月：《嵌入式控制：对社团行政化现象的一种阐释——基于 A 机构的个案研究》，《公共行政评论》2013 年第 6 期。

世纪 80 年代后，和顺图书馆被地方政府纳入国家公共图书馆体制，国家重视对意识形态与文化领导权的管控和社会文化资源的支配，和顺图书馆的发展也因此而严重依赖地方政府的政治支持、组织体系、官方媒体、活动许可、人员配置以及财政资金等资源。这种政府行政力量主导的"体制嵌入"，是政府将自身的行动逻辑渗透到公共文化空间中去，从而达到"行政吸纳社会"的目的。"行政吸纳社会"是指政府在分类控制体系的基础上，通过功能替代来培育可控的公共文化空间，并利用它来满足社会的需求，消除"自治"的公共文化空间存在的必要性，进而避免在社会领域中出现独立于政府的公共文化空间。[①]

政府对乡村公共文化空间的"体制嵌入"在一定程度上确实能够有效提高乡村公共文化空间的发展水平。各级政府数次拨款并按照修旧如旧原则对和顺图书馆的大门、石阶和主楼进行了整修和翻新，增添了消防设施。1998 年，政府拨款 20 万元建成了一栋面积为 266 平方米的钢筋混凝土仿古建筑藏珍楼。藏珍楼的建成使和顺图书馆的珍贵古籍、文物等馆藏在防火、防湿、防虫、防尘等方面均得到了一定的保障。1999 年，腾冲县政府将比邻馆舍的文昌宫、土主庙、三元宫的所有权划归和顺图书馆，和顺图书馆的占地面积变为 5500 平方米。2003 年，扩建景山园，并全面修复文昌宫。2009 年，时任中宣部部长的刘云山来馆后，赠送了整部《中华再造善本》，共计 9211 册，并由中央拨款 350 万元，在景山园内新建善本藏书楼主楼一幢及两厢，建筑面积达 667 平方米，是建馆以来最大的一次扩建。总之，这期间，在政府强有力的支持下，和顺图书馆先后建成了藏珍楼、中华再造善本楼，扩建了景山园，又将文昌宫、土主庙、三元宫等一并划归进来，从而形成了占地面积近 6000 平方米的庞大建筑群。如果没有政府行政力量的推动，和顺图书馆不可能获得比较雄厚的资金支持，和顺图书馆的空间格局也不可能在短期内得到明显改善。

然而，政府行政权力所主导的对乡村公共文化空间的体制嵌入，也在很大程度上造成了乡村公共文化空间的服务内卷化。"内卷化"这一概念

---

① 康晓光、韩恒：《行政吸纳社会——当前中国大陆国家与社会关系再研究》，*Social Sciences in Chian* 2007 年第 2 期。

源于美国人类学家吉尔茨，是指一种社会或文化模式在某一发展阶段达到一种确定的形式后，便停滞不前或无法转化为另一种高级模式的现象。黄宗智把这一概念用于中国经济发展与社会变迁的研究，他把通过在有限的土地上投入大量的劳动力来获得总产量增长的方式，即边际效益递减的方式，称为没有发展的增长即"内卷化"。[①] 这里用"内卷化"这一概念来分析政府行政权力推动的"体制嵌入"的乡村公共文化空间所提供的公共文化服务状况。这一状况突出地表现在两个方面：一是服务逻辑的行政化，二是服务效果的悬浮化。

一方面是乡村公共文化空间服务逻辑的行政化。政府运行具有自身的内在逻辑，这种逻辑体现了强烈的等级权威、命令服从特征，与公共文化空间的自主性、志愿性特征是截然不同的。公共文化空间服务的行政化是指在承接服务时本应体现自主性与志愿性，却在一定程度上被纳入行政层级系统，根据行政逻辑运行，从而导致背离公共文化空间的属性。这一时期，随着和顺图书馆日益被外界所认识，各级党政机关亦越来越重视，20年间授予了和顺图书馆许多荣誉桂冠：1993年，被云南省政府列为"重点文物保护单位"；2003年，被中国侨联命名为"爱国主义教育基地"；2006年，被国务院列为"全国重点文物保护单位"；2009年，被云南省科技厅命名为"省级科普教育基地"；2012年，被中国社科联命名为"中国人文社会科学普及教育基地"。政府权威借助行政性力量不断对和顺图书馆进行渗透，导致和顺图书馆公共文化服务自主性不断减弱的服务行政化。而当和顺图书馆无法以专业性来证明自身的嵌入能够改善原有的社区公共文化服务时，为了继续获得嵌入的合法性，就需要用形式上的专业（项目报告）来补充实质上的专业（满足社区群众文化需求）。服务行政化的后果是和顺图书馆的服务越来越多地反映了政府的意志，以服务对象需求为本的专业使命受到威胁，和顺图书馆的服务效能受到社区民众的怀疑。和顺图书馆没有成为地方政府的伙伴，而是变成了伙计。随着政府权力的不断渗透，和顺图书馆走向行政化的

---

① 黄宗智：《长江三角洲小农家庭与乡村发展》，中华书局，1992。

外部权力安排深刻地影响了内部组织治理结构。当外部服务行政化以后，内部机构也逐渐趋向官僚化。行政权威最终挤走了专业权威。科层制的管理思维营造了等级制、集中化的权力关系，职员之间的情感联系也被削弱了，整个团队更像是完成任务指标的机器，而和顺图书馆也开始沦为衙门，社区民众与之开始产生距离感和生疏感。在外部服务行政化和内部治理官僚化的影响下，和顺图书馆开始呈现专业建制化的特征。所谓建制化是指个人或组织朝向与国家体制之关系更紧密的方向变化其社会位置。各种文化惠民工程项目的实施，其专业建制化表现在和顺图书馆完全按照政府所制定的标准执行，与当地原有的社区服务人员更加疏远，与机构内社区工作人员的冲突外显化。这种专业建制化在迎接领导视察期间表现得最为突出，从中可见"客观的权力关系倾向于在象征性的权力关系中再制自身"①。在这种建制化的过程中，和顺图书馆的专业优势不仅无法体现，甚至形塑了缺乏活力、弹性和沟通能力的自身印象，在实践中的某些以规定、公平为由产生的"专业行为"反而降低了服务质量。②

另一方面是乡村公共文化空间服务效果的悬浮化。乡村公共文化空间服务逻辑行政化导致的一个基本结果是服务效果的悬浮化。由于和顺图书馆事业的开展是为了完成上级主管政府部门的考核，乡民满不满意认不认可并没有纳入考核体系，因此和顺图书馆的反馈只是在体制内"空转"，并没有考虑公众的参与情况，和顺图书馆与居民日常生活往往处于"疏离"的状态。这种状态造成的结果是和顺图书馆以"衙门"的姿态悬浮于居民日常生活领域，难以真正有效地融入居民日常生活领域。这里，"悬"意味着和顺图书馆处于"外在于"日常生活的状况，"浮"指向和顺图书馆提供的公共服务与日常生活难以真正融入的境地。一旦远离了日常生活，乡村公共文化空间往往丧失切身可感、直指人心的现实通道，难以体

---

① 布迪厄·皮埃尔：《社会空间与象征权力》，载包亚明主编《后现代性与地理学的政治》，上海教育出版社，2001。
② 朱建刚、陈安娜：《嵌入中的专业社会工作与街区权力关系——对一个政府购买服务项目的个案分析》，《社会学研究》2013 年第 1 期。

现其现实关怀，更无法展现其变革日常生活的现实力量。一旦悬浮于居民日常生活，乡村公共文化空间将丧失基本的人文关怀，变得刻板、机械，缺少关注人间烟火与接地气的现实感，难以透过日常生活进入人们的精神生活，并终将难以为民众所接受。与此同时，这种悬浮化的状态也使得乡村公共文化空间无法发挥对居民日常生活的改良和重塑作用。这与20世纪30年代和顺崇新会所主持的和顺图书馆倡导社会教育，使"家乡达于现代社会化之域"的宗旨大相径庭。当时和顺图书馆在和顺崇新会新青年的领导下，积极投身革新普及教育、改良风俗与建设社会新事业的时代潮流之中，是家乡建设事业的一面旗帜，发挥了启智化愚的作用。但此时，和顺图书馆与乡村社会日常生活领域的距离越来越远，和顺图书馆逐渐成为文化权力网络中的一个单元格，格式化地自上而下执行政府的考核标准。

总之，政府行政权力主导的"体制嵌入"对于乡村公共文化空间的建构来说是一柄双刃剑，有利也有弊。利在于通过国家制度供给与资源输入，乡村公共文化空间的物理场域阵地得以巩固与扩展，形式上取得了标准配置的提档升级；弊在于"体制嵌入"造成乡村公共文化空间的服务逻辑行政化与服务效果悬浮化，是一种"没有发展的增长"，陷入了"体制内空转"的内卷化困境。这种深度行政嵌入的后果是乡村公共文化空间成为建制的主体，它们在科层制下日趋行政化，并远离服务对象，"其被动结果是公众参与度、服务有效性或者工具运行效率等评价方式中不得不承认的'工具失灵'或'服务失效'（尽管各级文化行政的官方从来就不曾而且也不愿这样承认），甚至是非评价程序中人民群众'离场'后这些所谓'服务'一定程度上处于行业封闭状态的'自娱自乐'"①，实质上造成了公共精神内核的丧失。并且随着20世纪90年代市场经济的迅猛发展与城镇化进程的加速，乡村社会的公共性秩序开始不断消解，原子化个体化发展增加了空间聚合与需求对接的难度。孟祥林指出乡村公共文化空间建构存在需求微分化、空间隔离化与关系疏离化的场域困境，并指出乡村公

---

① 王列生：《论"功能配置"与"公众期待"的对位效应及其满足条件——基于现代公共文化服务体系建设中工具激活的向度》，《江汉学术》2014年第3期。

共文化空间的建构方向在于整合资源、打造空间与培育精神。① 因此，重构乡村公共文化空间需要在尊重公众参与的基础上重新审视政府力量与民间力量之间的关系，重拾公共精神的价值内核。

三 情感连接与空间生产

在政府行政嵌入的过程中，和顺图书馆并非只是被动的服从，也有积极主动嵌入国家，并根据地方情境开展富有特色的文化活动。其中最引人注目的是，和顺图书馆运用"乡情"这一特色资源进行广泛的社会网络连接，在一定程度上重构了乡村公共文化空间。在既有乡村社会治理的研究中，学者们深受西方新公共管理运动的影响，过于聚焦分权、效率等理性视角，而忽视了传统资源要素，尤其是情感这一柔性治理功能。乡情治理的核心是基于经济、社会纽带和共同文化符号的情感场域，并通过以下特征治理要素发挥作用：乡情凝聚下的"新士绅"和议题网络作为主体；传统节日和文化场合作为公共平台和议事空间；爱乡、奉献、共荣等地方价值内嵌为利益协调和集体行动规则；发达的民间和社区慈善作为内生治理资源。② 乡情是链接诸多传统文化要素并影响个体和群体行为的本土情感，能够为乡村社会治理提供精神动力和文化内涵。

和顺人有着强烈的本土认同与地方情感，这种认同源于和顺历史上的经济文化成就，尤其是作为中国西南边疆第一大侨乡。和顺现居人口有 6000 多人，归侨、侨眷占全乡人口的 63%，而侨居海外的和顺人则有 12000 多人，主要分布在缅甸、泰国、美国、日本、新加坡等数十个国家和地区。和顺乡人文蔚起，明清时期中举和考取秀才以上者有 400 多人，2000 年前后，"和顺"丛书、《和顺乡》编委会，益群中学昆明校友会共同发起，联合旅缅和顺联谊会、国内外益群校友会共同完成了

---

① 孟祥林：《乡村公共文化空间建构的困境、向度与方向》，《华南理工大学学报》（社会科学版）2019 年第 6 期。

② 蓝煜昕、林顺浩：《乡情治理：县域社会治理的情感要素及其作用逻辑——基于顺德案例的考察》，《中国行政管理》2020 年第 2 期。

20 世纪和顺的文化普查——《腾冲和顺出国留学、高职技术人员（含华裔）名录》的问卷调查。调查结果显示，和顺乡涌现出了寸树声、杨发恩、寸镇东、李广春、尹治宽、李继先、张云华、艾思奇、李致卿、张德辉、张云和等涉及人文社会科学、理工、医农等不同领域的高职技术人员及出国留学人员共 410 人。① 和顺旅缅华侨华人，人数众多，多少世纪以来和顺人基本保持幼而学（在家读书）、壮而行（赴缅甸）、叶落归根（告老还乡），往返于中缅之间这样的轨迹。20 世纪中叶以来，情况发生了很大变化，他们有去无回。除了五六十年代，学生回国补习升学，少数从商就业以外，在缅的和顺华侨，特别是年青一代，逐渐向国内港台及国外新马泰、欧美分流。和顺留学人员在很大程度上也和缅甸有直接关系。由于在长期的生产和生活实践中，和顺人感受到文化教育的重要性，重教兴文之风盛行。著名作家彭荆风到和顺采风时感慨地说："和顺让人佩服的地方很多，但最让人佩服的就是重视人才培养；和顺让人羡慕的地方很多，但最让人羡慕的就是人才辈出。"杨明菊写道："每个有历史文化涵养的乡村，都有一个文化坐标，或者叫文化的渡口，有的是风景，有的是故居，有的是宗祠，有的是名人，而和顺图书馆，毫无争议成为和顺人心目中从没坍塌过、无可替换的文化坐标和津渡。在守耕乡土和闯荡夷方的十字路上，总会有母性的乡土文化和父性的商旅文化碰撞，在富甲一方的声誉下，正是这座建在村口的图书馆，在渔樵耕商之外，辟出了一块安放灵魂追求和思想旷野的地方，用最强韧的黏合力量，让家园耕耘者安心，让羁旅他乡者从容。"② 和顺图书馆就是和顺侨乡文化的窗口，和顺的有识之士们促成了和顺图书馆的成立与发展，和顺图书馆又让更多的人从中获益而成为人才。近一个世纪以来，和顺人在这种良性的互动中受益良多。

和顺在乡人数为 6000 余人，而在外的却是其三倍之多，他们靠什么紧紧联系在一起呢？那就是亲情和乡情拧成的纽带。无论他们走到天涯海

---

① 杨发恩主编《和顺·人文卷》，云南教育出版社，2005，第 168~250 页。
② 杨明菊：《里·面》，载和顺归国华侨联合会、和顺镇文化站主办《和顺乡》，2018，内部刊物。

角，只要听到那熟悉的乡音俚语，总能把他们联系在一起。你看那存在于异域他乡的和顺联谊会、益群校友会，这些组织就是最好的例证。和顺发达的民间慈善团体为基层社会治理提供了额外的治理资源。1995 年旅缅和顺联谊会、益群校友会在一封公开信中记述道："和顺乡被誉为'文化侨乡'，是先辈乡贤留给我们的宝贵文化遗产。身为文化之乡的一份子，旅缅和顺联谊会，是步着先辈侨贤余迹，以爱国爱乡为宗旨，为广大同乡谋福利的同乡组织……对家乡，我会发动全缅同乡，捐资修建侨光路。我乡前任乡长刘家兴校友，去年来瓦探亲时，亲题'侨胞怀故土修建侨光路'书赠我会。我会也号召全缅同乡和益群校友，捐资兴建了雨洲纪念亭及为益群中学修筑了一座篮球场，并请昆明书法家李群杰老书'赤子丹诚怀霜凌云'八字，以柚木刻成大匾，做益群中学五十周年校庆的献礼。图书馆创馆六十周年及中天寺的重修，都尽到了乡人的义务与责任……"① 旅缅和顺联谊会的前身就是和顺崇新会，和顺崇新会在第二次世界大战日本发动太平洋战争后消逝，现存有两副寓有深刻意义的门联，"旅居四夷汉族勿为夷族化，缅想千古今人不让古人贤""青春不再来，愿大家勿忘斯会；年华真易逝，冀我辈共图厥成"。国内外和顺人的这种情感连接为和顺图书馆的建设发展提供了源源不断的支持。

在 1991～2003 年担任和顺图书馆馆长的寸时畅先生利用图书馆的平台，广泛开展文化活动，先后举办了"世界反法西斯抗战胜利 50 周年纪念展""香港回归剪报展""民国珍贵图书展""腾冲抗战照片展""腾冲职工书画展"等各种展览，极大丰富了读者的文化生活。和顺图书馆举办的这些展览不仅展示了世界、国家与地方的社会变迁，还连接了乡人、海外侨胞与家乡和祖国的情感。这种情感连接通过和顺图书馆这一文化符号而具象化。这期间，乡人寸镇华向和顺图书馆捐赠一套《缅甸大百科全书》（缅文版），共 15 册；乡人李镜天向和顺图书馆捐书 189 册；华侨刘玉超遵照其父刘启珑先生生前遗愿，将个人收藏的 1341 册图书捐赠给和顺图书馆；台胞李生万捐购书款 10000 元；旅美华侨张月洲先生遗愿捐赠

---

① 《旅缅和顺联谊会、益群校友会的公开信》，载杨发恩主编《和顺：乡土卷》，云南教育出版社，2005，第 281～283 页。

10000 元，购得图书 602 册；香港伍集成文化教育基金会伍宗琳女士捐赠购书费 40000 元；等等。随后，众多单位、团体和个人纷纷向和顺图书馆捐书捐款。据统计，2007～2017 年 10 年间，和顺图书馆就收到社会各界赠书 5 万余册，年平均受捐 5000 余册。

另外，和顺图书馆还聘请乡间文化名人来辅助馆务工作，其中乡间学者张孝仲被誉为"和顺文化的活字典"。张孝仲先生出生在和顺一个知识分子家庭，他的父亲张蓉先生开办了和顺第一家照相馆，现在和顺的许多老照片是张蓉亲自拍摄的，他曾多次向和顺图书馆捐款捐书。受父亲影响，张孝仲先生积累了深厚的家学底子，并对和顺地方文化颇有研究，先后发表过《腾冲的三绝碑》《谈虎色变话丙寅》《李根源与滇西抗日》等文章。20 世纪 80 年代，腾冲大规模修复国殇墓园时的烈士纪念塔就是依据他拍摄的照片景观设计建造的。张先生的最大贡献在于他捐出了一套共 92 幅的腾冲抗日纪实照片。这套照片也成为最早宣传滇西抗战的最有力实证，在 20 世纪 90 年代被广泛用于博物馆、纪念馆和各种媒体与图书中，成了第二次世界大战中滇西抗战的一份珍贵资料。1990 年后，张孝仲先生到和顺图书馆帮助做整理图书的工作。这段时间张孝仲先生的情况，在女作家何真所著《驿路商旅第一村》的书中，有《布衣张孝仲》一篇可以反映出来。她是这样说的，"每天，已 73 岁的孝仲先生按时到和顺的图书馆去，用一把古老的钥匙开开那扇飞檐下古老又洋派的英国大铁门，开始他的工作，借书、补书、编史、编目，无论是为一个农人或小学生找一本小书，还是为国内外的来访者（有学者、高官，也有新闻媒体及普通游客）讲述图书馆及和顺的历史，他都一往如常地谦和认真，一丝不苟。充满了无声的宽阔宁静，充满了无言的自爱与自尊，也充满了这个村庄的良知与尊严"①。

和顺图书馆对海内外和顺人进行情感连接的另一个主要创举就是构建议题网络，《和顺乡》的复刊、"和顺"丛书的编写、和顺图书馆周年馆庆的举办在一定程度上外化为情感场域的媒介，一方面为社区的协商议事、利益调节提供平台，另一方面作为情感表达场合，也为村民的慈善和回馈

---

① 何真：《驿路商旅第一村——和顺》，云南民族出版社，2001，第 127 页。

社区提供表达契机。《和顺乡》是1936年和顺崇新会将《和顺崇新会周年纪念刊》改名而来，将一年一期的会刊改为《和顺乡》的缘由是"乘时革新""亡羊补牢"，"我们如果要使本刊能担负起这把握着时代，去推进本乡，改造本乡的重任，那不惟要努力扶持它，而且还要使它每年出版的期数增多，使它不失时代性，能给社会以研究，采择的充分机会，而增强了它的力量"。"为要改进本乡，才有本会的组织；为要改进本乡，也才有本刊地刊行，事实上，探讨的对象，自然不仅限于本会的事务，也许会谈谈乡事，也许会谈谈乡以外的事件。然而，人们总是由名称的字义上，而生出了畛域的观念来，能够写文字的，既抱了一个他们崇新会的观念，而不肯投稿，向本刊发表意见；阅读的人们，也抱了同样的观念而不肯细读深究，结果，刊物的质上量上终不免于幼稚，薄弱，精神上离开了大众。这样，怎能去改革人心，怎能去推进社会？所以，本刊的名称，应当使它普通化了，把那无形的畛域线——其实并无畛域——消灭了，使大家都了解本刊是全乡人的喉舌，大家齐来扶持它，运用它，更由它的能力，进而推动了本乡的一切。因此，本刊改用了现在的名称——和顺乡。"① 由于社会和历史等许多因素影响，《和顺乡》在滇西抗战爆发后就长期停办。1999年9月，在政府、侨联等各方支持下，《和顺乡》复刊，《和顺乡》编委会在和顺图书馆成立，并每年出版一期。《和顺乡》的复刊对于和顺人的文化符号与本土认同进行了重构。《和顺乡》的征稿启事如下所述。《和顺乡》以传承、弘扬和顺优秀文化，以加强海内外联谊和资政为宗旨。办刊坚持高雅、清新的文化品位和风格，但凡和顺的文史源流、人文景观、风土习俗、名胜掌故，无不杂而记之。同时，也突出了和顺独特乡音、乡情，从中既可探和顺六百余载文化之踪迹，又能见识今日和顺之风貌，是了解和顺文化之窗口和研究和顺文化的一个平台。本刊开设《今日和顺》《教育之窗》《追述历史》《小巷故事》《侨乡闻人》《海外乡音》《拾零补遗》《他山之石》等栏目。作品题材体裁不限，原则上以一事一说为主。融主旋律、高品位、知识性、可读性于一体，雅俗共赏，使本刊成为文化交流的窗口和联络乡情的桥

---

① 编委：《编前话——本刊的小小改进》，载和顺崇新会编辑委员会编辑《和顺乡》，华丰印刷铸字所，1936，第1页。

梁。热忱欢迎镇内外、县内外、国内外作者惠赐稿件。① 《和顺乡》复刊的经费除得到地方政府一定的补助外，主要是海内外和顺人的捐款，据统计，1999 年 8 月至 2005 年 7 月，《和顺乡》编委会办刊基金收入金额累计达 95408 元。②

20 世纪 90 年代，以云南师范大学杨发恩教授为首的和顺人，为了让人们重新认识和顺的历史、和顺的祖先、和顺的文化、和顺的传统、和顺的精神，策划了"和顺人写和顺"计划，组织编写了"和顺"丛书。丛书的写作从开始便得到了广大和顺乡民、在外工作的和顺人和海外众多和顺华侨的热烈响应和积极支持。乡亲们或建言献策，或踊跃定书，或慷慨捐资；撰稿者数百人，其中年少者仅 12 岁，年长者已是八九十岁的耄耋老人。尹绍亭教授在为"和顺"丛书作序时说："不必讳言，丛书并非尽善尽美，行文长短不一，水平参差不齐已在预料之中；此外靠记忆著文、凭感情议事，错误瑕疵也在所难免。然而依靠如此众多的乡民书写家乡，在中国、在世界即使难说绝无仅有，但肯定极为稀罕，换言之，这样的文化盛事，恐怕也只可能出现在所谓'人杰地灵'的和顺吧。"③

和顺乡以"俗美风淳"的乡情为内核所建构的公共文化空间，通过《和顺乡》的复刊、"和顺"丛书的编写以及和顺图书馆周年馆庆的举办等议题、场合、价值等宣扬和顺文化，建构起了文化符号与文化认同。列斐伏尔指出空间是社会关系的产物，空间里弥漫着社会关系：它不仅被社会关系支持，也生产社会关系和被社会关系所生产。空间的生产源于生产力自身的成长以及知识在物质生产中的直接介入。这种知识最后会成为有关空间的知识，成为空间之整体性的资讯。在国家行政力量主导的体制嵌入和顺图书馆的过程中，国家利用空间以确保对地方的控制、严格的层级、总体的一致性，以及各部分的区隔。因此，它是一个行政控制下的空间，而且否定了差异性。然而，如果来自基层（消费者）的压力足够大，它将

---

① 《和顺乡征稿启事》，载和顺镇归国华侨联合会、和顺镇文化站主办《和顺乡》，2015，内部刊物。

② 《和顺乡编委会办刊基金收支累计报告》，载《和顺乡》编委会《和顺乡》，2005，内部刊物。

③ 杨发恩主编《和顺：乡土卷》，云南教育出版社，2005，第 1 页。

影响一般性的生产，使之朝向空间与这个基层的社会需求。那些有利益牵涉的各种行动，将决定这些社会需求，而不再是由"专家"决定。将先前由"自上而下"生产出来的社会空间，重新建构为"自下而上"的空间，也就是普遍性的自我管理，亦即在各种不同的层次上，完成各单位与生产程序的管理。只有以这种方式，生产工具的社会化才能包括空间的论题。①因此，乡村公共文化空间的建构与治理在强调国家行政力量主导的标准化的体制嵌入的过程中，需要充分发挥乡情的软治理作用，盘活民间资源，通过情感连接最广泛的社会力量来共同参与乡村公共文化空间建构。

小结 国家治理与地方知识

国家行政力量嵌入与地方社会内生秩序在乡村公共文化空间中的互动场景表明，乡村公共文化空间建构需要处理好国家治理与地方知识之间的关系。一般而言，国家治理是一种"硬治理"，通过行政调动资源输入和制度供给来加强基础建设，建立各类标准化均等化的硬性指标来进行绩效考核的问责机制，以确保整个体系的协调一致和目标的达成；而地方知识是一种"软治理"，以地方叙事、传统节日和文化场合为公共平台和议事空间，爱乡、奉献、共荣等地方价值内嵌利益协调和集体行动规则，以发达的民间和社区慈善为内生治理资源，经由情感连接来建构本土认同与地方情感，达成内生秩序的和谐顺畅。以吉尔兹为代表的人类学的地方性知识主要是一种与地域和民族的民间性知识和认识模式相关的知识，②"地方性知识意味着一地方所独享的知识文化系统，是由此地人民在自己长期的生活和发展过程中所自主生产、享用和传递的知识体系，与此地人民的生存和发展环境及其历史密不可分。地方性知识的保存不能采用孤立的方式，因为一旦将地方性知识从它们所赖以存在的自然和人文环境中孤立出

---

① 亨利·列斐伏尔：《空间：社会产物与使用价值》，载包亚明主编《现代性与空间的生产》，上海教育出版社，2003，第47～59页。

② 克利福德·吉尔兹：《地方性知识——阐释人类学论文集》，王海龙、张家瑄译，中央编译出版社，2004。

来，它们就不能够再得到发展"①。

治理现代化与治理方式的选择密切相关，恰当的治理方式往往能够与地方社会文化系统无缝嵌合，形成整体性、系统性治理路径，降低治理中交易成本，取得良好治理绩效。② 乡村公共文化空间是公共文化设施与公共文化活动及依附于其上的一套文化价值观念系统和文化治理体系。乡村公共文化空间具有在地性、展示性和生活性等特征，民间特色的地方知识系统非常丰富。因此，国家在构建统一性、标准化和均等化的现代公共文化治理体系的过程中，需要尊重民间特色文化资源，在国家公共文化治理体系建构中积极吸纳地方文化知识，将具有民间特色的地方文化知识纳入国家文化治理体系，促进国家现代公共文化治理体系建构与地方文化知识系统有效衔接，构建共建共治共享的公共文化空间。这样才能有利于提升国家文化治理能力，也有利于促进地方文化健康有序发展。

从和顺图书馆 20 世纪 80 年代后的发展轨迹可以看出，国家治理与地方知识在乡村公共文化空间中经历了由"行政吸纳社会"到"行政吸纳服务"的关系模式演变。在"行政吸纳社会"模式下，政府将和顺图书馆这一之前民间私立的图书馆收归国有，纳入国家公共图书馆建制，实行事业单位体制管理，给予人员编制与行政事业资金支持。在这种模式下，控制与支持是相互对应的，"政府控制越严的民间组织，得到政府的支持也越大；政府控制越弱的民间组织，得到政府支持也越小"③。而"行政吸纳服务"模式的核心内涵在于政府通过培育和支持民间组织发展，动员和整合社会资源，使民间组织为政府所用，充当政府公共服务的帮手，从而达到增强政府公共服务能力、提升政府的公共治理绩效与合法性的目的；民间组织在此过程中，也获得了生存与发展的必需资源，有利于实现组织的发展目标。④ 2000 年以后，和顺图书馆的发展朝着非营利性公益机构的方向

① 安富海：《论地方性知识的价值》，《当代教育与文化》2010 年第 2 期。
② 常轶军、元帅：《"空间嵌入"与地方政府治理现代化》，《中国行政管理》2018 年第 9 期。
③ 康晓光、卢宪英、韩恒：《改革时代的国家与社会关系——行政吸纳社会》，载王名主编《中国民间组织 30 年——走向公民社会》，社会科学文献出版社，2008，第 324 页。
④ 唐文玉：《行政吸纳服务——中国大陆国家与社会关系的一种新诠释》，《公共管理学报》2010 年第 1 期。

发展，政府把和顺图书馆纳入国家现代公共文化服务体系，其目的在于动员和整合公共文化资源，弥补自身在公共文化服务上的缺陷，提高基层公共文化服务的质量与水平。

有学者指出："真正制约乡村自治模式生成的是国家行政力量嵌入乡村社会的程度，只要国家让出地盘，乡村自治模式就能生成。"[①] 这种认识带有明显的自由知识分子的理想化，根本没有考虑中国乡村治理的历史场景。因为所谓乡村内生秩序在社会剧变中已然消解，当前乡村公共文化空间存在传统形态的功能弱化与现代形态的机制缺失两大困境，处于一种"两边夹生、中间空心"的过渡形态。贸然让国家退出乡村，会导致乡村秩序的断裂，秩序混乱将是必然。杜赞奇在研究 20 世纪上半叶国家政权的扩张对华北乡村社会权力结构的影响、探讨中国国家政权与乡村社会之间的互动关系的过程中，提出日常生活中诸如"象征符号、思想意识和价值观念本质上都是政治性的，从这个意义上来说，它们或者是统治机器的组成部分，或者是反叛者们的工具，或者二者兼具"[②]。对这些文化符号的控制和利用是控制社会基层的关键，杜赞奇进而提出了"权力的文化网络"的概念。这里的"文化网络"是指各种"象征性规范"中的文化，是嵌入并内化在乡村社会组织之中而被人们实际认同并遵守的象征性符号和规范，一般体现在宗教信仰、家族条规、乡村规约、亲戚纽带以及是非标准等内容中。[③] 因此，对于乡村公共文化空间这一阵地政府需要有效嵌入，使其符合社会主义核心价值观，成为人民群众追求美好生活的重要载体。只是，国家的有效嵌入需要结合地方文化网络，充分吸纳地方公共文化资源，通过国家制度供给与资源输入让地方知识获得创生，同时充实国家治理体系的内涵。

---

① 宋小伟、楚成亚：《村庄内生秩序、国家行政嵌入与乡村秩序重建》，《中共天津市委党校学报》2004 年第 3 期。

② 杜赞奇：《文化、权力与国家——1900—1942 年的华北农村》，王福明译，江苏人民出版社，1994，中文版序言。

③ 欧阳爱权：《"权力的文化网络"视域中农村社区治理逻辑研究》，《湖北行政学院学报》2011 年第 5 期。

第五章　共享：多元场景中的文化展示
（2012年至今）

经过多年的发展，和顺图书馆已成为集旅游、文博、公共文化于一体，全年面向社会开放的综合性多功能公共图书馆。和顺图书馆既是公共文化服务的提供载体，又是文化旅游的目的地，现已成为一个文化综合体。在公共文化服务场景中，和顺图书馆的主要任务是满足社区居民的基本文化需求；在文化旅游场景中，和顺图书馆主要成为游客凝视观赏的人文景观，即可参观的消费空间。在公共文化服务场景与文化旅游场景中和顺图书馆的角色与功能是不同的，随着城镇化、网络数字化的发展与和顺古镇文化旅游的开发，和顺图书馆所提供的公共文化服务功能实际上已经弱化了，反而和顺图书馆作为文化旅游的标识的象征意义被放大，和顺图书馆成为旅游目的地的文化遗产资产并将它转化成可供旅游者消费的产品。在新时代文化和旅游融合的背景下，和顺图书馆成为多元场景中的文化展示，在不同的场景中被不同的主体所共享。但是，在多元场景中也会发生利益冲突，开发商与文化管理者、游客与社区居民之间的诉求其实是不一致甚至有矛盾的。本章将分析和顺图书馆在新时代不同场景中的角色与功能，重点分析多元场景中利益的冲突与调适问题，以为和顺图书馆在未来公共文化空间建构中的共享机制提供借鉴。

一　场景理论视角下的和顺图书馆

20世纪90年代以来，随着后工业社会的到来，知识经济成为社会创新发展的新动力。以休闲娱乐、文化创意、公共服务等为代表的第三产业迅速崛起，新型公共文化空间成为吸引人力、资本与消费的磁场。针对新的社会发展趋势，以美国学者特里·克拉克（Terry N. Clark）教授为代表的新芝加哥学派对美国 1200 多个城市和国际上 38 个都市成千上万种的设施与活动进行分类统计、整理与比较研究，提出了场景理论。2016 年芝加哥大学出版社出版了由丹尼尔·亚伦·西尔（Daniel Aaron Silver）和特里·尼科尔斯·克拉克（Terry Nichols Clark）合著的《场景：空间品质如何塑造社会生活》（*Scenes Capes：How Qualities of Place Shape Social Life*），该书集中讨论了文化艺术与人与地之间的互动关系，以及如何构成一个文化场景从而影响地区的经济、政治以及其他社会活动。场景理论的提出为人们认识城乡公共文化空间形态提供了新的视角，从文化作为发展动力基础，以文化消费属性把公共文化空间看作不同符号价值的富集区，从消费、生产和人力资本三者来解释社会，它把不同社会符号或纽带（邻里关系、阶级、社区等）中的个体（居民与劳动者）看作消费者。场景理论把对公共文化空间的研究拓展到区位文化的消费实践层面，文化娱乐休闲设施的不同排列组合形成特定的文化场景，文化场景中蕴含着场景的价值取向，吸引着不同的群体来此进行文化消费和生活，从而推动区域经济社会的发展。[1]

　　场景是由多样性身份与背景的居民，在相应设施或场所进行文化、消费等实践活动，并表现出一定文化价值倾向的社会空间。场景包括 5 个要素：邻里，社区；物质结构，城市基础设施；多样性人群，如种族、阶级、性别和教育等；前三个要素及活动的组合；场景中所孕育的价值。价值观及生活方式是场景的核心要素。场景理论以特定人群的文化消费实践整合场景要素，形成富集意义的多样化场景。场景理论的孕育路径是：设施与市民组织组合成特定场景—孕育价值取向—吸引人力资本—进行消费实践—驱动社会发展。[2]

①　Clark，T. N. "The City as an Entertainment Machine"，*Research in Urban Sociology*，2010，6（6）：357 – 378.

②　吴军、夏建中、特里·克拉克：《场景理论与城市发展——芝加哥学派城市研究新理论范式》，《中国名城》2013 年第 12 期。

在新时代文化与旅游深度融合的背景下，在场景理论视角下的和顺图书馆，需要以农村居民的文化需求为导向，通过建设满足农村居民文化生活需要的设施、组织与活动，构建具有乡土特色的文化场景，以彰显乡村文化价值，不断吸引城乡居民的文化参与和文化消费实践，进而吸引城市文化资本下乡，实现城乡文化资源要素的双向流动；并通过政府资源输入和制度供给，推进农村公共文化服务体系建设和特色文化旅游产业发展，最终实现乡村文化振兴。

以场景理论的视角来看，和顺图书馆是集文化生产、供给与消费于一体的有机体，是形成农村社区文化精神与价值观的重要推手。和顺图书馆组织开展的文化活动所展示出来的文化内涵与生活意义是农村居民产生共同体意识与文化认同的重要纽带。因此，和顺图书馆及其所开展的文化活动就是农村社区的文化场景，既能成为农村公共文化服务供给的重要力量，又能成为农村特色文化旅游产业的重要资源，还能成为农村社会公共文化治理的有机主体，是促进农村社会经济文化全面发展的载体。

场景理论视角下和顺图书馆的发展模式如表5-1所示。

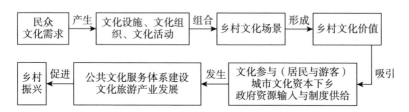

图5-1 场景理论视角下和顺图书馆的发展模式

一方面是公共文化服务体系建设场景中的和顺图书馆。图书馆是社会文明进步的标志，是人民群众学习知识、陶冶情操的殿堂，是建设学习型社会的重要阵地，是公共文化服务的重要基础性设施，是社会主义文化建设的重要组成部分，也是各级政府保障人民群众基本文化权益的重要途径。党的十八大以来，各级政府切实履行了在文化领域的公共服务职能，不断加强现代公共文化服务体系建设，着力补齐文化民生短板，努力保障人民群众基本文化权益，初步建立起了覆盖城乡的公共文化服务体系。"三馆一站"公共文化服务设施全部免费开放，基本实现了"县有公共图书馆、文化馆，乡有综合文化站"的建设目标；深入实施广播电视村村通、文化信息资源共享、农家书屋等重大文化惠民工程，公共文化服务能力和普惠水平不断提高。2015 年 1 月中共中央办公厅、国务院办公厅颁布的《关于加快构建现代公共文化服务体系的意见》指出要以人民为中心，坚持政府主导、社会参与，统筹推进公共文化服务均衡发展，并从基本服务项目、硬件设施和人员配备方面制定了《国家基本公共文化服务指导标准（2015—2020 年）》。紧接着 2015 年 5 月文化部等部门颁布的《关于做好政府向社会力量购买公共文化服务工作的意见》提出，要转变政府职能，推动公共文化服务社会化发展，在购买主体、承接主体、购买内容、购买指导性目录和购买机制等方面明确了积极有序推进政府向社会力量购买公共文化服务工作的要求。这一时期，构建的基本公共文化服务体系标准化均等化、公共文化供给与群众文化需求有效匹配，初步形成了政府、市场、社会共同参与公共文化服务体系建设的格局。随着《公共文化服务保障法》《公共图书馆法》等法律的颁布，公共图书馆作为公共文化服务的重要阵地发挥了关键作用。例如，世界读书日宣传活动是和顺图书馆每年开展的活动，开展有"书香进校园""科技进校园"等知识讲座。为丰富和顺学生的寒暑假生活，和顺图书馆在景山园培训室及电子阅览室开办了书法、英语培训班，并聘请本土专业教师教学，所有课程全部免费。2016 年 1 月 18 日至 2 月 6 日寒假期间，书法培训班有 101 名同学参加，英语培训班有 52 名同学参加。总之，和顺图书馆在加强农村思想道德建设、弘扬中华优秀传统文化、丰富乡村文化生活等方面发挥了公共文化服务功能。

另一方面是文化旅游产业发展场景中的和顺图书馆。2003 年，云南柏联集团入驻和顺，成立云南柏联和顺旅游文化发展有限公司，以"保护风貌、浮现文化、适度配套、和谐发展"为开发方针，致力于把和顺建成独具魅力的国家 AAAAA 景区，一个旅游文化完美结合的古镇范本。2005 年，和顺在中央电视台举办的"中国魅力名镇"评选活动中，从全国 180 多个名镇中脱颖而出，荣登榜首。崔永元在推介和顺时如此说："和顺有很多不足。一是历史太短，和顺小镇只有 600 年的历史，比美国的历史才早

400多年。二是开放太早，和顺早在400多年前就已经开放了。当时，乡里人就走出国门，最近的缅甸，最远的远渡重洋，到了欧、美、澳洲。由海外回国的人，带来的稀罕东西：罗马钟、英国门、捷克灯罩、德国盆。这些古董，在北京会装在玻璃罩，放在博物馆，可和顺，满大街扔着。三是和顺人不务正业，本来，以农业为主的和顺，本应种田，可和顺人经常把牛放在山上吃草，人却跑去图书馆看书。"早在1928年，和顺就建立起中国最大的乡村图书馆，藏书基本上是老书、古书、善本、孤本、珍本等。2019年，全镇共完成地方财政总收入有1592万元，其中：一般公共预算收入完成有882.1万元。农村常住居民人均可支配收入有13277元，农业产业稳步增长，全年种植农作物有19882亩，实现农业总产值有3887万元，农村经济总收入有1.92亿元，旅游业发展态势良好，全镇有民居餐馆169户、客栈旅馆375户、商铺650户，5600多个床位。累计接待游客82万人次，实现旅游总收入1.21亿元，旅游就业和旅游收入已成为和顺居民增收致富的主渠道。① 和顺图书馆积极向国内外游客宣传展示保山腾冲的旅游资源，如2015年春节期间，和顺图书馆联合保山市旅游局和保山市图书馆在和顺图书馆举办"保山旅游资源"图片展，展览内容为全市五县区旅游资源的亮点，包括景区、民俗、特色商品、服务设施等部分。黄金周期间，和顺图书馆共接待3万余人次参观展览。

二 多元场景中利益的冲突与调适

如何在新时代文旅融合背景下整合力量，促进公共文化服务与文化旅游产业融合，需要明确公共文化服务与文化旅游产业的边界，更需要积极拓展公共文化服务的内涵，找准公共文化服务与文化旅游产业的最大公约数与最佳连接点。国家文化政策将文化领域区分为文化事业和文化产业，明确区分了两者的业务边界和责任边界，从属性上将文化事业定义为由政府主导整个生产和供给的过程，侧重公益性、公共性的行业体系，其特点是具有基

---

① 《和顺镇情简介》，腾冲市人民政府网站，http://www.tengchong.gov.cn/info/3570/20798.htm，发布日期：2019年8月1日。

本性、均等性和便利性，目的是满足广大人民群众的基本文化需求；而文化产业则是由市场主导的，由市场主体依据市场需求，向社会公众生产和提供带有营利性质的文化产品和服务的经营性行业体系，其主要特点是市场性、营利性和分众性，目的是满足广大人民群众的多样化文化需求。李炎指出，"文化生产的社会规制与资本规制决定了公共文化服务与文化产业在性质与功能指向的差异，也导致了公共文化服务与文化产业在市场、生产和分配领域的区隔"①。这也使得在文化事业和文化产业各自领域运行的两种相互割裂的文化资源配置形式，均无法有效地实现文化资源的高度整合和最优配置；同时，信息不对称导致了文化事业领域的决策环节在公共文化服务层面不免出现迟钝和偏差，在文化产业层面又存在局限和误导。这直接影响了我国文化领域的产品服务供给与群众文化需求的平衡对接。

从历史发展的眼光来看，公共文化服务是国家视域下移与聚焦的结果，其脱胎于新中国成立以来确立的文化事业体系，是对文化事业体系的内涵超越。文化事业代表的是一种国家话语，它通过国家资源配置建立行业的单位管理体制，文化生产和供给是一种自上而下的半封闭系统；文化产业代表的则是一种市场话语，它通过遵从市场配置资源的决定性作用建立产业的管理经营机制，注重市场理性和经济效益，是一个竞争性的开放系统；而公共文化服务则代表着公民话语，它是以人民为中心，通过政府主导和社会力量参与建立一种"上下联通"的交流对话机制，把社会效益放在首位，也坚持社会效益与经济效益相统一的原则，是一个包容性的、开放的多元系统。公共文化服务在理论价值上能够解决文化事业供给的"不到位"和文化产业供给的"到不了位"问题，是解决文化发展不平衡不充分的重要路径。而且，公共文化服务能够为文化旅游产业提供良好的发展环境，"公共文化扩展和充实了文化和旅游的设施基础……公共文化丰富和增强了文化旅游的传播能力……公共文化内涵式延展了文化旅游的时间"②。

---

① 李炎：《公共文化与文化产业互动的区隔与融合》，《学术论坛》2018 年第 1 期。
② 陈慰、巫志南：《文旅融合背景下深化公共文化服务的"融合改革"分析》，《图书与情报》2019 年第 4 期。

　　旅游产业提供的是我们"想要"的东西，而文化领域提供的机会是考虑我们可能"需要"什么。傅才武和申念衢认为不同于文化和旅游"体用二分"阶段，文化和旅游的深度融合是"体用一致"的相互赋值的过程。[①] 在新时代文旅融合背景下，公共文化服务需要把我们"需要的"和"想要的"东西有效结合起来。因此，公共文化空间要有效地将文化事业和文化产业这两种认识观念综合，构建一种文化政策的"宽松路径"（latitudinarian approach），这是审美观包容、能被人广泛获取的路径。"宽松路径"的公共文化政策忠于宽广审美表达的高标准，同时又尽可能广泛地使人能获得卓越的文化，为不同地区、社会阶层和教育背景的人服务。[②] 具体而言，就是要打通文化事业和文化产业的边界与区隔，促进其融合发展：就公共文化服务而言，部分操作环节引入市场机制是实现文化资源优化配置和信息共享的有效措施。其实质是将行政计划的调控与市场竞争机制相结合，针对社会公众的文化需求，进行信息资源的对接和共享，使文化供给的总量与文化需求的总量达到动态平衡，从而促进文化资源优化配置，实现文化消费的良性增长。

　　总之，在新时代文旅融合背景下，公共文化服务的内涵建构需要重新思考其公共性、文化性、服务性和体系性，结合公共文化服务的本体和客体，连接服务的实施者与接受者，追求文化的公共价值内核，塑造有内涵的文化产品，提供有温度的服务品质，构建有体系的供给系统，真正发挥文化培根铸魂、温润心灵、建设公序良俗的作用。

　　文旅融合给公共文化服务带来了新的挑战和机遇。从服务对象看，公共文化服务侧重于当地居民，而旅游则更关注的是外地游客；从工作性质上看，公共文化服务偏重于事业属性，注重社会效益，而旅游则更强调产业属性，注重经济效益。但是在具体实践中，文化与旅游已经紧密相连，"体用一致"。文旅融合背景下，公共文化服务需要从供给侧和需求侧共同发力，根据时代语境、地域特色、文化诉求，从口径更宽、涵盖更广的日

---

① 傅才武、申念衢：《新时代文化和旅游融合的内涵建构与模式创新——以甘肃河西走廊为中心的考察》，《福建论坛》（人文社会科学版）2019 年第 8 期。
② 凯文·马尔卡希：《公共文化、文化认同与文化政策：比较的视角》，何道宽译，商务印书馆，2017，第 215 页。

常文化生活入手，立足于满足人民群众（包含居民和游客）的美好生活需要来提供更优质的公共文化服务。

在和顺文化旅游产业迅速发展的过程中，也存在一些比较突出的问题。尤其是近年来和顺古镇景区出现的古城原居民与旅游经营人员矛盾冲突、景区产品质量下降、旅游设施品质退化等诸多问题，引起了社会的广泛关注。这在根本上是由于和顺文化旅游产业在快速发展过程中过于强调产业化的开发，而对公共文化服务重视不足。在新时代文旅融合背景下，腾冲地方政府意识到文化旅游产业的高质量发展需要规范文化旅游市场，也需要构建健全的现代公共文化服务体系。促进公共文化服务和文化旅游产业互动融合是提升和顺文化内涵和文化品位的重要途径。由此，在新时代人民群众追求美好生活的诉求下，和顺通过建设具有地方感与体验性的文化场景，促进文化消费来连接公共文化服务与文化旅游产业之间的链条，以实现文旅深度融合的空间生产，达到消费空间与服务空间的协同融洽。

公共文化服务和文化旅游产业的发展都需要通过构建一定的文化呈现的场域与情景来满足消费者的需求。而场景是旅游目的地空间、场所和文化、价值观、生活方式等集合形成的场域和情景，是容纳公共文化服务和文化旅游产业的装置。新芝加哥学派的代表学者克拉克和西尔通过对后工业城市发展的研究提出了场景理论，他们认为场景具有地方整体文化风格或美学特征，涉及消费、体验、符号、价值观与生活方式等文化意涵，文化场景赋予城市生活以意义、体验和情感共鸣。[①] 文化和价值观通过场景来反映和形塑人们的空间行为动机与现代生活秩序。实际上，场景理论揭示了各种消费实践活动的符号意义。各种城市生活娱乐设施、组织所形成的具有文化价值取向的场景存在真实性、合法性、戏剧性三个维度。真实性是对"你真的是谁"的考量，关注身份界定与自我认知，即能否代表本土性或社会团体的文化认同；合法性是对"行动的理由"考量，关注道德标准和价值观念的耦合程度，即行动的逻辑是功利主义的还是平等主义的；戏剧性是对"如何展示"的考量，关注外在、共同的自我表现，即表

---

① 丹尼尔·亚伦·西尔、特里·尼科尔斯·克拉克：《场景：空间品质如何塑造社会生活》，祁述裕、吴军等译，社会科学文献出版社，2019，第 39~48 页。

现形式是敦亲睦邻、个性张扬、魅力时尚还是正式拘谨的。

腾冲市政府为了消融城市浓厚的商业氛围，积极运用文旅融合发展的场景思维，依靠和顺图书馆、和顺弯楼子民居博物馆、艾思奇故居、走夷方馆等具有地方感的文化场景，在文化场景的建设过程中借助本土文化名人要素，通过向游客提供免费的艺术展示、文艺展演、文化体验等活动，营造出质朴的乡村文化氛围。和顺乡村公共文化空间建构符合场景理论的三个维度。

其一，提高场景真实性，积极构建本土性的文化认同。作为真实性的一个典型维度，族群习俗就意味着根深蒂固，而且并不受到同质化的、隔绝的、抽象的全球单一性文化的影响。在和顺古镇里挤满了大量的酒吧和店铺，商业氛围过于浓厚。旅游产业的过度开发不仅造成了经济剥削问题，而且造成了文化破坏问题。或许，对旅游业接收方伤害最大的是其强大的文化消融功能，它扎根在地方的、特色鲜明的风尚和信仰中，将这些风尚和信仰放进全球的搅拌机里搅拌成黏稠的大杂烩，以方便准备做出回应的大众市场。这样做的后果之一是所谓舞台上表现得正宗性：以前，庆祝文化传统是为了维护传统，是出于对其内在价值的信仰；如今，文化传统却成了旅游者观赏的景观。因此，为进一步提升和顺古镇文化内涵，开展传统文化展示体验点建设，和顺图书馆成为集中展示和顺侨乡历史文化的场景。政府通过购买服务的方式让更专业的社会团体提供了更地道的文化供给，不仅盘活了地方特色文化资源，还通过文物展示、歌舞表演等方式，丰富了游客了解古城、认识古城、体验古城、感受古城的方式。

其二，遵守场景合法性，加强社会效益与经济效益的协调统一。厄里和拉森针对旅游业效应的复杂与矛盾性，提出了一个要害问题，即"我们必须问：为谁发展？许多旅游设施（机场、高尔夫球场、豪华饭店等）对当地的大多数人几乎没有什么好处。同理，许多旅游目的地的财富的分配是极不平等的，大多数发展中国家获利甚微。当然，这取决于当地的所有制关系"[1]。腾冲市政府也出台了一系列政策，这些政策除了作为展示的文化政策之外，

① 约翰·厄里、乔纳斯·拉森：《游客的凝视》（第三版），黄宛瑜译，格致出版社，2016。

更加强化文化政策"本身"，即重视公共经费资助艺术的政策与文化身份的协商构建政策。诸如通过加强对名人故居和纪念馆、民俗文化展示馆、和顺图书馆等特色文化设施和人文景观的建设工作，营造良好的人文环境。

其三，涵养场景戏剧性，鼓励多元文化的包容开放。本尼特认为文化治理需要不同的多样性话语，它确认的多样性源头有"亚国家的"、"多国的"、"土著的"、"移民的"和"本土的"，还有"市民的"、"行政的"、"社会的"、"经济的"和"观念的"多样性语境。本尼特列举了四种权力原则，它们是："平等机会"、给"全体社会成员"提供"有效发挥作用的文化手段"、"通过富有想象的机制培养文化多样性"以及"培养推动多样性的责任感，以期确保不同文化持久的互动"。① 和顺图书馆提供的公共文化服务是包容开放的，针对本地居民与外地游客统一免费开放；同时，和顺图书馆作为文化旅游标识，也是共享的，为地方社会经济文化发展提供精神动力。

和顺图书馆是在文化旅游活动中由目的地建筑、场所、景观等硬件环境和其文化主题、价值观、生活方式、活动、体验、审美、情感等集合形成的一种文化场景，是有效容纳公共文化服务和文化旅游产业的装置，不仅是营造了蕴含地方文化特质和文化意义的体验空间，还是提供高品质体验产品和服务的消费空间。

三　和顺图书馆建设的未来图景

林超民在纪念和顺图书馆建立80周年的文集上讲道："在憧憬未来的时候，我不禁自问，未来的图书馆应该是什么样？我不知如何描绘未来，但我想图书馆应该不是行政机关，不是展览馆，不是商场超市，也不是旅游目的地，图书馆应该是读书人的天堂，和顺图书馆应该是和顺乡人读书的乐园。"②

---

① 《文化、治理与社会：托尼·本尼特自选集》，王杰、强东红等译，东方出版中心，2016，第203~226页。
② 林超民：《乡村图书馆的典范——纪念和顺图书馆建立八十周年》，载杨发恩主编《中国历史文化名镇和顺：民风卷》，云南民族出版社，2014，第237页。

成为和顺乡人读书的乐园，显然是和顺图书馆提供公共文化服务的基本功能，也是和顺图书馆建设的初心与使命。和顺图书馆在乡村社区公共服务方面发挥了重要的作用，从民国时期的乡村建设运动到新时代中国的乡村振兴战略实施，可以说和顺图书馆都起到了培根铸魂的作用，培育了文明乡风、良好家风、淳朴民风，使整个和顺乡涵养出俗美风淳的气息。和顺乡民讲起和顺图书馆如数家珍，认为和顺图书馆对乡村社区发展起到了至关重要的作用，和顺图书馆也成为乡民自豪感的源泉。但是一个现象值得关注，现在去和顺图书馆的人群以游客为主，和顺图书馆成为一个热门景点，但对于和顺乡民来说，他们仍然非常看重传统图书馆服务、免费阅读书籍和安静的阅读区，即使是数字技术飞速发展，人们可以通过手机网络更便捷地进行电子阅读。因此，和顺图书馆的可持续性发展前景既充满希望，同时也面临着诸多挑战。

2018 年，"以文促旅，以旅彰文"的指导理念提出，文旅融合逐渐走向深入。张朝枝提出文化与旅游的深层关系源于旅游者对身份认同的追寻，两者的冲突和张力源于身份价值认同上的差异，双方融合的要点是对身份角色的合理调整和有机重构。① 傅才武的研究表明国家文化旅游融合战略在经济效益角度有所体现，更深层次体现为国家文化的建构价值，它能够推动个体的文化身份与族群文化共同体之间的同构。② 文旅融合不仅体现在文化产业与旅游之间的产业融合，还体现在文化事业与文旅产业之间的多业态融合。公共文化服务和旅游融合在理论与实践层面还存在有待进一步破解的难点。李国新和李阳提出目前文旅融合相关理论研究大体上是根据公共服务行政管理职责和范围进行文化和旅游公共服务体系的构建。这种将两者简单结合的途径不够贴合实际情况，过于行政化和概略化，仅仅局限于物理空间的功能结合，会形成不和谐的随意组装效果和难以预控的反作用。③ 陈慰和巫志南论述了公共文化服务和旅游服

---

① 张朝枝：《文化与旅游何以融合：基于身份认同的视角》，《南京社会科学》2018 年第 12 期。
② 傅才武：《论文化和旅游融合的内在逻辑》，《武汉大学学报》（哲学社会科学版）2020 年第 2 期。
③ 李国新、李阳：《文化和旅游公共服务融合发展的思考》，《图书馆杂志》2019 年第 10 期。

务在概念上存在设施功能交叉、服务对象交叉、服务方式交叉的现象，文旅融合新理念有助于催生文化和旅游公共服务新形态新空间。[①] 相关研究基本趋向于认同公共文化服务和旅游融合要以公共文化服务为基点来寻求与旅游产业和旅游服务的全面融合。公共文化服务和旅游融合的关键在于把民众（居民与游客）"需要的"和"想要的"结合起来，[②] 通过促进公共文化参与来完善提升文化和旅游消费的结构质量。然而，文化事业与文化产业之间存在结构张力，社会效益与经济效益协调发展存在困境，公共文化服务和旅游融合进程依然存在诸多障碍，在理论与实践研究上仍较为欠缺。

公共文化服务和旅游融合发展虽然有一定基础支撑，但是二者所依托的价值目标与发展路径毕竟自成体系，有着大相径庭的发展轨迹。尽管文化和旅游部门已经组织重构，可二者在实践与考核等方面还是相互独立的运行系统，这是由于公共文化服务与旅游在服务性质、服务内容、服务对象三个层面上迥然有别，体现为公益性与营利性、统一性与多样性、本地居民与外地游客的内在结构张力（见表 5 - 1）。

表 5 - 1　公共文化服务与旅游的结构性比较

项目	公共文化服务	旅游
结构	政府主导的一体化聚合结构	市场主导的多中心辐射结构
目标	社会目标，公益性	经济目标，营利性
主要利益相关者	社区群体，当地居民，公共文化机构	商业群体，外地游客，旅游业机构
对文化资产的态度	存在价值，保护其内在价值，重在保护传承	使用价值，消费其外在价值，重在开发利用
文化资产的效用考核	社会效益，作为文化展示而对社区的价值	经济效益，作为能为目的地创立品牌的产品或活动而对旅游者的价值

---

① 陈慰、巫志南：《文化和旅游公共服务深度融合问题、战略及机制研究》，《文化艺术研究》2020 年第 2 期。
② 耿达、饶蕊：《文旅融合背景下公共文化服务的内涵拓展与模式创新》，《图书馆》2021 年第 2 期。

一是服务性质方面存在公益性与营利性之间的张力。公共文化服务是政府主导的为广大人民群众提供公益性、广泛性的文化产品和服务。公共文化服务的组织者、参与者首先立足于文化自身的内在价值和存在价值，据此评估文化资产，其次才会斟酌其外在的使用价值。与之相反，旅游行业根本上是营利性领域，由私营部门支配，受到经济利益的导向和驱使，是为实现其经济目标的商业性、营利性活动。二者服务性质的根本差异导致旅游对文化内涵的利用点在于其外在的使用价值，而非内在价值。① 从业人员对于文化资产的管理态度也由此而大相径庭，公共文化服务的根本任务是凸显文化资产本身的内在和存在价值，组织相关的文化实践活动并保护和传承原始文化资产，为广大人民群众提供公益性的优质文化服务，尤其是在弘扬社会主义核心价值观与提升社会文明的精神层面。例如公共图书馆是通过收藏整理书籍等文化信息资源、组织图书阅读等活动来营造书香社会，提升民众的知识素养；博物馆是通过珍藏文物等文化遗产资源、组织文物展览等活动来进行中华优秀传统文化的展示，提升民众的文化自信与文化自觉；文化馆是通过搜集群众文艺作品与非物质文化遗产等群众文化资源、组织文艺表演等活动来展示传播地方民族民间特色文化，提升民众的文化创造力。而旅游领域的从业者和团体组织的任务是对文化资产的使用价值进行利润最大化，对其进行商业化的开发利用，在构建旅游场所和景点的同时，与品牌化的设计策划相结合，以此收获经济效益。通过对比产品和服务的不同属性，公共文化服务所提供的公共产品体现出非竞争性、非排他性的特征，着重于将社会效益最优化，而旅游领域的产品由私人掌控和经营，极具竞争性、排他性，着重于将经济效益发挥到极致。

　　公共文化服务与旅游在服务性质上的内在张力从根本上决定了融合发展过程中容易出现利益博弈的不良状况。目前而言，公共文化服务与旅游仍处在互相独立的状态，在文旅融合大背景下，公共文化服务与旅游开始寻求共通的公共需求和利益，尽可能与对方进行融合，并已逐步走向一种

---

① 希拉里·迪克罗、鲍勃·麦克彻：《文化旅游》（第二版），商务印书馆，2017，第 22 页。

互通有无、交流沟通的合作局面。文旅融合发展最理想的方式是双方真正将社会效益与经济效益有机结合与统一，使双方利益均衡，否则一味地追求经济效益或者社会效益会造成双方既定目标互相干扰，最终产生利益冲突。例如在公共图书馆、博物馆、文化馆等公共文化机构，如果不能够保障服务享用者（读者、参观者）的基本权益，而一味通过营造所谓的"爆点"，进行引入流量的商业营利活动，就会产生一种安静与喧闹的场景不适，造成一方利益相关者对另一方产生目标干扰，出现轻微不满、初期冲突关系，甚至会诱发社会舆论，出现全面冲突。

二是服务内容方面存在统一性与多样性之间的张力。公共文化服务是一种以规范化意识形态为目的的集体性文化消费形式，在不同民族、不同经济发展水平的地区供给均等化的文化产品和服务。这类集体消费具有统一性、均等性、普惠性、公平性等特征，凸显出鲜明的主流价值观导向作用，不断满足社会发展需要，并稳步提高民众的精神文化素质和思想道德水平。这类服务在获取经济效益方面存在较大难度，导致市场资本进入无利可图，因此依靠政府主导供给。2008年，国家开始以"三馆一站"为主要文化阵地进行公共文化服务免费开放；2015年，国家推动基本公共文化服务标准化均等化，旨在进一步实现公共文化服务的普惠性。公共文化服务提供的文化产品与服务大多是无偿的，人民群众对于此类文化的消费是免费的，国家旨在通过公共文化服务将主流文化价值观念注入民众意识中，这一过程往往漫长而复杂，其绩效评价体系技术性强且成本高，一般难以准确评估。相比较而言，旅游领域的产品与服务由各类市场主体参与运营，消费主体是具有个性化需求的个人，而非集体，旅游从根本上是一种迎合广大人民群众多样化、定制化需求的消费模式。这种个性化消费模式在很大程度上受到市场经济发展水平和规模的影响。旅游行业的受众主体具有多样性，消费人群来自不同年龄层次、不同职业、不同文化背景，对旅游领域提出了发展型、享受型或者跟风炫耀型的消费需求。这种消费模式基于投入—产出模型，比较容易分析投入和产出的比率，由此能较准确评估投入成本与产出绩效的合理适配程度。

公共文化服务与旅游在绩效评估分析与服务供给内容的层面存在大众

化普及型与个性化提高型的区隔，这种领域差异体现出公共文化服务与旅游存在维持非商业环境与商业环境区别。"非商业环境既没有经济底线的合法性，也不靠经济底线验证，它提供的是审美价值和精神价值的表达；有时，这样的表达与商业的和商品化的东西是绝对矛盾的。"① 一定程度上，公共文化服务为大众的基本文化消费提供他们"需要的"产品和服务，满足其基本文化消费，而旅游行业则是满足人们"想要的"个性化、多样化追求，支持其享受型、发展型文化消费。

三是服务对象方面存在本地居民与外地游客之间的张力。公共文化服务最主要的受众是当地常住居民，文化服务的内容主要围绕当地居民日常公共生活展开，因此公共文化服务具有鲜明的社区参与性，是社区居民文化参与和文化认同建构的重要途径。毋庸置疑，文化已经越来越成为旅游"吸引物"，但是旅游对文化的利用根本上是为了娱乐大众，进而实现其既定的经济目标，而不是实现文化本身的价值，一定程度上曲解了文化本身的意义和内涵。正因为旅游行业受到经济效益的驱使，这种市场主导的经营性领域不太喜欢解决审美多样化、公共可获得性和文化代表性的问题。外地游客与当地居民对于同样的公共文化服务持有不尽然相同的眼光与意见。当地的民俗文化风情是刻在居民骨子里的基因，然而游客对其文化产生兴趣可能只是好奇心的驱使，并不会全身心投入去学习体会内在的文化含义，仅仅是短暂停留体验一番。同时，个人审美取向、精神信仰、地域性、民族性的差异也极有可能引起"文化不适"，如果盲目对地区特色文化进行旅游元素的改造，可能引发本地居民与外地游客之间的情感矛盾和利益冲突，不可强行对公共文化场所引入旅游要素，而是要注重社区和地域协商，走一条"各美其美、美人之美、美美与共"的道路。

总之，公共文化服务和旅游融合发展既面临机遇同时又有挑战。机遇在于社会经济发展水平的提升催生了人们的旅游需求，在经济和政治角度为文化保护和宣传活动提供了重要基础，文化本身的存在价值和内在含义得到发扬与丰富。挑战在于随着旅游地访问人次的不断增长，文化资产的

① 凯文·马尔卡希：《公共文化、文化认同与文化政策：比较的视角》，何道宽译，商务印书馆，2017，第 214 页。

价值被忽略、被过度商品化，部分人群对文化资产的存在价值和内核有所误解，这对文化本身的完整性、真实性、可流传性产生了危害。在旅游与公共文化服务的管理之间、游客对文化资产商业价值上的消费与文化从业者、居民对文化资产存在价值上的保护之间寻找平衡点是两者融合发展需要解决的问题。公共文化服务与旅游正在利用相同的文化资源、文化设施、文化场景组织设计开展不同性质的活动，易产生分歧与冲突碰撞。推进公共文化服务和旅游深度融合，需要发挥双方的共同价值与作用，满足不同群体的共同潜在利益。

随着时代的发展，我们可以发现文旅融合背景下和顺图书馆公共文化服务的模式创新关键在于空间重构。公共文化服务本质上是一种公共文化空间的建构过程，在新时代文旅融合背景下，公共文化服务建设的模式创新亟须进行空间重构，即由管治空间向服务空间、由权威空间向生活空间和由单项式空间向互动式空间转变。公共文化空间是公共文化设施与公共文化活动及依附于其上的一套文化价值观念系统和文化治理体系。根据列斐伏尔空间三重性（空间实践、空间的表征和表征的空间）的分类，[①] 可以大致将公共文化空间分为物理空间、活动空间和制度空间三个维度。公共文化空间的建构要基于物理空间、活动空间与制度空间的协同联动，只有社会内部形成的自然性秩序与外部嵌入的建构性秩序有机耦合，才能促进公共文化空间健康长效发展。

首先，在物理空间上，要打造文化综合体。公共文化物理空间是公共文化生活与生产的场域，主要是指纳入公共文化服务体系中的图书馆、博物馆、文化馆（站）、美术馆、纪念馆、体育场馆、文化广场和文化活动中心等公共文化场域，也包括传统意义上的名人故居、传统民居、宗庙、祠堂等文化遗产。图书馆等公共文化空间所生产的可参观性文化目的是向非专业的人群传递专业知识，在这种文化交流的语境下就容易与参观者有隔阂。新时代文旅融合背景下，满足人民群众的美好生活诉求，需要打造一种文化综合体，其既能够传递公共文化知识，又能够促进文化消费。文

---

① Lefebvre, H. *The Production of Space*, Oxford：Blackwell, 1991.

化综合体作为文化存在的一种空间形式，由文化景观结构、文化区域结构和文化中心等有机结合而成，文化综合体既是消费的空间，又能产生空间的消费。文化综合体可以归纳为观演、博览、教育、生产四大类型，它是以文化生产为基础、文化体验为特色、文化休闲与文化商业为重点、创意产业为延伸、会展商务相配合，可以将公共文化服务、文化产业和旅游产业有机融为一体，并通过促进文化消费来展现城市文化的公共性、指向性、聚集性、融合性、关联性、辐射性和衍生性。例如法国巴黎的蓬皮杜国家艺术和文化中心就是一个文化综合体，它把造型艺术的展出、工业设计展览、音乐厅演出与剧场还有图书和公共情报中心、儿童活动中心等都统一和综合在一个巨大的新型建筑结构之内。文化综合体将文化与自然主题化，使文化成为一个可以观赏的去处。"可参观性取决于对文化的展示"，文化展示具有科技性、互动性、可读性等特性，可参观性生产用文化来吸引游客目光，进而引致空间的生产，形成一种文化和经济的消费现象。① 另外，随着移动互联网、大数据、5G、AI、VR 等科技的发展和运用，文化科技深度融合，文化消费将向智能化、互动社交化、大数据化、服务聚合化方向发展，文化消费空间不断转型升级、迭代更新。网络化、信息化的发展将促进文化消费模式由物质形态的产品消费到非物质形态的符号消费、实物消费到体验消费、在场消费到在线消费、区域市场与世界市场转变。数字文化消费空间的发展也使文化旅游产业链分工更加细化，跨界融合越发紧密，互相赋能联动打通产业链。因此，文化综合体需要将线上文化内容与线下多种业态融合，围绕线上文化内容打造线下主题性、体验性和互动性的文化场景，实现线上线下的互动和社交，并提供一站式服务的新文化休闲娱乐业态。

其次，在活动空间上，要深挖地方性知识。公共文化活动空间是依托物理空间进行的各种公共文化活动，包括政府有计划、有组织的文化活动以及民间社会传统的民俗节庆活动。公共文化活动空间的效能主要体现在文化参与率上，而居民的文化参与率又与公共文化空间的主观认识体系密

---

① 贝拉·迪克斯：《被展示的文化——当代"可参观性"的生产》，冯悦译，北京大学出版社，2012。

切相关，自我的文化表达与自洽的文化氛围有利于提高公共文化空间的文化参与率。居民通过参与公共文化活动可以在参与行动中由集体记忆产生群体认同、在获取社会报酬中实现角色认同、在自我价值重建中重拾个人认同。① 在文旅融合背景下，推动居民认同性持续参与公共文化的一个基本路径就是深挖地方性知识。地方性知识能让当地居民产生熟悉的地方感和文化身份认同，也能让外地游客产生神秘的猎奇感和文化参与热情。阐释人类学家吉尔兹提出，地方性知识"发生经过自有地方特性，并与当事人对事物之想象能力相联系"②。地方性知识是地方群体在长期的历史发展、社会变迁和生态地理环境中积淀并传承下来的惯习，具有独特性、差异性的特征。文化旅游产业的开发和公共文化服务的供给都需要以地方性知识为基础，通过组织富有地方文化资源禀赋的公共文化活动，把地方性知识与国家现代治理体系进行有效合理的结合，促进内生秩序与嵌入性治理之间的互动耦合。我国在构建现代公共文化服务体系的过程中，不是简单地搞平均化和无差异化，而是要结合地方文化资源禀赋营造地方特色文化活动。因此，除了要提升政府行政主导供给的质量和效能，如送文化下乡活动等，还应当激励民间自组织供给的热情和动能，如群众性文艺社团、民族民间传统节等，把国家文化治理体系的现代化与地方性知识的传统惯习有效整合，促进公共文化服务空间的生成与生产。

再次，在制度空间上，要强化整体性治理。公共文化制度空间是针对物理空间建设与活动空间开展的一系列政策制度，主要包括公共文化财政保障、人才队伍建设、法律法规、社会参与机制、绩效评价等。公共文化服务体系是由公共文化服务范围和标准、资源配置、管理运行、供给方式以及绩效评价等所构成的系统性、整体性的制度安排。但是，由于我国文化市场发展还不成熟，文化体制改革还有待进一步深入，当前公共文化服务供给呈现格式化、条块化、碎片化的局面。埃维瑞特在《文化治理：整

---

① 颜玉凡、叶南客：《认同与参与——城市居民的社区公共文化生活逻辑研究》，《社会学研究》2019 年第 2 期。

② 克利福德·吉尔兹：《地方性知识——阐释人类学论文集》，王海龙、张家瑄译，中央编译出版社，2004，第 273 页。

体性文化规划和政策取向》中指出，"除非采用全局性、整体观念的治理模式以及实际的操作方式，跨越各自为政的行政设置，实现横向跨部门合作，否则文化政策不能完全落实"①。因此，公共文化的政策取向与实践需要强化整体性治理。整体性治理是治理理论的前沿理论之一，主要是从治理结构层面批判新公共管理的分权化和分散化导致的机构分裂化和公共服务碎片化，主张机构间的协调、政府功能的整合、行动的紧密化和提供整体性的公共服务。② 整体性治理重视政府各部门之间的沟通、协调与整合，也注重"聚合政府以外的非营利组织、私人组织和自愿团体，充分发挥它们的专有资源和比较优势"③。我国对于文化的整体性治理始于 2006 年中共中央办公厅、国务院办公厅颁布的《国家"十一五"时期文化发展规划纲要》，此后在"十二五""十三五"时期都颁布有具体的文化发展规划，更加强调文化部门同其他部门之间的密切联合。英国学者伊文斯在《文化规划：城市的文艺复兴》中指出，"文化规划一方面是城市规划设计的艺术，是城市文化艺术表达的整体性；另一方面也是城市和社区发展中对文化资源战略性以及整体性的运用"④。近年来，我国也高度重视城市和社区的文化政策设置和实践。例如，文化和旅游部、财政部共同组织实施的创建国家公共文化服务体系示范区（项目）、拉动城乡居民文化消费试点项目等，通过实现公共文化服务与文化旅游产业的连通，扩大文化消费，助推文旅融合。文化整体性治理需要我们拓宽视野，把地区性文化资源纳入国家现代化和全球化的语境中，使公共部门、私营企业、社会组织及公民个体等各方利益相关者相互依存、相互调适，建立多元参与主体平等协商的对话机制。

最后，要预留空间，为大文化体系提供操作余地。文旅融合是政策驱

---

① Everitt, A. "The Governance of Culture: Approaches to Integrated Culture Planning and Policies, Culture Policies Research and Development Unit", *Belgium: Council of Europe Publishing*, 1999: 8 – 17.

② Moore, M., H. *Recognizing Public Value*, Cambridge, Massachusetts: Harvard University Press, 2013: 8.

③ 胡象明、唐波勇：《整体性治理：公共管理的新范式》，《华中师范大学学报》（人文社会科学版）2010 年第 1 期。

④ Evans, G. *Culture Planning: An Urban Renaissance*, Rutledge: London and New York, 2001: 7.

动、市场驱动、技术驱动和价值驱动的结果。文化和旅游部门的整合组建对于新时代人民群众美好生活需要起到制度性保障作用。从文化的属性来说，其存在"政治的文化""经济的文化""文化的文化"三种形态，让文化回归文化的公共性和主体性是我国坚持和完善繁荣发展社会主义先进文化制度建设的价值取向。基于文化的公共性和文化的主体性构建，未来应当建立大文化的管理体制，尽可能把新闻出版、广播影视、体育等领域相近的职能、事权进行再整合，形成大文化体系，打造"大职能、宽领域、少机构"的管理模式，减少职能交叉、政出多门、多头管理等现象，统合国家文化行业资源，为文化强国目标重构大文化行业的制度意识形态。这在数字信息技术飞速发展的基础上是可以实现的。技术的阶梯性进化特征所产生的平台效益可以瓦解文化行业之间的藩篱，文化行业的大部制在本质上是一种技术变迁的制度性表达。展望未来大文化体系的建构，需要为公共文化服务发展预留可操作的空间。在未来大文化体系建构中，公共文化服务要基于"以文化成天下"的理念，充分利用文化的公共性及其公共治理的效用，为培育塑造公民意识和公民社会提供强有力的文化支持，在国家—社会—公民"三位一体"中实现文化身份的时空统合。

小结　文化场景与社会空间

和顺图书馆已经成为和顺古镇最为显著的文化标识，并在多元场景中展示着和顺的历史与未来。在后工业社会里，个体行为动机凸显在个体对文化与价值观的诉求中。特定区域文化与价值观蕴藏在社区、建筑、人口、风俗和群体性活动中，并外化为生活娱乐设施的功能、种类、布局的总和（场景）。文化价值观通过区域场景来反映和形塑着人们的空间行为动机与现代生活秩序。克拉克提出了理解场景的七个要素：①邻里（neighborhood）；②物理结构（physical structures），即生活文化娱乐设施；③多样性人群，比如种族、阶级、性别和教育情况等；④前三个元素以及活动的组合；⑤场景中所孕育的文化价值：合法性、戏剧性和真实性；⑥公共性（publicness），对市民和路过者是可获得的；⑦政治和政策如何形塑、维持和改变一种给定的场景。① 事实上，场景就是一种社会空间，由各种消费实践所形成的具有符号意义的社会空间。文化作为一种发展性手段，推动了和顺图书馆与和顺古镇的发展；文化作为一种福利性措施，引导了和顺图书馆具有的教育特征；文化作为一种传导性措施，可以借助文化场景的塑造来刺激文化消费。② 作为"场景"的和顺图书馆，其所具有的魅力就是使人们感受到文化的适宜性和人文特性，并使人们眼中的和顺古镇成为人们思绪与情感交融激荡、启迪互补的社区，从而引导公众行为，推动社区发展。这就是场景理论关于和顺图书馆与和顺古镇发展机理的逻辑。

生产、居住和场景理论视角审视下的和顺图书馆认识分析如表 5 – 2 所示。

表 5 – 2　生产、居住和场景理论视角审视下的和顺图书馆

行动者	居住者	生产者	消费者
目标	生活需要	工作与生产	参观体验
物质单位	读书乐园	公共服务场所	生活文化设施
社会纽带基础	基于本土出生、长大以及长期居民、族群遗产	工作与生产关系	理想典范
空间	邻里	工作生产区域	场景

从不同的行动者来看，对于和顺图书馆的认识并非是一致的。从普通居民的视角来看，个体可能倾向于日常文化生活的公共场所。和顺图书馆就变成了充满生活意义的街坊邻里区——向居民提供阅读、培训、展览的区域，在这里，社会纽带是由生活居住来定义，而健康的社会纽带意味着亲密的邻里关系。从生产者或投资者的视角来看，和顺图书馆不再是居民的文化生活区域，而是被视为一个工作生产区域——提供就业机会和产品生产的空间，把劳动力转化成产品和服务的领域。从这种视角来看，社会

---

① Clark, T. *Can Tocqueville Karaoke? Global Contrasts of Citizen Participation, the Arts and Development*, Bingley, UK: Emerald, 2014: 22 – 23.

② 吴军、特里·N. 克拉克等：《文化动力——一种城市发展新思维》，人民出版社，2016，第 79 页。

纽带是由工作来定义，而健康的社会纽带是通过协调基于生产方式结成的不同群体的利益而形成。对于和顺古镇，还存在另外一种可能，既不同于社区居民公共文化生活区域，也不同于工作生产区域，而是变成了一个集各种消费符号和价值观念于一体的混合场域。在这个场域里，个体愿意花费时间和金钱去寻求娱乐、休闲和体验，而不是文化生活品或参与劳动生产。从消费者的视角出发，个体变成了消费者，和顺图书馆不再作为邻里或工作生产区域而存在，而是一种场景——集休闲、娱乐、新鲜体验于一体的空间，一个充满文化、艺术和价值理念的场域。这里的社会纽带是由希望、欲望和梦想来定义的，而健康的社会纽带是由对这些价值观念的体验和经历实现。[①]

为了应对全球化、新型城镇化、个体化、中产阶层化以及文化消费需求增长等挑战，和顺古镇的公共政策不得不做出调整，而这种调整主要体现在文化场景的塑造上。一方面，地方政府需要更大空间来回应本地区居民需求和社会问题；另一方面，高层政府为了确保划拨资金合理运用而采取的绩效量化规则。政策制定者在决定新建公共设施和供给社会服务时，应该考虑把新设施和服务整合到已有的文化场景里。地方政府需要扮演中间人的角色，通过划拨相应资金，联合民间捐助成立中枢性组织，作为社区微型组织的一个联合体，在财务和法律业务上给予它们专门的支持。作为国家和地方政府的公共政策的资金支持、税收减免以及整体协调规划由于其"一刀切"的"格式化"，在塑造文化场景、更新生活文化设施以及保护市民组织方面会有一定局限。相反，本土政策制定者更了解区域特征、贴近居民需求，所制定的政策直接对场景产生影响。因此，建议地方政府要构建本地文化场景数据库、塑造具有浓郁地方特色的文化场景，并使其社会效益与经济效益最大化协同发展。

《可持续思考：在不确定的世界中确保图书馆的未来》一书指出，迈向可持续图书馆的第一步是可持续思考：这是一种坚定而现实的态度，可帮助图书馆员发现制度改进的机会，主张保证运营资金，并在其所服务的

---

① Clark，T. "Making Culture into Magic：How Can It Bring Tourists and Residents？" *International al Review of Public Administration*，2007，12（1）：13 – 26.

社区产生强烈的忠诚度。"可持续性思维是指图书馆核心价值观和资源的统一"，"包括员工的时间和精力、设施、馆藏和技术在内——通过在图书馆内部及其延伸的各个领域中做出合理选择，以使社区逐渐从破坏中恢复过来，并通过创造新的、充满活力的生活来实现可持续发展"。① 联合国教科文组织基于社会发展变化重新修订发布了《公共图书馆宣言2022》，指出，"公共图书馆是各地的信息中心，为用户提供各种所需的知识和信息。公共图书馆是知识社会必不可少的组成部分，它要不断适应新的交流方式以履行其帮助所有人普遍获取信息和有效利用信息的使命，它还为知识生产、信息和文化的分享与交流、促进公民参与等提供开放的空间。公共图书馆是社区的创造者，要积极主动地接触新的用户，通过有效倾听去支持能满足本地需求并有助于提高生活质量的服务设计。公众信任他们的图书馆，作为回报，公共图书馆应把确保社区成员知情明理作为自己努力的目标"②。并且还指出关于信息、素养、教育、包容、公民参与和文化的主要任务应当是公共图书馆服务的核心。和顺图书馆的未来图景毫无疑问要继续立足乡村社区、本地居民，提供更优质有效的公共文化服务，促进居民的公共参与，提升居民的文化获得感与幸福感。同时和顺图书馆的未来图景又是一个主客共享的新型公共文化空间，要不断满足多样化的需求，通过营造文化场景来吸引更多异质群体的参与，包括外地游客的驻足凝视，以此来推动乡村文化旅游发展，实现文化增殖创生，赋能乡村振兴。

---

① Aldrich, R. S. *Sustainable Thinking: Ensuring Your Library's Future in an Uncertain World*, Chicago: American Library Association, 2018.

② 《中国图书馆学报》编辑部、吴建中：《国际图联/联合国教科文组织公共图书馆宣言2022》，《中国图书馆学报》2022年第6期。

第六章 结论：乡村公共文化空间的 生成演进机制

乡村公共文化空间是中国在新时代实施乡村文化振兴的重要载体，文化参与的主体性建构理应得到重视。从文化参与的角度来看，乡村公共文化空间本质上是各个认识主体参与乡村文化建设的一种主体性建构过程。鉴于此，本书将乡村公共文化空间放在政策外部激励与乡土社会内部生发的视角下加以考察，重点关注乡村公共文化空间中各主体的文化参与状况及效果。为了构建乡村公共文化空间生成演进的理论分析框架，本书选择扎根理论作为研究方法。扎根理论是 1967 年由社会学家格拉泽（Glaser）与施特劳斯（Strauss）提出的一种经典的质性研究方法。[①] 它的特点是坚持问题导向，直接从原始资料和实际观察中归纳概念，自下而上建立一套理论框架。这与传统的自上而下的从现有的概念或理论出发来进行逻辑论证的路线大相径庭。扎根理论在资料收集、数据分析、研究范式和探寻社会现象间关系、建构理论等方面有着显著优势，且流程清晰、步骤明确，可操作性强，具有规范性与科学性。[②]

本书用扎根理论来构建乡村公共文化空间生成演进的理论分析框架主要基于两个原因。一是乡村公共文化空间的现有研究尚处于起步阶段，对其生成机制的研究几乎阙如。而乡村公共文化空间的生成发展有别于城市，且中外乡村差别较大，缺乏可借鉴的理论成果。为深入了解中国乡村公

[①] Glaser, B., and Strauss, A. *The Discovery of Grounded Theory: Strategies for Qualitative Research*, Chicago: Aldine Press, 1967.

[②] 贾哲敏：《扎根理论在公共管理研究中的应用：方法与实践》，《中国行政管理》2015 年第 3 期。

共文化空间生成演进这一社会现象，探寻相应规律，不做任何理论假设，在原始资料和经验的基础上自下而上建立理论的扎根理论方法便成为本书研究乡村公共文化空间生成机制与发展路径的合理选择。二是定量研究无法深入解释乡村公共文化空间的生成过程，扎根理论却能够通过对烦琐、细致的社会现象进行历时性研究，发现动态过程、变化规律与互动关系，而停留在数据统计描述和相关性分析层面的定量研究难以对此进行阐释。扎根理论对解决过程类问题非常实用，经典的研究实践有格斯克（Gersick）使用扎根理论考察团队发展的生命周期，[①] 博泽拉夫（Bezboruah）与卡拉比（Karabi）利用扎根理论研究社区中非营利机构进行健康服务的全部过程[②]。

图书馆本身具有收集整理档案、处理地方信息的功能。和顺图书馆的档案保存较好，涉及和顺图书馆发展的方方面面，非常详尽。这些档案包含大量的工作计划、总结报告、管理制度、组织条例、书籍清单及阅览数字统计，全面清晰地反映了和顺图书馆的基本状况，为了解和顺图书馆的发展历程以及其与社会变迁之间的关系做了较为充实的一手资料支撑。和顺图书馆为更好地服务读者，于 2011 年 8 月开通了网站。这为本书及时掌握和顺图书馆的最新动态、获取相关讯息提供了便利。同时，笔者对和顺图书馆的馆员、读者以及乡镇干部、农村居民和游客进行了深度访谈。本书收集的数据资料相对完整，而且，来自多个渠道的数据资料可以相互印证，能够保证研究结论的有效性。

扎根理论讲求对资料的整理与分析，要求对资料进行开放性编码、主轴性编码和选择性编码三阶段编码，重视资料之间的比较与关联。本书通过对资料的归纳、提炼与比较，最大限度确保每一项理论建构都源于资料本身。编码的核心并不是将数据资料量化以便于统计与计算分析，而是进行有效的分类与概括，以便提炼概念、展示意义、明确关联并建构理论。由于本书研究的档案资料较多，且调研受访者描述内容较为集中化、主题

---

① Gersick, C. J. "Time and Transition in Work Teams: Toward a New Model in Group Development", *Academy of Management Journal*, 1988, 31 (1): 9 – 41.

② Bezboruah, T., and Karabi, C. "Community Organizing for Health Care: An Analysis of the Process", *Journal of Community Practice*, 2013, 21 (1 – 2): 9 – 27.

化，故编码阶段采取的策略是依据事件进行历时性编码，借助定性研究软件 NVIVO10.0 进行资料编码分析，以筛选出最能体现乡村公共文化空间生成机制与发展路径的概念，并进行理论抽样、饱和（在三阶段编码过程中，如果数据之中不会发现新的类属，则处于理论饱和的状态，就可以着手构建理论；如果依然有新的类属出现，那么就要重复资料分析与三阶段编码，直到理论饱和为止）。

开放性编码是对原始资料（文本、图片、数据）进行聚敛和解读，从中归纳出概念。本书通过对和顺图书馆发展历程的资料进行初始编码，从中提取出 98 个概念，并进一步将相似概念聚拢成范畴，建立起 17 个副范畴（见表 6 - 1）。

表 6 - 1 　和顺图书馆资料的开放性编码分析

编号	副范畴	概念
1	地理环境	西南边陲、依山傍水、与缅甸相邻、商贸集散地
2	文化环境	文化之津、马帮文化、八大宗祠、耕读传家、十大名镇、文化旅游
3	社会名流	胡适、李根源、张天放、寸树声、龚自知、廖承志、熊庆来、汪曾祺
4	华侨同胞	旅缅华侨、为家乡购置图书、引进科技文化、投资兴办文化教育事业、促进家乡发展
5	乡贤群体	李祖华、李镜天、李舜初、寸杰生、段镜秋、李镜泉、刘惘含、李仁杰、艾思奇、李生庄
6	民间社团	咸新社、青年会、书报社、崇新会、星光音乐社、书友会、诗友会
7	村庄秩序	民间与学校共用共学、家家贴对联、户户有藏书、刑仁讲让、社群空间、乡土情怀、乡风文明
8	行政干预	文化部门、公共图书馆建制、重点文物单位、人员编制
9	科层管理	文化事业单位、考核评估、向上级负责
10	文化需求	读书看报、获取信息资源、借书、上网、文艺培训
11	地方企业	腾越日报社、福盛隆、洪盛祥、永茂和、茂恒、福春恒、腾冲新知图书城、保山新华书店
12	文化体验	生活园地、读书天堂、心理愉悦、乐民育民富民
13	文化认同	以捐书为荣、最美乡村图书馆、俗美风淳、文化图腾、普遍信任

续表

编号	副范畴	概念
14	社会教育	启智化愚、开启民智、辅助教育、增进地方文化、传播知识
15	资源输入	购书经费、建设资金、免费开放资金、专项奖补、政府购买
16	公共服务	图书借阅、图书展览、公共文化服务、专题讲座、信息共享
17	科技革新	无线电、收音机、电子阅览室、电子借阅机、数字化培训室、手机阅读、数字时代

主轴性编码是发现和建立概念与范畴之间的逻辑关系。在上述开放性编码提炼出多个范畴的基础上，本书运用"因果条件、现象、脉络、中介条件、行动或互动策略、结果"的模型来链接各个范畴，并围绕轴心范畴进行概念的重新分类组合排列，使概念与范畴之间的关系更为明确。通过分析表6-2中17个副范畴之间存在的内在关联和逻辑关系，本书建立起5个核心范畴（见表6-2）。

表6-2　主轴性编码形成的核心范畴

核心范畴	副范畴	内涵关系
乡土社会	地理环境 文化环境 村庄秩序 乡贤群体 民间社团	乡村公共文化空间的生成需要依托乡土社会的资源禀赋与社会关系网络，文化环境和地理环境反映了它与生俱来的文化资源与物质资源基础，奠定了乡村公共文化空间的发展方向；同时，乡贤群体与民间社团所构成的社会关系网络为乡村公共文化空间的生成发展提供了内生条件，而这些也是村庄秩序和谐运行的基础
政府行为	资源输入 行政干预 科层管理	乡村公共文化空间的发展离不开政府的支持，政府通过资源输入、行政干预、科层管理等方式嵌入乡村公共文化空间的发展中，在一定程度上保障了乡村公共文化空间的持续平稳运行
社会资源	华侨同胞 社会名流 地方企业	乡村公共文化空间的生成发展需要社会资源的协助，具体包括华侨同胞的捐助、社会名流的捐赠和宣传、地方企业的资助等
功能转型	社会教育 公共服务 科技革新	随着社会发展，乡村公共文化空间的功能不断转型升级，从最初的社会教育，发展到提供更优质丰富的公共服务，并运用最新科技手段，提供新产品和新服务

核心范畴	副范畴	内涵关系
民众参与	文化需求 文化体验 文化认同	乡村公共文化空间与参与主体在文化消费过程中产生一种交互关系。在交互过程中民众的文化需求、文化体验和文化认同是乡村公共文化空间生成发展的关键要素

选择性编码是确定核心范畴以及它们之间的联系，并根据核心范畴开发故事线。经过开放性编码和主轴性编码之后，本书研究确立了乡村公共文化空间生成发展过程中最为重要的 5 个核心范畴：乡土社会、政府行为、社会资源、功能转型和民众参与。其中，因为乡村公共文化空间是民众参与乡村文化建设的一种主体性建构过程，所以民众参与既是乡村公共文化空间发展的出发点又是落脚点；乡土社会、政府行为、社会资源、功能转型各要素的最终目标也是促进民众参与，这与政府倡导建设"以人民为中心"的现代公共文化服务体系的宗旨相统一。从乡村公共文化空间建构的影响要素属性来说，乡土社会与功能转型属于内部动力，政府行为与社会资源属于外部动力。另外，乡土社会、政府行为、社会资源、功能转型和民众参与 5 个核心范畴之间也相互关联，共同构成乡村公共文化空间生成发展的关键影响因素（见图6 - 1）。

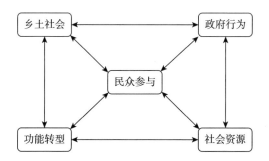

图 6 - 1 选择性编码过程中核心范畴之间的逻辑关系

根据核心范畴之间的逻辑关系和它们在乡村公共文化空间不同发展阶段的影响程度，本书厘清了和顺图书馆发展的故事线。实地调研时，本书要求受访者对和顺图书馆的发展历程进行详细阐述，根据对各份历程阐述内容的词频分析和比照相关政策文献，提取出 1928 年、1980 年、2012 年 3 个年份的关键事件作为分阶段节点，并结合对各份历程阐述内容的逐句编码得出各阶段的影响因素，从而实现了编码、影响因素和发展阶段的契合。回顾和顺图书馆的发展历程：1928 年，在乡贤群体、旅缅华侨和民间社团的带领下，和顺乡民共同捐资捐书兴建了乡村图书馆，用于弘扬地方文化促进社会教育；1980 年，和顺图书馆被政府纳入公共图书馆建制，由国家财政配给图书管理人员和购书经费，成为国家文化事业单位，开始步入正常有序的格式化发展阶段；2012 年，和顺图书馆的社会功能由单纯的图书借阅转变为向社会大众提供公共文化服务，同时政府鼓励社会力量参与图书馆公共文化服务供给，和顺图书馆迈入共建共享的新发展时期。和顺图书馆 90 多年的发展历程，可根据参与主体和治理模式的演变分为以下三个阶段。1928～1979 年属于自发生成阶段，和顺图书馆通过乡贤群体和民间社团的力量，积极争取旅缅华侨和社会各界的捐助支持，艰难维系运行。1980～2011 年属于政府主导阶段，政府将和顺图书馆纳入公共图书馆建制，投入公共文化经费进行专门管理，在这期间扩大了场馆面积和藏书数量，和顺图书馆进入平稳运行状态。然而，科层管理体制导致文化资源只在内部流通，公共权威逐渐消解，农村居民文化认同缺失。2012 年至今属于共建共享阶段，政府职能由建设管理型转向公共服务型，和顺图书馆的文化事业单位属性开始弱化，成为提供公共文化服务的阵地，免费向公众开放，并借助数字信息技术开展网络服务，不断拓展现代公共文化服务体系。

　　通过对和顺图书馆发展历程及其影响因素的逻辑机制推理，本书构建了乡村公共文化空间生成机制与发展路径的三阶段理论模型（见图 6－2）。从乡村公共文化空间生成机制与发展路径的逻辑次序来看，自发生成—政府主导—共建共享三阶段能较好地解释乡村公共文化空间生成发展的核心要素之间的内在关系，并随着发展阶段的深入推进，主导影响因素由单一向多元化转变。下面本书将结合和顺图书馆这一个案对乡村公共文化空间在不同发展阶段所涉及的核心要素之间的关系进行阐释。

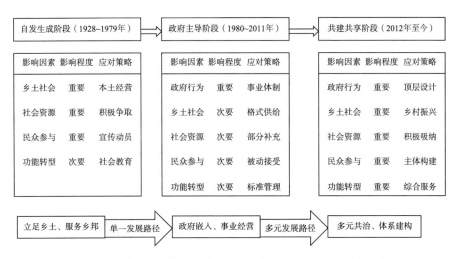

图 6 - 2 乡村公共文化空间生成机制与发展路径的三阶段理论模型

一 自发生成阶段：乡土社会的调适

乡土社会作为乡村公共文化空间赖以生成发展的基础，依靠固有的社会关联形式和人际交往方式形塑乡村公共文化空间的生成发展。1928 ~ 1979 年，和顺图书馆的生成发展动力主要源于乡土社会内部的传统、习惯与现实需求，并受地方性知识及生存理性选择支配，具有浓重的民间色彩。在这一时期，和顺图书馆属于乡村内生型公共文化空间。和顺图书馆的案例表明，乡村公共文化空间在自发生成阶段主要依赖乡土社会的资源网络及其自我调适，尤其是乡贤群体、民间社团和以乡土为纽带的社会力量的广泛参与。

（一）乡贤群体的示范带领

乡贤是传统乡村社会秩序的维护者，他们耕读传家、殷实富足，是村庄的道德典范、精神领袖。和顺文化底蕴深厚，仅在明末到清朝的 200 年间，和顺就出了 8 个举人、3 个拔贡、403 个秀才；从清末到民国时期，又有 12 个人留学日本；20 世纪至今，仅 5000 余人的乡里，在国内外大学毕业的就近 500 人，40 多人留学国外，著名哲学家艾思奇、教育家寸树声是其中的代表。这些富有知识见过世面的先进知识分子回到家乡，成为乡村里的意见领袖，他们极力推动家乡文化发展。和顺图书馆的创建离不开乡贤群体的示范带领。从书报社发展到图书馆的最初 20 余年里，热心经营社务、馆务的有寸仲猷、李文龙、尹以忠、李秋农、寸佩玖、李沛春等先生，他们都是德高望重、见多识广的乡贤。其中"寸仲猷先生最热心、最有毅力，给予的力量最大"；"一切组织计划和规章的厘定，图书的分类编排，以秋农同志苦心研究的功绩为多"；"经理的热心负责，和长期的服务，当推佩玖同志"。① 在乡贤群体创建图书馆的热情带动下，乡民们也积极参与图书馆的建设。据《和顺图书馆十周年纪念刊》记载，在图书馆发展的前 10 年中，慷慨捐赠古籍珍本、报刊、建设经费、书架玻璃等实物者有 2000 多人次，贡献突出者逾百人。和顺图书馆得以在中国边疆偏远乡村中创建是乡民在乡贤示范带领下群策群力的一个创举。

（二）民间社团的组织经营

民间社团是由不同阶层的公民自发成立的、在一定程度上具有非营利性、非政府性和社会性特征的各种组织形式。② 民间社团可以弥补政府因制度僵化而无法适时解决问题的缺陷，民间社团的使命感能够获得社群的信任与认同。萧新煌指出民间社团等非营利组织具有四种功能：一是参与社会的改革，二是某些社会价值的维系者，三是提供社会服务，四是创造社会参与的通道。③ 在和顺图书馆的创建过程中，咸新社、崇新会等民间社团发挥了巨大作用。咸新社是 1905 年由留日回乡的张砺、寸辅清等组织成立的革新社会的社团组织。该社成立后，购买《天演论》《革命军》等新思潮图书提供给乡民阅览，并定期组织演讲宣传新文化，被誉为腾冲"新潮流之第一声也"。崇新会前身为和顺青年会，1924 年由寸仲猷与李秋农、李湛春等在家乡组织成立，他们以咸新社的书刊为基础共同发起创办了和顺书报社。1925 年，和顺青年会与促进会合并为和顺崇新会。和顺崇

---

① 杨发恩主编《和顺：乡土卷》，云南教育出版社，2005。
② 王名主编《中国民间组织 30 年——走向公民社会》，社会科学文献出版社，2008。
③ 萧新煌主编《非营利部门：组织与运作》，台北：巨流出版公司，2004。

新会以联络感情、团结侨胞、建设家乡为宗旨，每年出版一期《和顺崇新会会刊》和一期《和顺乡》杂志，对家乡的政治、经济、文化提出改革建议，并积极筹款兴办家乡建设事业。1928 年，和顺崇新会改组和顺书报社为和顺图书馆，并将馆址迁入咸新社原址。[①] 当时，和顺图书馆订阅有上海的《文汇报》、《大公报》和《申报》，缅甸的《仰光日报》《觉民日报》，还向上海商务印书馆订购了《万有文库》和《小学生文库》。这些书报需要先走水路运到缅甸仰光，再从密支那由马帮走古老的西南丝绸之路运到腾冲，正如和顺图书馆至今仍收藏的当时一副木刻对联上所写的那样："书自云边通契阔，报来海外起群黎"。崇新会会员除按时交纳会费外，还积极捐书、捐物，并认定年捐，给和顺图书馆提供经济上的支持。从成立书报社起，到改组成立图书馆，再到建盖新馆屋，和顺崇新会多次到缅甸各地募捐，对家乡公共文化建设无私奉献。在和顺崇新会的组织策划动员下，乡民们和旅缅侨胞踊跃捐赠，基本维系了和顺图书馆的正常运行。

（三）社会力量的广泛参与

和顺图书馆的创建依靠乡贤群体的示范带动、民间社团的组织经营，同时也得到了当地广大民众和各地华侨同胞的认可与支持；社会力量的广泛参与为和顺图书馆的持续健康发展提供了不竭动力。社会力量参与建设和顺图书馆主要表现在以下两个方面。一是捐赠图书报刊以充实馆藏。和顺图书馆的图书报刊"大部分是募捐得来"[②]。例如民国元老李根源在1940～1960 年先后数次向和顺图书馆捐赠个人藏书有 2000 余册，其中多为珍贵古籍善本书，为和顺图书馆的馆藏建设贡献了力量。二是捐赠运行经费及设备。1937～1938 年和顺图书馆筹建新馆屋时，除了和顺崇新会通过募捐、发行奖券以及收缴会费等途径共筹集资金 1.7 万余元外，还获得

---

① 黄体杨、杨勇：《民国时期的和顺图书馆：发展历程、经验与启示》，《山东图书馆学刊》2014 年第 3 期。

② 仲猷：《本馆经济史略》，载和顺图书馆编辑委员会编《和顺图书馆十周年纪念刊》，明明印务有限公司，1939。

了包括乡公所、平民学校、农林处与广大民众在内的社会各界的捐款共计5663.41元。图书馆所用的书架、书柜是由地方企业购买捐赠而来。另外，当时的社会名流也积极声援支持和顺图书馆的发展。例如胡适、艾思奇、李生庄、张天放、寸树声、龚自知、廖承志、熊庆来、汪曾祺等在不同场合通过媒介宣传和顺图书馆的事迹，为和顺图书馆的发展营造了良好的社会环境，使之赢得了社会各界的广泛赞誉和大力支持。

1928～1979年是和顺图书馆自发生成阶段。这一阶段最主要的特点是乡土社会内部通过乡贤群体的动员和组织民间力量助推发展，形成了"共有、共办、共享、共治"的乡村公共文化空间。民间自办的形式导致和顺图书馆并没有长期稳定的经费来源支持，资金匮乏是其发展的最大瓶颈。尽管和顺图书馆经费筹措困难重重，长期处于紧张状态，但是依赖当地民众和华侨的努力，以及组织者近乎奉献的管理，其可支配经费仍时有补充，从而造就了"中国乡村图书馆第一"的辉煌。这一阶段和顺图书馆的文化参与主体较为多元，主要有乡贤群体、民间社团和以乡土为纽带的侨胞、社会名流及企业。各文化参与主体自发自觉，构成乡村公共文化空间自发生成的原动力。应该看到，在和顺图书馆自发生成阶段，由于时代动荡、政治局势混乱、社会经济凋敝，政府的力量相当薄弱，还无力顾及乡村公共文化空间领域。政府力量的缺位或许在某种程度上造就了乡村公共文化空间的自由成长，同时迫使乡土社会最大限度地进行自我调适，调动一切资源、联合一切可以参与的力量进行建设。乡村公共文化空间遂成为全体参与者的文化共同体，并通过各主体的文化参与培育了乡村公共文化精神，构建了乡土社会的公共秩序。但是，政府力量的缺席也使乡村公共文化空间相当脆弱，极易受到社会变迁的影响。因此，政府力量如何介入成为乡村公共文化空间长效、有序发展的关键因素。

二 政府主导阶段：政府行为的嵌入

在乡村公共文化空间由传统形态向现代形态转型的过程中，政府扮演的角色越发重要，它推动了乡村公共文化空间的现代化。1980年，政府将和顺图书馆纳入公共图书馆建制，从此，和顺图书馆由民间私立图书馆转变为国家公立图书馆。在这一转变过程中，政府通过行政权力全面嵌入和顺图书馆的管理和运营等事务中。这一时期，和顺图书馆经历了从乡村内生型公共文化空间到行政嵌入型公共文化空间的转变。政府行为的嵌入主要表现在建立事业单位的管理机制和实施行政供给的分配机制。

（一）建立事业单位的管理机制

为加强对社会文化资源的支配能力，政府通过高度组织化的方式建立了文化事业单位体制，文化机构和人员成为国家文化机构中的单元网格。公共图书馆成为国家文化事业的重要构成部分，其人事编制、人事任免、薪酬分配等方面都由政府主管部门决定，图书馆本身没有自主权。和顺图书馆 1980 年被纳入国家公共图书馆后，其管理运行经费被纳入政府财政预算。这一时期，和顺图书馆有编制工作人员 5 人，年购书经费 2 万元，基本上能够保障正常运行。2005 年后，国家对公共文化设施建设的财政投入逐年增加，还通过中央转移支付的方式予以项目补贴支持。例如 2009 年，政府投资 350 万元在和顺图书馆东侧的景山园内建成一幢一正两厢仿古木结构的建筑，用于存放中宣部捐赠的 9211 册中华再造善本古籍，并为开展公共文化服务活动提供场所。政府大规模的财政投入有力促进了基层公共文化服务基础设施建设，最大限度地满足了农村居民对公共文化的基本需求。这种文化惠民工程，体现了国家行政主导的社会公平原则。但是这种以公平为导向的事业单位管理机制在很大程度上也制约了公共文化服务的效能。在行政管理"一刀切"的简单化、绝对化模式下，事业单位管理制度将社会力量和乡村资源排斥在外。管办不分、政事一体的内部管理考核机制缺乏清晰透明的财务账目，也没有建立切合地方实际的目标管理体系与基于当地居民满意度评价的绩效考核制度，这些都导致事业单位管理机制的运行效率低下。

（二）实施行政供给的分配机制

为了保障意识形态与文化领导权的集中统一，政府实行自上而下的文化生产配给模式。在国家行政供给的模式下，公共图书馆事业由国家包办，公共图书馆成为政府的延伸，其独立性和自主经营权在很大程度上缺失。虽然这种模式基本保障了公共图书馆的图书来源，但是格式化的行政供给具有很强的"议程强制"、"形式强制"与"渠道强制"色彩，是一种整体性的文化表达机制，对于个体化、差异性的文化需求很难兼顾，农村居民无法根据自己的文化偏好进行选择。

这种政府行政主导的文化供给是广覆盖和福利化的，对公共文化服务的民间供给和市场供给形成了挤出效应，影响了公共文化服务供给的多元优化选择。高度行政化加深了公共图书馆对政府的依赖和依附关系，公共图书馆没有自主权，一切依照政府计划指令行事，缺乏活力。这些都导致和顺图书馆与农村居民的文化需求错位脱节，乡村公共文化资源的配置效率大大降低。

总之，通过政府行为的嵌入，和顺图书馆作为文化事业单位立足于"计划配置、干部任命、专业技术"这三大基础之上，形成了"资源体制内循环、身份刚性约束、行业壁垒"三大特征。这种模式虽然在一定程度上保障了和顺图书馆的人员配置和经费来源，有利于建立结构完整、功能强大的公共文化动员体系，但是也在一定程度上导致公共投入的效率低下，社会整体文化福利水平不高。事业单位的管理机制和行政供给的分配机制导致和顺图书馆这一乡村公共文化空间形成了一种"内向封闭型体制"，显得秩序有余而活力不足。"由于存在权力身份与服务身份混存、公共利益与机构利益混杂、履约职责与就业职责混置的制度特征，业已形成一种凝固和僵滞的官僚制结构。"这种封闭型空间和官僚制结构与市场经济时代人们的个性化、差异性文化需求脱节，也容易造成政府职能错位、越位等一系列政府失灵的问题。

1980～2011年，是和顺图书馆从乡村内生型公共文化空间转变到行政嵌入型公共文化空间的过程。这一阶段和顺图书馆的文化参与主体较为单一，为政府力量主导的"唱独角戏"局面。政府行政力量强有力的介入在很大程度上保障了和顺图书馆的基本管理运营，提供了较为稳定统一的资金来源，也提供了固定格式化的文化供给，在一定程度上满足了和顺图书馆的基本运行和农村居民的基本文化需求。但同时，文化资源的体制性垄断导致和顺图书馆对民间力量的排斥。民间文化力量成长不足，政府长期"唱独角戏"的结果是，精英文化与大众文化逐渐分裂，大众文化的"去意义化"倾向日益明显，精英文化越来越失去对大众文化的引导力，从而导致乡村公共文化空间"悬浮"于乡土社会，乡村文化治理反而陷入内生权威缺乏和外生权威弱化的双重困境。因此，如何重新定位政府的角色，激发乡村公共文化空间的内生活力，使乡村公共文化空间能够扎根乡土，成为亟须解决的问题。

三　共建共享阶段：多元力量的整合

为适应变化的环境、面对动态的社会，文化改革发展必须重新调整文化组织的形态和运作模式，关注公共利益，实现社会公平正义，建立有机式的、动态式的文化管理体制。党的十八大以来，文化改革发展注重顶层设计，由外延改革向核心改革推进，由单项治理走向综合治理，不断优化体系建设，增强文化治理能力。2015 年，中共中央办公厅、国务院办公厅印发《关于加快构建现代公共文化服务体系的意见》，指出要坚持以人民为中心，坚持社会参与，坚持共建共享，优化配置各方资源，提升综合效益。共建共享成为现代公共文化服务体系建设的新模式。和顺图书馆 2012 年实行公共文化服务免费开放，实现了无障碍、零门槛进入，公共空间场地和设施全部免费开放，所提供的基本服务项目也全部免费。另外，和顺图书馆在相关设施建设和运营管理方面也开始逐步实现多元主体的社会化服务。和顺图书馆已经开始迈进共建共享阶段。

（一）重新定位政府角色

在党的十八届三中全会上，习近平总书记提出了推进国家治理体系和治理能力现代化的要求，标志着中国开始进入社会治理的新时代。社会治理体系的建立，使得社会管理体制的主体、理念、组织形式发生改变，最明显的特征是社会治理主体由政府单一主体转变成企业、团体和个人的多元治理主体。① 在公共文化治理领域，政府的角色不再是办文化管文化，而是向提供文化服务转型。这一转型并不代表政府的文化职能弱化了，而是对政府文化治理能力提出了更高要求。它要求政府盘活多元主体的力量，并维护好社会文化秩序。2017 年 11 月，十二届全国人大常委会第三十次会议表决通过了《中华人民共和国公共图书馆法》。这部法律主要从设施建设、法定条件、经费人员等三个方面明确了政府保障公共图书馆运行的法律责任。按照现代治理理念，以公共图书馆为代表的现代公共文化服务体系具有服务目标均等化、服务手段标准化、供给主体多元化、运行机制民主化、公共服务高效化、管理体系法治化的基本特征。②

（二）鼓励社会力量参与

社会化运作在构建现代公共文化服务体系进程中起着举足轻重的作用，政府主导与社会力量参与已体现出不可分割的互动关系。2011 年召开的党的十七届六中全会明确指出县级公共文化服务体系建设基础薄弱与供给不足的问题，并提出积极引导和鼓励社会力量参与公共文化服务的重要举措。2013 年发布的《中国共产党第十八届中央委员会第三次全体会议公报》要求引入竞争机制，推动公共文化服务社会化发展；2015 年中共中央办公厅、国务院办公厅颁布的《关于加快构建现代公共文化服务体系的意见》也要求进一步简政放权，减少行政审批项目，吸引社会资本投入公共文化领域；2015 年文化部等出台的《关于做好政府向社会力量购买公共文化服务工作的意见》进一步细化社会力量参与公共文化服务的模式与内容。随着国家对公共文化服务社会化运作的推进态势日渐明显，各级文化部门逐步统筹考虑城乡居民的文化需求，积极落实党中央、国务院关于向社会力量购买服务等方面的政策，着实发挥社会力量的作用，推动本地公共文化服务项目化管理、市场化运作和社会化参与，引导公共文化服务供

---

① 邵光学、刘娟：《从"社会管理"到"社会治理"——浅谈中国共产党执政理念的新变化》，《学术论坛》2014 年第 2 期。
② 刘娟萍：《从〈公共图书馆法〉看我国政府管理公共图书馆思想的演变》，《图书馆》2018 年第 10 期。

给向竞争性、优质化和高效能方向发展。

> 过去，图书馆主要功能就是借书和阅览，几乎不参加公共文化活动。现在，我们觉得参加和推进公共文化活动，也是我们公共图书馆的使命。近年来，我们主动与腾冲滇西抗战纪念馆、云南师范大学图书馆、昆明少儿图书馆等合作，共同举办"碧血千秋""天地正气、血肉丰碑"等专题讲座及图片展，社会反响非常好。（馆员访谈，2017 年 1 月 7 日）

> 和顺图书馆为丰富少年儿童的假期生活，培养孩子的文化知识趣味，这两年免费开办了书法、国学、英语等公益培训班，专门邀请教学经验丰富的专业老师授课，每期培训班有 40～50 名少年儿童。（馆员访谈，2018 年 7 月 12 日）

2015 年，和顺图书馆被纳入政府向社会力量购买公共文化服务的范畴，政府购买的内容主要有三种：一是场地、设施在一定程度和范围内交由社会主体负责运营和管理；二是公共文化活动的承办根据图书馆自身需要提出服务要求，由文化企业、文化团体等社会主体提供服务，政府给予补贴或资助，如图书馆开展的文化讲座、暑期夏令营读书会、诗词比赛等一系列活动；三是通过政府购买的方式聘用编制外工作人员，有效填补了专业服务人员缺口。社会力量参与公共文化服务体系建设提升了公共文化服务有效供给的效能、扭转了公共文化资源空间配置结构性失衡的局面。

（三）确立以人民为中心

坚持以人民为中心既是尊重公民文化权利的伦理取向，又是促进政府公共文化服务模式变革的现实路径。文化惠民工程建设要根据不同群体的需求，创新服务手段和方式，不断拓展服务范围，保障群众基本文化权益。和顺图书馆坚持需求导向，积极开展读者服务活动，整合社会资源提供专业服务，并指导村（社区）分馆、图书流通站的建设与服务。为促进图书资源便捷快速使用，和顺图书馆建立了公共文化资源数字库，用于开展互联网知识普及培训和实现网络文化资源共享。针对外地游客，和顺图书馆专门设置了乡村文化展示栏，向游客展示和顺的社会文化变迁。这些举措都是为了满足不同人群的文化需求，促进公众参与。和顺图书馆还专门建立了一套公众参与机制，该机制以公共文化服务对象（包括社区群众和外地游客）为中心，公共文化服务主体（包括相关政府部门及企业、民间组织等）为主导，通过公共文化服务监管部门对机制运行进行监管和矫正。

2012年至今是和顺图书馆实施共建共享的阶段。这一阶段和顺图书馆的文化参与主体在政府的调动、吸纳、整合下不断汇入、充实、壮大，政府引导下的多元力量参与格局基本形成。政府力量、市场力量和民间力量发挥各自的优势，共同融合聚力到乡村公共文化空间的重构进程中来。其中，政府更多的是提供文化服务，为社会力量提供文化参与的平台和空间，同时对社会效益进行综合考核，不断优化文化参与体系，提升现代文化治理能力；企业的能力得到了极大的发挥，成为提供个性化、差异性文化供给的有效媒介；民间社团的能量也得到了很好的激发，成为乡村社会文化自给的"蓄水池"。在政府合理有效的调度下，多元主体协同联动，政府引导—市场运作—社会参与和共享的运行模式初步成型，政府引导建构—市场参与建构—民众中心建构的多维复合结构不断优化，包容开放多元一体的乡村公共文化空间重获新生。和顺图书馆重新成为地方文化标识和社会精神共同体，源源不断汲取乡土社会文化资源并吸收新时代社会主义价值观念，不断培育社会公众。

四　总结

"双虹桥伴名书府，拜谒登临，凭栏抒逸，兴枕中天，俯粮川，挽二阁，眺龙光，山环水抱，堪称边塞桃源。追忆七十年沧桑，仰赖先哲贤达，赤子侨胞，富贾巨商，能工巧匠，呕心沥血齐奉献，把握人类生态，保平衡，循序渐进，育栋梁，赢来华夏东西南北中，乡村首创图书馆。文笔塔映经典库，移目览观，开窗择宝，鉴演周易，悟春秋，察百科，译语系，日积月累，逐成知识海洋。拥列八万卷著述，尽供童稚青少，樵父耕夫，良师益友，游客嘉宾，聚精会神细磋研，造就时代群英，皆自强，次第鹏飞，凌云霄，遍及全球亚欧澳非美，锦衣更上藏珍楼。"这是1998年和顺图书馆建馆70周年庆典上，由旅缅瓦城云南同乡会敬献的一副长联，收录在杨大禹和李正于2006年编写的《人居和顺》一书中。上联描述了和顺图书馆的地理环境与创建历程，下联盛赞了和顺图书馆的规模与社会效益，从中可了解到和顺图书馆起到的历史作用与社会价值。在2018年10月17日和顺图书馆建馆90周年庆典上，地方政府、民间组织、企业、海外侨胞以及社会各界人士集聚和顺，祝贺这座"乡村瑰宝"历久弥新。和顺图书馆现已成为当地民众日常生活的知识乐园，也成为吸引外地游客的文化标识。

通过对和顺图书馆经验事实的发现和解释，本书论证了乡村公共文化空间的生成机制与发展路径。本书认为和顺图书馆经历了从乡村内生型公共文化空间到行政嵌入型公共文化空间再到共建共享型公共文化空间的转变。在自发生成阶段，乡村公共文化空间依赖乡土社会的内部资源网络及其调适能力，主要是以立足乡土、服务乡邦为宗旨。在政府主导阶段，政府逐步加强对乡村公共文化空间的管控，并按照事业单位体制进行管理。这期间政府借助一体化行政命令体系，建立起了科层式公共文化生产分配机制，资源向上集中。这虽然从体制上保障了乡村公共文化空间有较稳定的经费来源，但同时也导致其"悬浮"于乡土社会，与当地居民的文化生活脱节。在共建共享阶段，政府更加注重顶层设计，不断优化体系建设，增强文化治理能力，坚持以人民为中心，鼓励社会参与，重视各方力量的汇入与整合，建立各方联动的协同机制，提升了综合效益。

透过和顺图书馆的案例，我们可以发现乡村公共文化空间的生成发展不仅依赖乡土社会自身的秩序生产能力，还依靠国家的制度供给和资源输入。乡村公共文化空间的建构要基于乡土社会、政府行为、社会资源、功能转型、民众参与等要素，只有乡村社会内部形成的自然性秩序与外部嵌入的建构性秩序有机耦合才能促进乡村公共文化空间健康长效发展。和顺图书馆的案例也为中国乡村公共文化空间建构提供了如下启示。第一，乡土社会是乡村公共文化空间建构的坚实基础。只有扎根乡土，满足乡民的基本文化需求，并营造良好的社区文化氛围，乡村公共文化空间才能融入乡民的日常生活，历久弥新，成为文化育民乐民富民的平台。第二，政府行为是乡村公共文化空间建构的有力保障。由于乡村物质资源相对匮乏，乡村公共文化空间建构离不开政府强有力的支持。政府可以调动各方面的优势资源来推进乡村公共文化空间建构，只是政府在嵌入的过程中需要以乡民的诉求和利益为中心，并正确处理好政府力量、市场力量和民间力量的关系，整合各种力量共同汇入乡村公共文化空间建构中来。第三，社会资源是乡村公共文化空间建构的重要推手。事业单位、企业、非营利组织、公民个体都是乡村公共文化空间建构的社会化主体，政府要促进公共文化设施的委托经营与管理、公共文化项目的社会化生产、公益文化与旅游产业的有机结合，并健全现代文化赞助、文化捐赠模式，创造鼓励社会力量积极参与乡村公共文化空间建构的良好社会环境和政策环境。第四，功能转型是乡村公共文化空间建构的着力方向。随着现代化、信息化、全球化的迅速发展，乡村公共文化空间要实现功能转型，从传统的、单个的、分散的、隔离的单向式空间转变为现代的、综合的、集聚的、交融的互动式空间，以满足不同群体差异性、个性化的文化需求。第五，民众参与是乡村公共文化空间建构的根本动力。政府要重视培育乡村文化的内生机制，让农村土生土长的文化发展壮大起来，实现由政府"送文化"向"种文化"的根本转变，逐步将重点转向挖掘当地的文化资源，鼓励群众自发参与到乡村文化建设活动中来，让群众成为乡村文化建设的主角。

和顺图书馆的生成演进过程，对于乡村公共文化空间的理论创新具有重要参考价值。一方面，和顺图书馆较为完整地经历了乡村公共文化空间自发生成、政府主导、共建共享三个阶段，能够较好投射出中国乡村公共文化空间生成演进的发展路径和治理机制的变迁。因此，本书所归纳构建的乡村公共文化空间生成机制与发展路径的三阶段理论框架是扎根于中国乡土社会的理论建构，具有一定的普遍意义。特别是在中国社会变迁和时代发展的大背景下，中国乡村公共文化空间大都经历了这三个阶段或其中之一二，本书大致可为中国乡村公共文化空间的发展路径和治理机制提供较为完整清晰的图景。另一方面，乡村公共文化空间本质上是各个认识主体参与乡村文化建设的一种主体性建构过程。政府、社会力量、农村居民在这一建构过程中发挥着空间塑造、空间生产、空间重塑的重要作用。文化参与的主体是单一还是多元、参与的途径是自上而下还是上下联动、参与的内容是简单还是丰富多样、参与的程度是分化粗放还是集约精细，在很大程度上决定了乡村公共文化空间建构实际成效的有无。基于此，乡村公共文化空间建构必须关注和重视各文化参与主体的状态和效果。乡村公共文化空间是一个复杂的、综合的、动态的系统，涵盖了农村居民文化生活的各个方面，与农村居民的生活环境和生产方式息息相关。本书所分析的乡村公共文化空间生成机制与发展路径的理论模型可为乡村文化建设提供理论支撑。至于如何构建乡村公共文化空间的治理机制和政策体系，建立健康长效的运行机制，则要根据具体的公共文化空间场域和不同的文化参与情境进一步做实证研究。

本书尝试建立了乡村公共文化空间生成机制与发展路径的逻辑框架，但其学术潜力的充分发挥还需要后续研究的进一步支撑。同时，本书也存在以下不足之处尚需后续研究进行弥补。一是本书为个案描述，无法通过复制逻辑进行跨案例分析，研究结论是否可以推广至全国其他地区还有待考证。二是本书案例资料来源虽然包含一手资料（历史档案和政策文献）和二手资料（调查访谈资料、出版论著），但都为定性资料，资料记述的主观评判会对研究结论构成一定影响。因此，在未来研究中，需要在这两个方面改进完善：一是比较分析与系统分析相结合，通过比较不同地区不同类型乡村公共文化空间的生成机制和发展路径，结合乡村公共文化空间重构的任务、目标和基本要求，系统分析其运作机制等方面的经验；二是定性分析与定量分析相结合，通过数据采集获取定性和定量数据资料，采用相关模型和层次分析法，深入分析乡村公共文化空间的现状，并结合实际，客观分析存在的问题并提供解决路径。

参考文献

一 史志档案类

光绪《腾越厅志》，云南省图书馆藏。

和顺崇新会编辑《和顺崇新会第九周年纪念刊》，荣华印书局，1935，和顺图书馆藏。

和顺崇新会编辑《和顺崇新会五周特刊》，明明印务有限公司，1931，和顺图书馆藏。

和顺崇新会编辑《和顺崇新会周年纪念刊》（第六周），明明印务有限公司，1932，和顺图书馆藏。

和顺崇新会编辑《和顺崇新会周年纪念刊》（第七周），明明印务有限公司，1933，和顺图书馆藏。

和顺崇新会编辑《和顺乡》，华丰印刷铸字所，1937，和顺图书馆藏。

和顺图书馆编辑委员会编《和顺图书馆十周年纪念刊》，明明印务有限公司，1939，和顺图书馆藏。

和顺镇归国华侨联合会、和顺镇文化站主办《和顺乡》，2015～2019，和顺图书馆藏。

李根源、刘楚湘主纂，许秋芳点校《民国腾冲县志稿》（点校本），云南美术出版社，2004，和顺图书馆藏。

苏全有编《近代图书馆史研究文献丛刊》（全95册），上海科学技术文献出版社，2022，国家图书馆藏。

腾冲县政协文史资料委员会编《腾冲文史资料选辑》（第三辑），腾冲县政协文史资料编辑委员会，1991，和顺图书馆藏。

屠述濂修，文明元、马勇点校《云南腾越州志》，云南美术出版社，2006，云南省图书馆藏。

王余光主编《清末民国图书馆史料汇编》（全22册），国家图书馆出版社，2014，云南大学图书馆藏。

杨发恩主编《和顺：乡土卷、华侨卷、人文卷》，云南教育出版社，2005，和顺图书馆藏。

杨发恩主编《中国历史文化名镇和顺：民风卷、民俗卷》，云南民族出版社，2014，和顺图书馆藏。

云南省腾冲市和顺图书馆编《云南和顺旅缅华侨史料汇编》（全2册），国家图书馆出版社，2018，和顺图书馆藏。

云南省政府秘书处：《云南省政府公报》，1928～1949，云南省档案馆藏。

中国人民政治协商会议云南省腾冲市委员会、《腾冲华侨华人》编纂委员会编《腾冲华侨华人》，云南民族出版社，2016，和顺图书馆藏。

中国人民政治协商会议云南省腾冲市委员会、《腾冲历史上的商号》编纂委员会编《腾冲历史上的商号》，云南民族出版社，2016，和顺图书馆藏。

二　学术著作类

阿莱达·阿斯曼：《回忆空间：文化记忆的形式和变迁》，潘璐译，北京大学出版社，2016。

埃加德·斯诺：《马帮旅行》，李希文等译，云南人民出版社，2002。

埃马纽埃尔·勒华拉杜里：《蒙塔尤：1297—1324年奥克西坦尼的一个小山村》，许明龙、马胜利译，商务印书馆，1997。

奥维·洛夫格伦、乔纳森·弗雷克曼：《美好生活：中产阶级的生活史》，赵丙祥、罗杨等译，北京大学出版社，2011。

包亚明主编《后现代性与地理学的政治》，上海教育出版社，2001。

包亚明主编《现代性与空间的生产》，上海教育出版社，2003。

保尔·汤普逊：《过去的声音——口述史》，覃方明、渠东、张旅平译，辽宁教育出版社，2000。

贝拉·迪克斯：《被展示的文化——当代"可参观性"的生产》，冯悦译，北京大学出版社，2012。

彼得·伯克：《欧洲近代早期的大众文化》，杨豫、王海良、汪棠峰、赵庆寺、何奇松译，上海人民出版社，2005。

陈端志：《五四运动之史的评价》，生活书店，1935。

陈薇：《城市社区权力秩序：基于社会空间视角的研究》，中国社会科学出版社，2015。

程焕文：《中国图书馆学教育之父：沈祖荣评传》，国家图书馆出版社，2013。

丹尼尔·亚伦·西尔、特里·尼科尔斯·克拉克：《场景：空间品质如何塑造社会生活》，祁述裕、吴军等译，社会科学文献出版社，2019。

德雷克·格利高里、约翰·厄里编《社会关系与空间结构》，谢礼圣、吕增奎等译，北京师范大学出版社，2011。

董平：《和顺风雨六百年》，云南人民出版社，2003。

杜赞奇：《文化、权力与国家——1900—1942年的华北农村》，王福明译，江苏人民出版社，1994。

E.P. 汤普森：《共有的习惯：18世纪英国的平民文化》，沈汉、王加丰译，上海人民出版社，2020。

费孝通：《乡土中国 生育制度 乡土重建》，商务印书馆，2011。

费约翰：《唤醒中国：国民革命中的政治、文化与阶级》，李恭忠、李里峰等译，生活·读书·新知三联书店，2004。

冯天瑜：《中国文化生成史》，武汉大学出版社，2013。

傅才武：《近代中国国家文化体制的起源、演进与定型》，中国社会科学出版社，2016。

耿云志主编《近代中国文化转型研究导论》，四川人民出版社，2008。

哈贝马斯：《公共领域的结构转型》，曹卫东、王晓珏、刘北城、宋伟杰译，学林出版社，1999。

何真：《驿路商旅第一村——和顺》，云南民族出版社，2001。

贺雪峰：《新乡土中国》，北京大学出版社，2013。

亨利·列斐伏尔：《空间的生产》，刘怀玉等译，商务印书馆，2022。

亨利·列斐伏尔：《空间与政治》（第二版），李春译，上海人民出版社，
2015。

黄宗智：《华北的小农经济与社会变迁》，中华书局，2000。

卡尔·波兰尼：《巨变：当代政治与经济的起源》，黄树民译，社会科学文
献出版社，2013。

凯文·马尔卡希：《公共文化、文化认同与文化政策：比较的视角》，何道
宽译，商务印书馆，2017。

柯文：《在中国发现历史——中国中心观在美国的兴起》，林同奇译，中华
书局，1989。

克利福德·格尔茨：《地方知识》，杨德睿译，商务印书馆，2016。

克利福德·格尔茨：《尼加拉——十九世纪巴厘剧场国家》，赵丙祥译，商
务印书馆，2018。

克利福德·格尔茨：《文化的解释》，韩莉译，译林出版社，2014。

克利福德·吉尔兹：《地方性知识——阐释人类学论文集》，王海龙、张家
瑄译，中央编译出版社，2004。

蓝勇：《南方丝绸之路》，重庆大学出版社，1992。

李培林：《村落的终结：羊城村的故事》，生活·读书·新知三联书店，
2019。

鲁兴勇：《全国最大的乡村图书馆：和顺图书馆》，云南人民出版社，2019。

陆益龙：《后乡土中国》，商务印书馆，2017。

罗威廉：《汉口：一个中国城市的冲突和社区（1796—1895）》，鲁西奇、
罗杜芳译，中国人民大学出版社，2008。

罗威廉：《汉口：一个中国城市的商业和社会（1796—1889）》，江溶、鲁
西奇译，中国人民大学出版社，2005。

诺贝特·埃利亚斯：《文明的进程：文明的社会发生和心理发生的研究》，
王佩莉、袁志英译，上海译文出版社，2018。

彭慕兰、史蒂文·托皮克：《贸易打造的世界：1400年至今的社会、文化
与世界经济》，黄中宪、吴莉苇译，上海人民出版社，2018。

托马斯·许兰德·埃里克森：《小地方，大论题——社会文化人类学导论》，董薇译，商务印书馆，2008。

汪晖、陈燕谷主编《文化与公共性》，生活·读书·新知三联书店，2005。

王笛：《茶馆：成都的公共生活和微观世界1900~1950》，社会科学文献出版社，2010。

王笛：《街头文化：成都公共空间、下层民众与地方政治（1870~1930）》，李德英、谢继华、邓丽译，商务印书馆，2013。

王笛：《走进中国城市内部——从社会的最底层看历史》，清华大学出版社，2013。

王洪波、何真：《百年绝唱——和顺〈阳温墩小引〉一部早年云南山里人的"出国必读"》，云南大学出版社，2005。

王名主编《中国民间组织30年——走向公民社会》，社会科学文献出版社，2008。

王少峰：《公共政策与文化空间》，学苑出版社，2007。

《文化、治理与社会：托尼·本尼特自选集》，王杰、强东红等译，东方出版中心，2016。

吴军、特里·N. 克拉克等：《文化动力——一种城市发展新思维》，人民出版社，2016。

小浜正子：《近代上海的公共性与国家》，葛涛译，上海古籍出版社，2003。

肖正伟：《保山通史概要》，云南大学出版社，2014。

徐玲：《博物馆与近代中国公共文化（1840~1949）》，科学出版社，2015。

扬·阿斯曼：《文化记忆：早期高级文化中的文字、回忆和政治身份》，金寿福、黄晓晨译，北京大学出版社，2015。

杨大禹、李正：《中国最具魅力名镇和顺研究丛书》，云南大学出版社，2006。

尹文和：《云南和顺侨乡史概述》，云南美术出版社，2003。

约翰·厄里、乔纳斯·拉森：《游客的凝视》（第三版），黄宛瑜译，格致出版社，2016。

赵世瑜:《狂欢与日常:明清以来的庙会与民间社会》,北京大学出版社,2017。

周策纵:《五四运动:现代中国的思想革命》,周子平等译,江苏人民出版社,1996。

周其仁:《城乡中国》(修订版),中信出版社,2017。

Aldrich, R. S. *Sustainable Thinking: Ensuring Your Library's Future in an Uncertain World*, Chicago: American Library Association, 2018.

Conn, S. *Museums and American Intellectual Life, 1876 – 1926*, Chicago: University of Chicago Press, 1998.

Evans, G. *Culture Planning: An Urban Renaissance*, Rutledge: London and New York, 2001.

Fairbank, J. K., and Goldman, M. *China: A New History*, Cambridge, MA: Belknap Press of Harvard University Press, 1992.

Goodsell, C. T. *The Social Meaning of Civic Space: Studying Political Authority Through Architecture*, Lawrence: University Press of Kansas, 1988.

Moore, M. H. *Recognizing Public Value, Cambridge*, Massachusetts: Harvard University Press, 2013.

Stapleton, K. *Civilizing Chengdu: Chinese Urban Reform, 1875 – 1937*, Cambridge: Harvard University Asia Center, 2000.

Terry, C. *The Theory of Scenes*, Chicago: University of Chicago Press, 2013.

Tony, B. *Differing Diversities: Cultural Policy and Cultural Diversity*, Strasbourg: Council of Europe Publishing, 2001.

Van Slyck, A. A. *Free to All: Carnegie Libraries & American* 1890 – 1920, Chicago: university of Chicago Press, 1995.

Weintraub, J., and Kumar, K. *Public and Private in Thought and Practice: Perspectives on A Grand Dichotomy*, Chicago: The University of Chicago Press, 1997.

三 学术论文类

安富海:《论地方性知识的价值》,《当代教育与文化》2010 年第 2 期。

常轶军、元帅：《"空间嵌入"与地方政府治理现代化》，《中国行政管理》
　　2018 年第 9 期。

陈波、侯雪言：《公共文化空间与文化参与：基于文化场景理论的实证研
　　究》，《湖南社会科学》2017 年第 2 期。

陈涓：《县级图书馆开展"以文补文"活动反思》，《图书馆》2008 年第
　　1 期。

陈慰、巫志南：《文旅融合背景下深化公共文化服务的"融合改革"分
　　析》，《图书与情报》2019 年第 4 期。

杜定友：《图书馆学的内容和方法》，《教育杂志》1926 年第 9 期。

傅才武：《当代公共文化服务体系建设与传统文化事业体系的转型》，《江
　　汉论坛》2012 年第 1 期。

傅才武、侯雪言：《当代中国农村公共文化空间的解释维度与场景设计》，
　　《艺术百家》2016 年第 6 期。

傅才武、申念衢：《新时代文化和旅游融合的内涵建构与模式创新——以
　　甘肃河西走廊为中心的考察》，《福建论坛》（人文社会科学版）2019
　　年第 8 期。

傅才武：《中国文化管理体制：性质变迁与政策意义》，《武汉大学学报》
　　（人文科学版）2013 年第 1 期。

耿达：《近代中国"乡村改造"的两条路向》，《华南农业大学学报》（社
　　会科学版）2016 年第 2 期。

何兰萍：《关于重构农村公共文化生活空间的思考》，《学习与实践》2007
　　年第 11 期。

侯玮辰：《民国时期社会力量建设图书馆分析——基于 1925—1927 年〈申
　　报〉报道》，《大学图书馆学报》2009 年第 4 期。

胡象明、唐波勇：《整体性治理：公共管理的新范式》，《华中师范大学学
　　报》（人文社会科学版）2010 年第 1 期。

康晓光、韩恒：《行政吸纳社会——当前中国大陆国家与社会关系再研
　　究》，Social Sciences in China 2007 年第 2 期。

赖德霖：《一种公民建筑的产生：晚清和民国早期中国图书馆话语与实

践》，《近代史研究所集刊》2015年第88期。

蓝煜昕、林顺浩：《乡情治理：县域社会治理的情感要素及其作用逻辑——基于顺德案例的考察》，《中国行政管理》2020年第2期。

李炎：《公共文化与文化产业互动的区隔与融合》，《学术论坛》2018年第1期。

李志农、乔文红：《传统村落公共文化空间与民族地区乡村治理——以云南迪庆藏族自治州德钦县奔子栏村"拉斯节"为例》，《学术探索》2011年第4期。

刘国钧：《现时中文图书馆学书籍评》，《图书馆学季刊》1926年第2期。

刘衡如：《近代图书馆之性质及功用》，《浙江公立图书馆年报》1923年第8期。

刘守英、王一鸽：《从乡土中国到城乡中国——中国转型的乡村变迁视角》，《管理世界》2018年第10期。

罗志田：《体相和个性：以五四为标识的新文化运动再认识》，《近代史研究》2017年第3期。

马永强：《重建乡村公共文化空间的意义与实现途径》，《甘肃社会科学》2011年第3期。

孟祥林：《乡村公共文化空间建构的困境、向度与方向》，《华南理工大学学报》（社会科学版）2019年第6期。

欧阳爱权：《"权力的文化网络"视域中农村社区治理逻辑研究》，《湖北行政学院学报》2011年第5期。

沈祖荣：《我国图书馆事业之改进》，《文华图书馆学专科学校季刊》1933年第3~4期。

宋小伟、楚成亚：《村庄内生秩序、国家行政嵌入与乡村秩序重建》，《中共天津市委党校学报》2004年第3期。

唐文玉：《行政吸纳服务——中国大陆国家与社会关系的一种新诠释》，《公共管理学报》2010年第1期。

唐亚林、刘伟：《党建引领：新时代基层公共文化建设的政治逻辑、实现机制与新型空间》，《毛泽东邓小平理论研究》2018年第6期。

汪锦军：《从行政侵蚀到吸纳增效：农村社会管理创新中的政府角色》，《马克思主义与现实》2011 年第 5 期。

王汎森：《启蒙是连续的吗？——从晚清到五四》，《近代史研究》2019 年第 5 期。

王列生：《论"功能配置"与"公众期待"的对位效应及其满足条件——基于现代公共文化服务体系建设中工具激活的向度》，《江汉学术》2014 年第 3 期。

吴军、夏建中、特里·克拉克：《场景理论与城市发展——芝加哥学派城市研究新理论范式》，《中国名城》2013 年第 12 期。

吴理财、贾晓芬、刘磊：《以文化治理理念引导社会力量参与公共文化服务》，《江西师范大学学报》（哲学社会科学版）2015 年第 6 期。

吴月：《嵌入式控制：对社团行政化现象的一种阐释——基于 A 机构的个案研究》，《公共行政评论》2013 年第 6 期。

伍乐平、张晓萍：《国内外"文化空间"研究的多维视角》，《西南民族大学学报》（人文社科版）2016 年第 3 期。

肖容梅、吴晞、汤旭岩、万群华、梁奋东、肖永钐、刘杰民、邱维民：《公共图书馆管理体制研究》，《中国图书馆学报》2010 年第 3 期。

严飞：《历史社会学的第四波思潮：议题与趋势》，《广东社会科学》2019 年第 3 期。

颜玉凡、叶南客：《认同与参与——城市居民的社区公共文化生活逻辑研究》，《社会学研究》2019 年第 2 期。

翟桂荣：《新图书馆运动的新纪元——中华图书馆协会第一次年会及其〈宣言〉的历史意义》，《图书情报工作》2010 年第 7 期。

赵鼎新：《时间、时间性与智慧：历史社会学的真谛》，《社会学评论》2019 年第 1 期。

赵旭东：《乡村成为问题与成为问题的中国乡村研究——围绕"晏阳初模式"的知识社会学反思》，《中国社会科学》2008 年第 3 期。

周立：《乡村振兴战略与中国的百年乡村振兴实践》，《人民论坛·学术前沿》2018 年第 3 期。

周雪光:《寻找中国国家治理的历史线索》,《中国社会科学》2019 年第
　　1 期。

朱建刚、陈安娜:《嵌入中的专业社会工作与街区权力关系——对一个政
　　府购买服务项目的个案分析》,《社会学研究》2013 年第 1 期。

Ahearne, J. "Cultural Policy Explicit and Implicit: A Distinction and Some U-
　　ses", *International Journal of Cultural Policy*, 2009, 15 (2): 141 – 153.

Bezboruah, T., and Karabi, C. "Community Organizing for Health Care: An
　　Analysis of the Process", *Journal of Community Practice*, 2013, 21 (1 –
　　2): 9 – 27.

Bukodi, E. "Social Stratification and Cultural Consumption in Hungary: Book
　　Readership", *Poetics*, 2007, 35 (2 – 3): 112 – 131.

Casemajor, N., Bellavance, G., Sirois, G. "Cultural Participation in Digital
　　Environments: Goals and Stakes for Quebec Cultural Policies", *Interna-
　　tional Journal of Cultural Policy*, 2021, 27 (5): 650 – 666.

Clark, T. "Making Culture into Magic: How Can It Bring Tourists and Resi-
　　dents?" *International Review of Public Administration*, 2007, 12 (1): 13 –
　　26.

Erol, G. "The Relationship Between Creative Tourism and Folk Culture and the
　　Popularization of Locality", *Milli Folklor*, 2015 (105): 87 – 98.

Evans, G. "Measure for Measure: Evaluating the Evidence of Culture's Contri-
　　bution to Regeneration", *Urban Studies*, 2005, 42 (5 – 6): 959 – 983.

Everitt, A. "The Governance of Culture: Approaches to Integrated Culture
　　Planning and Policies, Culture Policies Research and Development Unit",
　　Belgium: Council of Europe Publishing, 1999: 8 – 17.

Friedman, S. "Cultural Omnivores or Culturally Homeless? Exploring the Shift-
　　ing Cultural Identities of the Upwardly Mobile", *Poetics*, 2012, 40 (5):
　　467 – 489.

Grant, P. R. "Sustaining a Srong Cultural and National Identity: The Accultu-
　　ration of Immigrants and Second-Generation Canadians of Asian and African

Descent", *Journal of International Migration and Integration*, 2007, 8 (1): 89 – 116.

Kuutma, K., and Kästik, H. "Creativity and 'Right Singing': Aural Experience and Embodiment of Heritage", *Journal of Folklore Research*, 2014, 51 (3): 277 – 310.

Lizardo, O., and Skiles, S. "Reconceptualizing and Theorizing 'Omnivorousness': Genetic and Relational Mechanisms", *Sociological Theory*, 2012, 30 (4): 268 – 273.

Reyes-Martínez, J. "Cultural Participation and Subjective Well-Being of Indigenous in Latin America", *Applied Research in Quality of Life*, 2022, 17 (2): 635 – 654.

Torche, F. "Social Status and Cultural Consumption: The Case of Reading in Chile", *Poetics*, 2007, 35 (2 – 3): 70 – 92.

附录 和顺图书馆照片

一 空间视角

来到"仁里"和顺古镇,走近写有"文治光昌""士和民顺"(背面有"佑启人文""俗美风淳")的牌坊,双虹桥卧波小河流水上,温润如玉的和顺乡映入眼帘。和顺古称阳温墩,融合了中原文化、江南文化、南诏文化、南洋文化,孕育了中国第一大乡村图书馆——和顺图书馆。

　　和顺图书馆大门，传统中式建筑风格，系清朝光绪年间所建汉景殿的牌楼，蓝底白字的"和顺图书馆"匾额由和顺清代举人张砺于1928年所题，金字的"文化泉源"匾额则由旅缅瓦城和顺联谊会在建馆60周年时所赠。门口有2006年国务院公布的全国重点文物保护单位立碑，大门后的石栏上刻有著名数学家、原云南大学校长熊庆来题写的"民智泉源"。

　　和顺图书馆中门，平顶拱形的西式建筑造型，与大门形成中西互映。中门上的大铁门是由马帮从缅甸驮运而来的"英国制造"。门匾额馆名由民国时期著名学者、新文化运动的发起者之一胡适所题。匾额上方的"文化之津"由民国时期著名教育家、故宫博物院创建者之一李石题写。

　　中门的背面有著名教育家、古典文学家、语言学家、书法家、中国科学院学部委员郭绍虞所题写的"图书之府"。

进中门后花坛右手边的朱衣阁。朱衣阁因存放朱衣和供奉朱衣使者而得名，传说有"文章自古无凭据，惟愿朱衣一点头"，一般作为文昌宫的构成建筑。曾一度作为和顺图书馆的儿童阅览室，现为保卫室。

　　和顺图书馆主楼，建于 1938 年，为二层五开间木结构中式楼房，突出的两个半六角亭，称作"双燕飞亭"，端庄而灵动，白色门窗造型则为西式，彩色玻璃来自英国，典雅而大气。整体建筑风格结构别致，中西合璧、端庄典雅。

和顺图书馆主楼内的阅报处。有《云南日报》《保山日报》《环球日报》《中国青年报》《中国少年报》《中国文化报》《参政消息》《新华每日电讯》《科技日报》《南方周末》《团结报》《经济日报》等报纸供读者翻阅。

和顺图书馆的图书外借处，保留了原有格局与样式。和顺图书馆的新馆员都要首先从图书外借服务干起。

和顺图书馆主楼堂中摆有旅缅和顺联谊会赠送的和顺图书馆 80 周年纪念徽章。徽章两侧挂有一副木质对联："书自云边通契阔，报来海外起群黎"，藏头联为"书报来自海外边"。当时和顺书报社向国内上海、北京订购的书报一般由缅甸和顺崇新会曼德勒经理处办理，经海路寄运转至家乡。

和顺图书馆的藏珍楼，建于 1998 年。内藏有《九通全书》《武英殿聚珍版丛书》《四部丛刊》等古籍文献，以及《万有文库》《丛书集成》《新青年》《东方杂志》《学生杂志》《科学画报》等民国文献。

藏珍楼一楼珍藏的古籍与珍贵物件。其中左侧书柜藏有《武英殿聚珍版丛书》，正前方是邮政代办所牌匾、1927 年 4 月 30 日李景山先生上课时所画的中国东北局势图。

和顺图书馆的中华再造善本藏书楼，为一正两厢木结构的两层楼房。2009 年时任中共中央政治局委员、中宣传部长刘云山视察和顺图书馆，慨赠一套中华再造善本，分经史子集丛五部，共 787 种 9211 册，并专门拨付了建设中华再造善本藏书楼的资金。现主要为和顺图书馆办公区域，设有廉政书屋、电子阅览室、侨胞之家。在二楼大门上悬挂有缅甸和顺联谊会、益群校友会敬贺和顺图书馆建馆 90 周年的"文化之乡"牌匾。

和顺图书馆景山园内的石刻，拓印有不同时期著名人物的题词。如原北洋政府农商总长兼国务院代总理李根源题写的"文化麴蘖"、民国时期商务印书馆总经理王云五题写的"文化源泉"、民国国民政府内政部长周钟岳题写的"馆媲谟觞"、云南第一殖边督办李曰垓题写的"知识之门"等。

　　位于和顺图书馆藏珍楼右侧的《和顺乡》编辑部，以前为土主庙旧址。《和顺乡》前身为创刊于 1926 年的《和顺崇新会会刊》，1936 年改名《和顺乡》，后因抗战爆发等原因几经停刊。1999 年在和顺乡侨联主办下复刊，此为当时的编辑部。2008 年后《和顺乡》由于人员变动、经费缺乏等原因停刊。2015 年，在和顺镇归国华侨联合会和和顺镇文化站主办下又复刊。

从和顺图书馆内部道路可进入文昌宫内。此为文昌宫的大殿，殿内供奉有文昌帝君，整个建筑在保持原貌基础上进行了重新修缮。其大门两侧的对联为："道不远人子臣弟友中见真学问，功惟造士甲乙丙丁内有定权衡。"1947年10月，和顺益群中学师生编排的话剧《孔雀胆》在此上演，在全乡乃至腾冲引起轰动，当时《腾越日报》《中国日报》《新仰光报》进行了报道。

文昌宫大门。和顺文昌宫建于清代道光年间，由大殿、后殿、魁星阁、朱衣阁、过厅、两厢、大门及大月台组成。在左右楼阁下镶嵌有《和顺两朝科甲题名碑》，记录了明、清两朝取得过功名的和顺人共计809人，其中举人有8人、秀才有600余人，在朝廷任过官职者有180多人。文昌宫是和顺教育的摇篮，1909年在这里开办两等小学堂，1940年由和顺华侨捐资创办的益群中学也设立于此。大门上的对联为李景山先生所书的，"高必自卑合德智体而并育，小能见大通天地人者为儒"，体现了"德智体""天地人"的教育理念。这期间和顺图书馆与益群中学、和顺小学实行"三位一体"管理，培养了大批人才。1999年腾冲县政府将文昌宫、土主庙、三元宫的产权统一划归和顺图书馆。

从河对岸看文昌宫、和顺图书馆。文昌宫与和顺图书馆位于和顺乡的中轴线上，村落以此为中心进行左右分布。和顺图书馆已成为和顺古镇的文化地标、精神图腾。白墙上"和顺和谐"四个大字为2006年时任国务院总理的朱镕基考察和顺古镇时所题写。和顺古镇为国家AAAA级景区，现正在创建国家AAAAA级景区。在文旅融合背景下，和顺图书馆势必为更多的游客所参观、了解。

照片来源说明：以上所展示的照片为2023年4月14～16日作者到和顺拍摄的。照片注解为作者根据相关资料整理而成。

二 时间视角

　　和顺图书馆藏的咸新社匾额，此为咸新社社员李景山先生题字。1905年，和顺乡的同盟会员和倾向革命的有志青年聚集成立咸新社，宣传新思想。其中组织骨干有在和顺乡首倡新学的李景山，有第一批官费留日返乡学生、东京同盟会会员寸辅清。咸新社以汉景殿为社址，即今和顺图书馆所在地，并经常在文昌宫中进行演讲。咸新社实为和顺图书馆之滥觞。寸仲猷在《图书馆的前车——咸新社》中道："该社实为吾乡新社团组织的先锋。成立之初，广购图书以资乡人之阅览，又于每星期日演讲一次，作新文化之宣传，固吾腾新潮流之第一声也。"

　　1918年和顺咸新社成立13周年纪念照。咸新社有成员百余人，骨干有李景山、张盈川、杨寿益、寸树声、寸仲猷、李曰基、张德和等，活动范围主要在和顺乡境内，主要功绩是创办了和顺两等小学堂、清河学堂以及和顺明德女子学校，为和顺乡新式教育发展奠定了基础。

咸新社遗留下来的木刻版典籍《九通全书》，全书共 2323 卷 996 册，是研究我国历代政治、经济、文化等制度的经典，现藏于和顺图书馆藏珍楼。

和顺旅缅青年会（崇新会）1924 年在缅京云南会馆成立留影。和顺崇新会是和顺旅缅青年在曼德勒成立的同乡会组织，每年开一次全体代表大会，制有《和顺崇新会章程》，会章规定："本会以服务社会为宗旨，对于家乡一切事务尤须竭力进行，使家乡达于现代社会化之域。"和顺崇新会主要进行教育革新与普及、风俗改良、社会新事业建设。和顺崇新会成为日后和顺书报社与和顺图书馆的缔造者和哺育者。

1924 年 3 月和顺青年会（崇新会）成立大会，摄于咸新社旧址。崇新会除在缅甸设有管理组织外，还在国内和顺设有组织机构，机构就设在原咸新社。从咸新社到崇新会，和顺乡人的社会组织更为严密、分布范围更为广泛、管理运营更为现代。

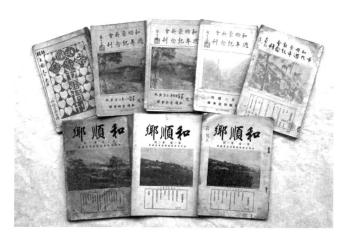

20 世纪 20 ～ 30 年代和顺崇新会创办的刊物。崇新会专门成立编辑部，主要编辑有寸仲猷、李祖华、李敬轩、李镜天等，编辑出版有《和顺崇新会会刊》（周年纪念刊）与《和顺乡》。刊物记载会务重要事件，宣传社会革新理念，阐述乡村建设实践的心得以及表达游子的乡愁记忆。

和顺书报社旧址，位于和顺乡十字街路口。1924 年，和顺崇新会的前身"青年会"在家乡成立和顺书报社，聘请李景山先生为名誉社长、李仁

杰先生为社长。刘瑞元先生就创办书报社的宗旨撰联"千秋事业书中始，万国风云座上观"。

20世纪20年代和顺书报社订购的《新青年》杂志。五四新文化运动对和顺崇新会青年有极大影响，在《和顺崇新会周年纪念刊》中《崇新会周年纪念刊的意义和我对于崇新会将来的希望》一文指出和顺崇新会所致力的革新运动是"政治运动，是文化运动，是经济上的运动，是思想运动……是这种种运动的一种混合体……也可以说是小规模的和顺乡的'五四'运动"。

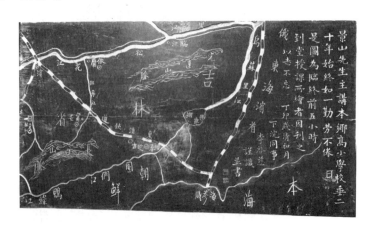

　　1927年4月30日下午，李景山先生给学生上课时，在黑板上亲手绘制了一幅吉林地图，讲述吉林省地理位置、面临的形势，日俄战争在我国东北领土上爆发给东北人民造成的极大灾难，当讲到帝国主义列强怎么瓜分中国时，因激愤过度，倒在讲台上，被学生送回家后去世。此木刻件为乡里木匠及时将原图刻下，李启慈先生题写跋。和顺书报社、和顺崇新会赠送挽联"以教育始以教育终论学问文章君当不朽，将社会新扶社会起忆纲维书报我更堪悲"，后在和顺图书馆左侧建立"景山纪念堂"。

　　1928年，由于和顺书报社一间小铺子已容纳不下大量的图书和众多的读者，在和顺崇新会的支持下，和顺书报社便迁入咸新社原址汉景殿，改组扩充为和顺图书馆。图为当时的馆舍大门。

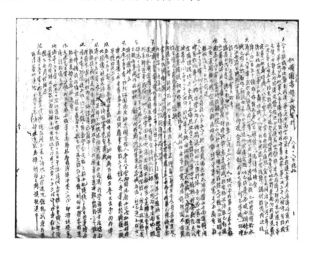

1934 年，旅缅华侨尹大典回乡后将他自装的一台中短波收音机捐赠和顺图书馆，并与李沛春、李秋农等每晚坚持收听记录广播电台消息，再油印成小报，命名为《和顺图书馆无线电三日刊》，无偿分赠县城和附近乡村的机关、学校、商店。1937 年后，又改为《和顺图书馆无线电刊》，大力宣传抗战，订户已达 300 户，深受欢迎。腾冲沦陷的两年中被迫停刊，光复后再度复刊，1945 年改为《每日要讯》，直至 1946 年才正式停刊。

1935 年，云南省邮政管理局鉴于和顺乡是著名侨乡，邮政业务量大，便直接委托和顺图书馆代办邮政业务，下发和顺乡邮政代办所木牌一块、石质日戳一枚。时任和顺图书馆职员的刘玉璞代理邮政代办所的工作。1956 年 7 月，和顺乡邮政代办业务直接由腾冲县邮局接管，结束了长期由和顺图书馆代办和顺邮政业务的历史。这块木牌被中国邮政博物馆确认为中国邮电文物，现藏于和顺图书馆藏珍楼。

　　1937 年和顺图书馆奖券募捐职员合影。和顺图书馆创建后，馆址汉景殿已破败，和顺崇新会以销售彩票奖券的办法筹集建设新馆资金。和顺图书馆在缅甸和腾冲同时共发行了两期彩票奖券，每期发行三万三千张，其中三万张为正额，三千张为劝捐人的报酬。每张售大洋 1 元、印洋 0.5 盾。通过两期彩票发行售卖，和顺图书馆营利收入总计 5739.537 元，是和顺图书馆筹集新馆屋建筑资金中最大的一笔收入。

　　1937 年建造和顺图书馆主楼时的情景。1936 年在和顺乡公所的支持下，和顺图书馆购得汉景殿旁的私人地皮，连同汉景殿旧址，重新统一设计施工，1937 年 1 月破土动工，3 月竖柱上梁，年底竣工。

　　1938 年春，和顺图书馆建成时的全景。和顺图书馆新馆屋简朴美观，中西合璧。主楼前还辟有一个长方形花园，花园外建有一座三孔式西式二门（胡适题写的馆名匾额），而大门仍沿用汉景殿旧有的宫殿式大门（张砺题写的馆名匾额）。和顺图书馆设置有书库、新闻阅览室、杂志阅览室、图书阅览室及儿童阅览室，无论规模、布局、陈设均雄冠一时，被张天放誉为"在中国乡村文化界堪称第一"。

1938年，和顺图书馆新馆建成后，将花园右侧的朱衣阁改为儿童阅览室。当时和顺图书馆藏书已有2万多册，订有各种杂志、报纸，仅儿童图书就有3538册。

1938年12月17日，和顺图书馆新馆落成典礼参会人员合影。典礼到场祝贺人员有数百人，馆长李生庄做了报告，熊怡琴做了讲演。

1939年6月由和顺图书馆编辑委员会编印的《和顺图书馆十周年纪念刊》由和顺图书馆及和顺崇新会缅甸经理处发行。该刊印有和顺图书馆10

周年时的照片、题词、贺信，和顺图书馆工作人员的论著以及相关馆务报告，详细记载了当时和顺图书馆新馆建设、筹款募捐、组织管理等信息。

20 世纪 30～40 年代和顺图书馆使用的借书证。根据统计，1938 年全年图书借阅 4750 本，平均每天借出 13 本，其中以儿童借阅为主，借出图书以新文艺和旧小说居多。

1938 年，和顺崇新会第 13 周年大会干事合影。前排左起为：恩多李秋农、仰光寸仲猷、果洞波寸幼人、抹允李润珍、果洞波刘悃会、西坡张子云。后排右起为：恰井李耀北、八莫寸蔚然、缅京张良丞、南昆李文龙、果洞波尹德修、果岭赵国珍、贺奔李沛春。和顺崇新会 1938 年有名录

可查的会员为 673 人，后发展至上千人。

　　中国远征军二十集团军总司令霍揆彰将军，1944 年摄于和顺图书馆。1944 年 7 月 28 日，中国远征军二十集团军总司令部进驻和顺图书馆，总司令霍揆彰坐镇指挥攻克腾冲城战役。和顺侨乡民众全力支持军队打击日本侵略者，和顺图书馆保存的《和顺乡军需捐款簿》就是当时中国军民合作抗日的实证。1944 年 9 月 14 日，腾冲光复，成为中国军队从日本侵略者盘踞下夺回的第一座县城。

1944 年，腾冲收复后，中国远征军预备二师四团二营营长骆鹏与和顺乡士绅寸怀云的四女儿寸恬静在和顺图书馆举行婚礼。1944 年 7 月 2 日（农历五月十二日），数百名日军包围和顺，准备大肆抢掠后烧光和顺。危急时刻，骆鹏营长带兵解危，赶跑日军，和顺古镇得以保存。和顺旅缅华侨还将"五一二"这天定为"和顺遇难纪念日"。和顺乡民将骆鹏营长视为大英雄，于是也结下了这段抗战史上的浪漫姻缘，被传作佳话。

1945 年 10 月，和顺益群中学复校后的师生集体照，摄于和顺文昌宫（益群中学）大门前。1940 年，旅缅华侨、和顺乡人集资在和顺创办了云南第一所华侨中学——益群中学。代校长李启慈先生在《和顺益群中学缘起》中介绍"校名定为益群，盖取其有益于群众之意"。1941 年，学校成立董事会，聘请民国元勋时任云贵监察使的李根源先生任董事长，聘请从北平归来的西北联大法商学院教授寸树声先生任校长，委托曹靖华、吴晗先生由昆明聘请西南联大等一批毕业生和地方贤达来校任教。当时和顺图书馆、益群中学、和顺小学实行"三位一体"管理，寸树声先生兼任馆长与校长，和顺教育文化事业重振辉煌。

  1947年10月，和顺益群中学师生在文昌宫大殿前演出《孔雀胆》话剧。《孔雀胆》由郭沫若于1942年创作，讲述了元代大理总管段功与梁王女儿阿盖相爱的悲剧故事。为解决和顺图书馆运营经费问题，寸树声提议举行"和顺图书馆筹募经费游艺会"。寸校长夫妇亲自导演，师生精心排练，自制道路、布景、服饰，于当年"双十节"在文昌宫演出《孔雀胆》，引起轰动，前后共演出7晚。这次演出活动共收票款2000万元，全部捐作和顺图书馆基金。

1964 年 6 月，和顺益群中学高五班毕业照，2 排左起第 5 位为第二任校长李祖华。李祖华（1898～1971 年），字秋农，幼年入和顺两等小学堂，师从李景山先生，高小毕业后赴缅甸当店员。1924 年任和顺旅缅青年会会长，1925 年组建和顺崇新会，是和顺图书馆和益群中学的主要创建者之一。1950 年，寸树声调任云南大学副校长，李祖华被益群中学董事会推举为益群中学第二任校长兼和顺小学校长、和顺图书馆馆长。

1988 年，和顺图书馆建馆 60 周年庆典参会人员合影。著名历史学家周谷城致贺词，国家图书馆原馆长任继愈题"石渠生辉"，民盟中央名誉主席楚图南题"文宣桑梓，义重乡邦"，民盟云南省委主委杨明题"爱国侨乡，文化摇篮"。旅缅瓦城和顺联谊会赠送"文化泉源"金色大匾。

　　1995 年，和顺图书馆举办纪念世界反法西斯暨抗日战争胜利 50 周年图片展、书展，展出了腾冲抗战照片及多种民国珍贵图书。

　　1998 年 10 月，和顺图书馆建馆 70 周年暨藏珍楼落成庆典。1998 年，时任馆长的寸时畅经多方筹集资金，政府补贴 20 万元，旅缅华侨捐资 10 万元，合计 30 万元在原子孙殿旧址上建起钢混结构的藏珍楼：两层三开间，两边设楼梯，前有过廊，库房功能合理，外观简洁大方。工程竣工投用后，上层为珍本书库，下层为民国文献库，从此和顺图书馆有了特藏书库，大大减轻了主馆楼的负荷。

1998 年 10 月和顺图书馆建馆 70 周年参会人员合影。

20 世纪 90 年代在和顺图书馆主楼阅览室里阅览报刊的中学生。

21 世纪初在和顺图书馆儿童阅览室阅读的小读者。

2008 年 8 月 24 日在和顺图书馆阅读的村民。

　　2008 年，和顺图书馆建馆 80 周年庆典，同时举行了"和顺图书馆的发展与未来研讨会"。和顺图书馆编成《民智泉源——腾冲和顺图书馆建馆八十周年纪念画册》《文化之津——腾冲和顺图书馆八十周年纪念专刊一九二八—二〇〇八》，旅缅华侨联谊会捐赠铜质馆徽以示纪念。

2018 年 2 月 18 日国外游客参观和顺图书馆书画展。

2018 年 10 月 17 日，和顺图书馆建馆 90 周年庆典，各级领导、图书馆界专家学者以及海外侨胞汇聚和顺。昆明新知集团有限公司向和顺图书馆捐赠了价值 3 万元的图书，旅缅密支那和顺联谊会赠送了"乡村瑰宝"匾额，缅甸和顺联谊会与益群中学校友会赠送了"文化之乡"匾额。腾冲

市文化广播电视体育局和和顺图书馆编了《侨乡文化记忆——云南腾冲和顺图书馆建馆 90 周年纪念集》。

"鲐背书香——和顺图书馆九十周年回顾"专题展览在和顺图书馆景山园内举行。一张张图片，一幅幅展品都深刻展现了和顺图书馆从 1928 年建馆至今的发展和变化。

2020 年 11 月 28 日，和顺图书馆第 12 期"和顺讲堂"在景山园开讲"文化的力量"。"和顺讲堂"于 2017 年 6 月开办，讲座内容包括滇西抗战

史、传统文化知识、非物质文化遗产传承、家风家训、阅读与写作、健康科普知识等；2019 年以来，又相继开办了"儿童之家"和"侨生之家"公益培训班。其中，"儿童之家"公益培训班，主要通过定期开展丰富多彩、生动活泼的主题教育活动，向社区儿童提供成长关怀、饮食健康教育、书画艺术培训、行为习惯养成、中国传统文化宣传等公益性服务；"侨生之家"公益培训班主要对益群中学"侨生班"学生进行"计算机使用技术和中国传统文化教育"培训，充分实现馆校间的资源共享，对华人华侨与国内文化沟通、情感交流有重要意义。此外，和顺图书馆还以重要节日、纪念日为节点，走进边疆中小学，举办主题展览活动，和顺图书馆的社会空间大大拓展。

照片来源说明：以上历史照片均由和顺图书馆提供，特别感谢和顺图书馆老馆长、古籍管理员寸云广老师为提供老照片做了大量工作。照片注解为作者根据相关资料整理而成。

2023 年 4 月 15 日，本书作者与寸云广老师在和顺图书馆藏珍楼内的合影。

跋

　　本书是在我博士后出站报告的基础上修改完善而成的。2018 年 7 月我从武汉大学博士毕业，成为云南大学师资博士后。从博士后报告的开题到出站答辩，崔运武教授（云南大学政府管理学院）、范建华教授（华中师范大学国家文化产业研究中心）、董云川教授（云南大学高等教育研究院）、赵春盛教授（云南大学民族学与社会学学院，后调入云南大学马克思主义学院）、李炎教授（云南大学文化发展研究院）对报告的选题与立意给予了诸多指导。2020 年 7 月博士后出站答辩时，他们（与开题时 5 位专家一致）都认为能够立足和顺图书馆这一个具体的案例深描，来展现中国西南边疆乡村社会文化空间的发展变迁，具有较深厚的理论功底与扎实的田野调查基础，较好实现了开题时的研究设计，因此一致将该报告评为"优秀"。他们也鼓励叮嘱我继续深入研究，不断充实丰富内容，待成熟后出版。

　　我对和顺图书馆的关注由来已久但却是机缘巧合。2015 年 9 月，我在武汉大学中国传统文化研究中心进行博士研究生学习，师从傅才武教授（硕士研究生时就是导师）。此时傅师刚整合武汉大学国家文化创新研究中心与国家文化财政政策研究基地，创立了武汉大学国家文化发展研究院。傅师坚持实践导向，积极践行武汉大学资深教授冯天瑜先生的"不唯上、不唯书，只唯实"的寄语，在当时文化部、财政部等国家部委支持下，带领研究团队每年寒暑假组织开展全国范围内的"文化第一线"调查，并陆续在全国选取了 100 个实验基地作为公共文化政策观察点，以建构中国基层文化观察研究的"微观窗口"。其中，云南保山便是实证观察研究网络的西南支点。保山是第一批国家公共文化服务体系示范区，文化底蕴深厚，民族民间民俗文化丰富多元。2016年暑假，我得以跟随研究团队去保山进行实地调查，在原保山市文化局局长赵家华的陪同引导下对隆阳区、腾冲市的公共文化机构进行了调研，在参观调研腾冲和顺图书馆时，尤其惊奇和赞叹。惊奇在西南边疆乡村居然还有这么一个保存完好、规模宏大的公共图书馆，赞叹其建筑之美、人文之美，民国时期就得到了胡适、艾思奇、寸树声、廖承志、熊庆来、汪曾祺等社会名流的广泛赞誉，新中国成立后更是有多位国家领导人亲临视察，和顺图书馆当之无愧为"中国乡村图书馆第一"。在实地调研中，和顺图书馆的历史文化传承以及振兴乡村教育的情况给我留下了深刻的印象。我返校向傅师汇报调研情况后，傅师提出是否能够将和顺图书馆作为博士学位论文研究的选题。我对此也非常感兴趣，并收集了一些关于和顺图书馆的史料文献。但后面由于其他事务，我的和顺图书馆研究被搁置，后来的博士学位论文选题也主要围绕湖北省图书馆进行研究。但是，研究和顺图书馆的种子在我心底是种下来了。

2018年，博士提前一年毕业后，我来到云南大学，拜在李炎教授门下，从事文化管理方向师资博士后学习研究工作。李师与傅师是故交旧友，两人都是中国文化产业研究领域的著名学者，2018年12月共同获得了中国文化产业管理专业委员会颁发的"中国文化产业20年学术贡献奖"。我能够得到两位传道授业解惑的恩师指导与提点，实乃幸莫大焉！李师对民族文化产业与乡村特色文化产业有着非常精深的研究与独到的见解，每每与他交谈，他都会与我讨论一些有关民族民间民俗文化创造性转化与创新性发展以及地方知识系统如何与国家治理体系互嵌等的问题。他还会经常拿手机展示他调研时经历的景象，对我提出的疑问，总是耐心解答、娓娓道来，文艺气质与田野气息俱在。他也总是鼓励我多去田野，去发现认识云南丰富多元的特色民族民间民俗文化。当与李师讨论博士后开题报告时，首先浮现在我脑海的便是和顺图书馆。因为读博期间我就有研究和顺图书馆的冲动，这次来到云南学习工作，天时地利人和，便想回应留在心底的学术诉求。一与李师汇报，他立刻欣然同意，并指出和顺是西南地区著名的侨乡，腾冲商帮也是云南三大商帮之一，很早就开始通过

"走夷方"构建了面向南亚、东南亚的商贸文化网络，透过和顺图书馆的发展历程可以"以小见大"来审视西南边疆社会文化建构的图景。李师的点拨使我对和顺图书馆更加充满好奇，便一头扎进和顺图书馆的资料收集整理中，多次前往云南省图书馆、云南省档案馆查阅相关资料。李师还亲自带领我去腾冲跑了一趟，介绍了当地的乡贤向我讲解腾冲的历史文化。

　　和顺图书馆的研究虽终于提上了日程，但从什么视角去观察研究是一个核心问题。由于我的学习经历本硕博都是历史学，尤其是在武汉大学研究生学习期间，冯天瑜先生对中华文化生成机制的深入探究、"义理、考据、辞章"三者相济的学术理路深刻影响了我，这可以说是我的学术意识启蒙。来到云南后，云南大学民族学与社会学有着深厚的历史的学术积淀，费孝通先生所主导引领的"魁阁时代"更是享誉学界，其中文化人类学与田野民族志的研究范式对我更加深入了解认识民族地区的文化生活与社会变迁裨益甚大。因此，我打算从历史社会学的视角出发，通过梳理历史资料与田野调查相结合的方法，探究和顺图书馆作为乡村公共文化空间是如何被塑造的，以及它生产了什么。著名社会学家赵鼎新认为历史社会学追求的是一种社会学的结构叙事与历史学的时间序列叙事的有机结合。通过历史社会学的时间叙事和结构叙事的结合，我想探究的是和顺图书馆的"空间塑造"的历史过程（时间叙事）和"空间生产"的社会效果（结构叙事），以及整个空间建构过程中国家、地方与民众之间的联系互动。

　　在这里需要特别说明我所使用的公共文化空间概念。作为一个学术理论概念，公共文化空间滥觞于列斐伏尔对"空间"、布迪厄对"场域"、哈贝马斯对"公共领域"等理论的探讨中。20世纪80年代以来，西方人文社会科学研究出现了"文化转向"与"空间转向"，尤其是文化研究领域的"空间转向"趋势明显。王笛结合列斐伏尔、布迪厄、哈贝马斯等的理论资源，运用"公共空间"的概念对成都的茶馆做了深入细致的历史全景式研究，在国内历史学与社会学领域产生了较大的反响。而空间研究的"文化转向"与文化研究的"空间转向"重合叠加又造就了"文化空间"概念的产生，联合国教科文组织运用"文化空间"理念对非物质文化遗产进行整体性保护与生产性保护的政策实践更是助推了"文化空间"从理论概念走向政策实践。近年来中国学界主要用公共文化空间的概念来分析公共文化服务发展理论与实践，或者说新时代中国公共文化服务发展的"空间转向"在理论探讨与实践探索层面已然呈现。例如，2020 年 4 月浙江省文化和旅游厅发布的《关于高质量建设未来社区公共文化空间的实施意见》，2021 年 3 月文化和旅游部等 3 部委联合发布的《关于推动公共文化服务高质量发展的意见》以及在国家和地方的《"十四五"公共文化服务体系建设规划》中都对"公共文化空间"提出了具体的建设任务要求。"公共文化空间"成为现代公共文化服务体系建设的重要实践载体，从理论概念走向了政策实践。从"空间"到"公共空间""文化空间"再到"公共文化空间"，其中理论概念的发展脉络有着基本的一致性，但在政策实践层面却有着特定的范围与内容指称。本书所使用的"公共文化空间"既是指称和顺图书馆这一具体的文化空间载体，又包括和顺图书馆在建设发展过程中所产生的社会关系结构网络以及"空间生产"的社会影响。由此，"公共文化空间"不仅可以作为一种理论概念，还可以作为一种分析研究的方法论，甚至是公共政策应用领域的实践论，其所要阐释的是民众日常文化生产生活的样态与身份情感意义的表达，由此展现国家 – 社会 – 民众在公共文化空间建构中的时空统合过程与情境。这也是本书想通过对和顺图书馆的历史社会学考察，来阐述乡村公共文化空间的生成演进机制的基本学术命题。

2019 年 8 月，在收集整理了大量关于和顺图书馆资料的基础上，我再次到和顺图书馆进行实地调查，对和顺图书馆的管理人员、基层政府的工作人员、和顺乡民以及外地游客进行了访谈。这里要特别感谢和顺图书馆的老馆长、现任古籍管理员寸云广老师以及现任和顺图书馆馆长寸宇老师。寸云广老师就是和顺本地人，从小在和顺生活，在和顺图书馆看书，后面进入和顺图书馆工作，当过图书管理员、馆长、古籍管理员，先后在和顺图书馆工作 40 余载。我与寸云广老师相识就是在和顺图书馆的藏珍楼，他任古籍管理员，每天在藏珍楼里整理研究典藏的古籍。寸云广老师和蔼可亲、学识渊博、功力深厚，就像是天龙八部藏经阁里的"扫地老僧"。我翻阅古籍时，遇到疑问经常会向他讨教，他每次都会耐心地跟我交谈。寸云广老师本身的学习成长与工作经历始终与和顺图书馆分不开，本就应是我研究的对象。寸云广老师向我详细讲解了他在和顺图书馆工作以来和顺图书馆经历的发展变化，这段时间跨越 20 世纪 80 年代至今。另外，和顺图书馆现任馆长寸宇老师也给我提供了一些便利，还赠送了我一套和顺图书馆组织新编的《和顺乡》杂志。和顺图书馆致力于振兴地方社会教育的初心使命一直未改变，从民国时期的和顺旅缅侨乡组织崇新会到现在的和顺联谊会，各种社会力量都尽心尽力地助力和顺的社会建设与教育发展。故而无论是在和顺图书馆里参观游览，还是在和顺古镇里四处游走穿行，都能感受到和顺深厚的书香气。"走笔之处，俱是文明；落景之间，全是书香。"这种文化气象的生成并非一朝一夕，而是久久为功、绵绵用力的结果。《和顺图书馆十周年纪念刊》中有这样一段文字："我十二分的希望爱护桑梓的同乡同志们，对于本乡的唯一文化机关，继续维持爱护，总要想到本馆筹得确定基金的一种办法，使本馆的内部力量随着外表的庄严，一天比一天充实起来，本馆才能够永远的存在。全乡人的子子孙孙，可以享受到图书馆的一切精神上的赐给，那才是无穷尽的利益呢！"现在和顺图书馆已经成为和顺的精神图腾与文化标识。走在和顺的巷道，和顺乡民流露出来的文化自觉与文化自信非常感染人，游客也会在其中体会感悟优秀传统文化的魅力。我想和顺图书馆与和顺乡村建设的故事是中国乡村文化振兴最好的样本，透过和顺图书馆这一生动具体的案例，将乡村公共文化空间的生成演进讲述清楚，或能为新时代中国乡村文化振兴提供一点历史经验与启示。

本书初稿完成后，我将其发给了和顺图书馆寸云广老师校阅。书稿中部分内容业已在国家学术期刊上公开发表，其中关于和顺图书馆的文化旅游融合的内容发表在《图书馆》2021 年第 2 期上，关于乡村公共文化空间的生成机制与发展路径的内容发表在《中国农村观察》2019 年第 5 期上。这些发表的内容也都提交给了和顺图书馆备案。荣幸的是，我关于和顺图书馆"自发生成（1928～1979 年）－政府主导（1980～2011 年）－共建共享（2012 年至今）"三个发展阶段的划分阐述得到了和顺图书馆工作人员的认可，并在相关官方媒体网站、新媒体上得到介绍传播。我对和顺图书馆的研究能够得到和顺图书馆人的认可是最大的欣慰。本书出版后我的愿景是能够在和顺图书馆召开图书发布会，并为和顺图书馆赠送书籍。

本书能够出版要感谢云南大学民族学与社会学学院的李晓斌书记、关凯院长、李志农副院长、马居里副院长、胡洪斌副院长、伍奇副院长等各位领导及师长的支持。本书纳入了学院"双一流"学科建设项目，学院还专门组织了校外评阅专家与出版社编辑进行了书稿论证，提出了宝贵的修改完善建议。我认真吸纳了这些修改意见，利用假期充实完善了书稿，并请我的两位导师——博士导师傅才武教授与博士后合作导师李炎教授拨冗作序，在此再次感谢各位领导及师长的指导与支持。在编辑出版过程中，社会科学文献出版社的庄士龙、王敏等老师仔细校阅书稿，付出了大量心血，在此一并致谢。

本书的撰写过程很辛苦，在这期间，我先后迎来了我的两个孩子。本书能够完成，妻子与家人给了我无私的支持与帮助，孩子的健康成长也成为我发奋写作的动力。

由于时间、精力、能力和知识有限，本书难免存在不足或错漏之处，欢迎大家批评指正。

耿 达

2022 年 12 月于云南大学东陆

图书在版编目（CIP）数据

和顺图书馆：乡村公共文化空间的生成演进 / 耿达
著 . -- 北京：社会科学文献出版社，2023.6
（魁阁学术文库）
ISBN 978 – 7 – 5228 – 1918 – 1

Ⅰ.①和… Ⅱ.①耿… Ⅲ.①农村图书馆 – 发展 – 研
究 – 腾冲 Ⅳ.①G259. 277. 43

中国国家版本馆 CIP 数据核字（2023）第 106195 号

魁阁学术文库
和顺图书馆：乡村公共文化空间的生成演进

著　　者／耿　达

出　版　人／王利民
责任编辑／庄士龙　胡庆英
文稿编辑／王　敏
责任印制／王京美

出　　　版／社会科学文献出版社·群学出版分社（010）59367002
　　　　　　地址：北京市北三环中路甲 29 号院华龙大厦　邮编：100029
　　　　　　网址：www. ssap. com. cn
发　　　行／社会科学文献出版社（010）59367028
印　　　装／三河市尚艺印装有限公司

规　　　格／开　本：787mm × 1092mm　1/16
　　　　　　印　张：15　字　数：226 千字
版　　　次／2023 年 6 月第 1 版　2023 年 6 月第 1 次印刷
书　　　号／ISBN 978 – 7 – 5228 – 1918 – 1
定　　　价／98. 00 元

读者服务电话：4008918866